A ORIGEM E O RETORNO

Avicena (Ibn Sīnā)

A ORIGEM E O RETORNO

Inclui Glossário filosófico árabe-português

Tradução, introdução e notas Jamil Ibrahim Iskandar

wmf martinsfontes

Título do original árabe: AL-MABDA' WA AL-MA'ĀD.

1ª edição 2005
2ª edição 2022

Editores *Alexandre Carrasco e Pedro Taam*
Tradução *Jamil Ibrahim Iskandar*
Revisões *Diogo Medeiros e Renato da Rocha Carlos*
Produção gráfica *Geraldo Alves*
Paginação *Renato Carbone*
Capa e projeto gráfico *Gisleine Scandiuzzi*

Dados Internacionais de Catalogação na Publicação (CIP)
(Câmara Brasileira do Livro, SP, Brasil)

Avicena, 980-1037.
A origem e o retorno / Avicena ; tradução Jamil Ibrahim Iskandar. – 2. ed. – São Paulo : Editora WMF Martins Fontes, 2022. – (Clássicos)

Título original: Al-Mabda' wa al-Ma'ād.
ISBN 978-85-469-0394-8

1. Alma (Islamismo) 2. Avicena, 980-1037 3. Filosofia árabe 4. Filosofia islâmica I. Título. II. Série.

22-117529 CDD-181.92

Índice para catálogo sistemático:
1. Avicena : Filósofos árabes 181.92
2. Filosofia árabe 181.92

Cibele Maria Dias – Bibliotecária – CRB-8/9427

Editora WMF Martins Fontes Ltda.
Rua Prof. Laerte Ramos de Carvalho, 133 01325-030 São Paulo SP Brasil
Tel. (11) 3293-8150 e-mail: info@wmfmartinsfontes.com.br
http://www.wmfmartinsfontes.com.br

Dedico este trabalho
à minha mulher Norma
e às minhas filhas
Samia, Samara e Mariam.

SUMÁRIO

Agradecimentos XV
Tabela de transliteração das letras árabes às letras latinas XIX
Introdução XXI
Nota sobre esta edição XXXI

TRATADO I

Sobre a confirmação do princípio do todo, sua unicidade e a enumeração de seus atributos peculiares

Em nome de Deus, o Misericordioso, o Misericordiador 3

I. Sobre o conhecimento do ser necessário e do ser possível 5

II. Sobre que o ser necessário não pode sê-lo simultaneamente por si mesmo e por intermédio de outro 8

III. Sobre que o ser necessário por intermédio de outro é por si mesmo ser possível 9

IV. Sobre que o ser possível por si mesmo somente é ser necessário por intermédio de outro 11

V. Sobre que não é possível que de dois decorra um ser necessário, e nenhum dos dois é ser necessário por intermédio do outro, e não há no ser necessário pluralidade sob nenhum aspecto 13

VI. Sobre que o ser necessário por si mesmo é ser necessário sob todos os seus aspectos 16

VII. Sobre que o ser necessário se intelige e é intelecto por si, e o esclarecimento de que toda forma que não está numa matéria também o é, e que o intelecto, o inteligente e o inteligido são um 17

VIII. Sobre que o ser necessário é por si bem puro 22

IX. Sobre que o ser necessário é por si verdade pura 24

X. Sobre como a espécie do ser necessário não se predica de muitos, por isso sua essência é completa 25

XI. Sobre que o ser necessário é único sob vários aspectos e a prova de que não é possível que haja dois seres necessários 27

XII. Sobre que ele por si é amável e amante, deleitável e deleitante e que o deleite é a percepção do bem adequado 35

XIII. Sobre como o ser necessário intelige a si mesmo e as coisas 38

XIV. Sobre a confirmação da unicidade do ser necessário no sentido de que sua ciência não é diferente de seu poder, de sua vontade, de sua sabedoria e de sua vida quanto ao que é entendido, mas tudo isto é um só, e a pura unidade de sua essência não é dividida por nada disso 40

XV. Sobre a confirmação do ser necessário 44

XVI. Que cada ser possível não pode ter junto a ele uma causa possível até o infinito 45

XVII. Não é possível que os seres possíveis sejam causa um do outro de maneira circular e num mesmo tempo, mesmo que seu número seja finito 47

XVIII. Dedicação à confirmação do ser necessário, e o esclarecimento de que os (entes) que começam a ser, começam a ser pelo movimento. Entretanto, necessitam de causas permanentes e o esclarecimento das causas motrizes próximas e que todas são variáveis 49

XIX. Sobre o esclarecimento de que a permanência de cada ser que começa a ser é por intermédio de uma causa. Uma premissa para ser auxiliar ao propósito mencionado anteriormente 52

XX. Sobre que os começos dos seres engendrados levam às causas que movem com movimento circular. Premissa, portanto, sobre como se move a natureza e que ela se move por causas às quais se une e como começa a ser 57

XXI. Uma outra premissa: o que se move pela vontade é de essência variável e como resulta sua variação 59

XXII. Que a distinção de disposições começa a partir da força violenta quando move 61

XXIII. Sobre a totalidade dos atributos do ser necessário 65

XXIV. Indicação de qual é este sistema de exposição. Repetição do sistema habitual. Explicação da diferença entre a via que passou e a via que começa 68

XXV. Sobre a confirmação do motor imóvel de todo movimento 70

XXVI. Sobre a confirmação de um motor imóvel e imutável 76

XXVII. Sobre a confirmação da perpetuidade do movimento, exposição de conjunto 77

XXVIII. O esclarecimento disto em detalhes 80

XXIX. Preâmbulo ao objetivo mencionado, ou seja, tudo que começa a ser tem uma matéria que precede a sua existência 81

XXX. Uma outra questão útil para isto 84

XXXI. Isto não ocorre na expectativa de um momento, e um momento não é mais digno que outro momento 87

XXXII. Segue da posição daqueles que negam os atributos divinos que o princípio primeiro precedeu o tempo e o movimento por um tempo (qualquer) 89

XXXIII. Que não pode haver um instante primeiro 92

XXXIV. Os que negam os atributos divinos têm necessidade de estabelecer um momento antes do outro até o infinito e um tempo que se estende no passado até o infinito 94

XXXV. Sobre a solução do equívoco deles a respeito da finitude da eternidade 96

XXXVI. Sobre a solução do equívoco deles de que, ou é necessária a confirmação da negação de todo atributo divino, ou a afirmação da igualdade entre Deus e a criatura 100

XXXVII. Que o movimento é local, e se perpetua somente pela continuidade e não pela mediação 102

XXXVIII. Que o movimento primeiro não é retilíneo mas é circular 105

XXXIX. Que o agente próximo do movimento primeiro é uma alma e que o céu é um animal obediente a Deus, louvado seja Seu nome 108

XL. Embora o movimento do céu seja próprio da alma, como se diz que é natural 110

XLI. Evidentemente não é possível que o motor mais próximo dos corpos celestes seja um intelecto separado da matéria 112

XLII. Sobre quais corpos estão dispostos para a vida e quais não estão dispostos 116

XLIII. Que antes da alma a esfera celeste tem um motor cuja potência é infinita. Ele está isento de matéria corpórea e de divisão. É impossível que o organizador do céu seja uma potência finita, tampouco uma potência infinita que está num corpo finito 118

XLIV. Sobre como o primeiro motor move, e que move por via do desejo para que se siga seu exemplo, não para que se adquira o desejado em ato 120

XLV. Que para cada esfera celeste particular há um primeiro motor separado, anterior à sua alma, que move na medida em que é amável. O primeiro motor de todas as coisas é princípio de tudo isso 124

XLVI. Sobre a rejeição da opinião dos que creem que a diversidade dos movimentos do céu se dá por causa do que está abaixo do céu 127

XLVII. Que os desejados que mencionamos não são corpos nem almas de corpos 133

XLVIII. Que o movimento das esferas celestes é posicional e não local. O movimento das estrelas seria local se se movessem por si mesmas 137

XLIX. Sobre como as esferas celestes, que entram no movimento primeiro, o seguem 139

L. Como o fogo segue a esfera celeste no movimento, em todas as partes, para que se mova a (esfera) interior 141

LI. Que os corpos das esferas celestes são distintos nas espécies. Cada alma difere da outra na espécie. Que cada intelecto difere do outro na espécie 143

LII. Sobre o conhecimento do corpo do universo, da alma do universo, que estão sempre em potência sob algum aspecto; e (sobre o conhecimento) do intelecto do universo, que sempre está em ato 146

TRATADO II

Sobre a indicação do grau da emanação da existência a partir de sua existência, iniciando com a primeira existência a partir dele até a última existência após a primeira

I. Sobre como as existências se dão a partir do primeiro e sobre o conhecimento de sua ação 151

II. Sobre a noção de 'ibdā' entre os filósofos 155

III. Sobre que o primeiro causado é uno e ele é intelecto 157

IV. Sobre como são os outros existentes a partir do primeiro causado 159

V. Sobre como se dá o engendramento daquilo que está abaixo da esfera celeste mas a partir da esfera celeste 166

VI. Sobre a geração dos elementos 168

VII. Sobre a providência e o governo 169

VIII. Sobre o princípio do governo das coisas terrestres engendradas e as espécies não preservadas 171

IX. Sobre a possibilidade da existência de coisas inusitadas a partir desta alma que altera a natureza 173

X. Sobre como este princípio intelige o que há aqui no presente e o que haverá no futuro e sobre sua influência 174

XI. Sobre a indicação da providência do artífice, sua justiça e as influências de sua sabedoria sobre os céus e a terra 176

TRATADO III

[Indicação sobre a permanência da alma humana, a felicidade última e verdadeira, que é uma certa felicidade] [e outra felicidade não verdadeira; sobre o infortúnio verdadeiro e último, que é um certo infortúnio, e outro infortúnio não verdadeiro]

I. Sobre o conhecimento da especulação própria da origem e a especulação própria do retorno 183

II. Sobre como se dá a geração dos elementos que seguem do mais vil ao mais nobre e como se dá o início dos vegetais 184

III. Sobre a geração dos animais e as faculdades da alma animal 186

IV. Sobre a geração do homem e das faculdades de sua alma e sobre o conhecimento do intelecto material 191

V. Sobre que o intelecto material é um mundo intelectual em potência. Como ele intelige os inteligíveis puros e os sensíveis que são inteligidos em potência que somente passam ao ato por intermédio do intelecto agente. Primeiramente são intelecto em hábito, depois em ato e posteriormente intelecto adquirido 194

VI. Sobre que os inteligíveis não ocupam um corpo nem são uma faculdade que está num corpo, mas são substâncias que subsistem por si mesmas 198

VII. Sobre que os sensíveis não são em absoluto inteligíveis enquanto sensíveis, pois necessitam de um órgão corporal por meio do qual sintam ou imaginem. A faculdade intelectual transforma aquilo que é sentido em inteligido; e sobre como isto acontece 201

VIII. Sobre os graus das abstrações das formas da matéria 203

IX. Investigação do enunciado sobre que o intelecto não intelige através de um órgão nem a alma é corrompida por nós pela corrupção do órgão 205

X. Sobre a solução da dúvida de alguns que apoiam a opinião de que a alma racional é perfeição não separada 208

XI. Sobre como a alma racional é causa das outras faculdades anímicas em nós 211

XII. Sobre que a alma racional começa a ser junto com o começar a ser do corpo 212

XIII. Sobre a proibição da metempsicose 214

XIV. Sobre a indicação da felicidade última e verdadeira, sobre como ela se completa pelo intelecto especulativo e pelo intelecto prático juntos. Sobre como as morais nocivas são contrárias (à felicidade) e não nos ordenam para sermos justos e sobre a designação do infortúnio comparativo às (morais nocivas) 215

XV. Sobre a felicidade e o infortúnio estimativos na vida última, inferiores à felicidade e ao infortúnio verdadeiros 222

XVI. Início sobre a questão profética; como os profetas recebem as revelações dos inteligíveis sem o conhecimento próprio dos humanos 225

XVII. Sobre como se dá a revelação das coisas ocultas e das evidências verdadeiras e no que difere a profecia da evidência 228

XVIII. Sobre as coisas importantes que os profetas veem e ouvem mas estão ocultas aos nossos sentidos 230

XIX. Sobre como ocorre aos loucos de se inteirarem das coisas ocultas 233

XX. Sobre como existem legitimamente os milagres, sobre a dignidade própria dos profetas e sobre a essência e a estimativa 235

Glossário árabe-português dos principais termos utilizados nesta obra, e outros, de interesse filosófico, em ordem alfabética árabe 239

Bibliografia 267

AGRADECIMENTOS

Agradeço efusivamente ao Prof. Dr. Carlos Arthur Ribeiro do Nascimento, que me ofereceu a oportunidade de realizar este trabalho.

Do mesmo modo, agradeço ao Prof. Dr. Rafael Ramón Guerrero, que me recebeu na Espanha quando da realização da minha pesquisa.

بسم الله الرحمن الرحيم

(EM NOME DE DEUS, O MISERICORDIOSO,
O MISERICORDIADOR)

Legenda

Nesta edição, os sinais ( ) indicam que houve acréscimo do tradutor para melhorar a compreensão do texto. Foram mantidos os sinais < >, que pertencem ao texto em árabe.

TABELA DE TRANSLITERAÇÃO DAS LETRAS ÁRABES ÀS LETRAS LATINAS

Letras Árabes	Transliteração	Pronúncia
ء (hamza)	’	gutural laríngea; é como se fosse um hiato
ب	b	pronúncia semelhante ao som de b em português
ت	t	pronúncia semelhante ao som de t em português
ث	ṯ	interdental surda. Pronuncia-se como o th em inglês, em thanks
ج	j	palatal sonora; pronúncia semelhante ao j em português
ح	ḥ	faríngea aspirada. Não há esse som em português
خ	ḫ	velar surda. pronúncia semelhante ao j espanhol, como em Juan.
د	d	pronúncia semelhante ao d em português
ذ	ḏ	interdental sonora. Pronuncia-se como the em inglês, como em the book.
ر	r	pronúncia semelhante ao r em português
ز	z	pronúncia semelhante ao z em português

س	s	pronúncia semelhante ao s em português
ش	š	palatal surda. Som semelhante ao ch em português, como em chalé.
ص	ṣ	pronúncia semelhante ao s em português, porém mais enfático
ض	ḍ	pronúncia semelhante ao de português, porém mais enfático
ط	ṭ	pronúncia semelhante ao t em português, porém mais enfático.
ظ	ẓ	pronúncia semelhante ao z em português, porém mais enfático.
ع	ʻ	faríngea gutural. Não há som semelhante em línguas ocidentais.
غ	ġ	velar sonora. Pronúncia semelhante ao r francês, como em Paris.
ف	f	pronúncia semelhante ao f em português.
ق	q	pronúncia semelhante ao k em português, porém é gutural.
ك	k	pronúncia semelhante ao k em português.
ل	l	pronúncia semelhante ao l em português.
م	m	pronúncia semelhante ao m em português
ن	n	pronúncia semelhante ao n em português
ه	h	laríngea surda. Pronuncia-se como o h do inglês, como ocorre em honey.
و	w	pronúncia semelhante ao de w em português.
ي	y	pronúncia equivalente ao y de Loyola.

Observação: as letras que levam o "acento" "–" devem ser pronunciadas enfaticamente. As vogais longas ا , و , ى, foram transliteradas ā , ū , ī . Devem ser pronunciadas como vogais tônicas.

INTRODUÇÃO

'Abū 'Alī al-Ḥussain ibn 'Abd Allāh ibn al-Ḥassan ibn 'Alī ibn Sīnā, ou Avicena como ficou conhecido no Ocidente, nasceu no mês de agosto de 980[1] (safar de 370 da Hégira), em Afšana, na Pérsia (atualmente conserva o mesmo nome), na ex-República Socialista Soviética do Uzbequistão), perto de Buḫara. A fonte principal sobre a vida de Avicena e suas atividades é sua autobiografia completada por seu discípulo Jūzjānī, para a qual remetemos o leitor[2]. Provêm inclusive desta biografia certas informações de caráter anedótico sobre Avicena.

Como médico e filósofo, passou à história como uma das maiores expressões da cultura muçulmana, sendo chamado de al-Šaiḫ al-Raīs (o grande mestre, o grande sábio).

Na época de Avicena (séculos X e XI da nossa era) Buḫara era a capital da Pérsia e foi um importante centro de estudos islâmicos depois de conquistada pelos árabes. Foi aí onde Avicena teve sua primeira formação.

Aos 10 anos de idade, já conhecia gramática, teologia e sabia de cor todo o Alcorão, o que é considerado um feito relevante para um muçulmano. A pedido de seu pai 'Abd Allāh, foi estudar aritmética indiana com um merceeiro que, ao que tudo indica, era o único da região a conhecer o assunto.

Entretanto, o seu primeiro mestre foi o famoso matemático 'Abd Allāh al-Natīlī. Quando veio a Buḫara, foi convidado a se hospedar na casa de Avicena e sob sua orientação este conheceu os *Elementos* de Euclides, o *Almagesto* de Ptolomeu, a *Isagoge* de Porfírio e um pouco mais de lógica. Segundo Avicena, quando Natīlī mencionou a definição de gênero, ele expôs várias definições que Natīlī não conhecia; além de explicações de questões do *Almagesto* que, também, não conhecia. Percebendo que não havia mais o que ensinar ao menino e impressionado com a sua inteligência, Natīlī recomendou a seu pai que o ocupasse somente com o estudo.

Depois que Natīlī deixou Buḫara, Avicena inicia sozinho a leitura da obra de al-Fārābī *Fuṣūs al-Ḥikam* (Preciosidades da sabedoria) e seus comentários sobre a *Física* e a *Metafísica* de Aristóteles.

Leu 40 vezes a *Metafísica* de Aristóteles, até sabê-la de cor, e não entendeu nada do conteúdo nem o objetivo da obra. Mas certo dia, ao passar por um mercado, um homem lhe ofereceu um pequeno livro. A princípio Avicena não se interessou. No entanto, dada a insistência do vendedor, acabou comprando-o: era o livro de al-Fārābī *Sobre o objetivo da Metafísica de Aristóteles*. De imediato Avicena foi para casa e leu a pequena obra. A partir daí, então, entendeu a *Metafísica* de Aristóteles. "Fiquei contente com isto", afirmou Avicena. No outro dia distribuiu esmolas aos pobres para agradecer a Deus pelo ocorrido.

Pode-se supor que a dificuldade inicial de Avicena estivesse ligada, de um lado, à tradução feita do grego para o árabe, que implicava o uso de palavras desconhecidas nesta língua, e, por outro lado, ao conteúdo da própria obra; por exemplo, como situar as ideias de Aristóteles acerca do primeiro motor diante da concepção corânica de Deus.

Com aproximadamente 16 anos, Avicena já tinha estudado medicina e sua competência era notória. Segundo nosso filósofo, "a medicina não é uma ciência difícil, pelo que sobressaí nela em muito pouco tempo, a ponto de excelentes médicos começarem a estudá-la comigo. Apliquei-me ao cuidado dos enfermos e se me abriram algumas das portas dos tratamentos que se aprendem com a experiência e que não se pode descrever. Ademais, seguia ocupado com o fiqh (jurisprudência) e discutia sobre isto. Eu tinha, então, 16 anos de idade". Aos 18 anos, uma grande oportunidade viria a contemplar o nosso filósofo: o príncipe Nuḥ ibn Manṣur foi acometido por uma doença e seus médicos não conseguiram curá-lo; Avicena foi chamado e, junto com outros médicos da corte, curou o príncipe. Em sinal de gratidão, foi colocada à sua disposição a biblioteca dos governadores samânidas (os dominadores da Pérsia antes da conquista árabe) que, na época, era o santuário do saber. A importância deste acontecimento pode ser percebida pelas próprias palavras de Avicena na sua autobiografia: "vi livros cujos títulos são desconhecidos para muitos – trabalhos que nunca antes havia visto e que tampouco vi depois. Li alguns livros, tomando nota do conteúdo". Pode-se supor que Avicena faz referência às obras dos gregos antigos traduzidas para o árabe, o que lhe permitiu maior intimidade com a filosofia grega.

Aos 21 anos, por volta de 1000, escreveu a pedido de um vizinho ('Abū al-Ḥassan al-'Aruḍi) o seu primeiro livro, intitulado *Al-Majmū'* (O compêndio), também conhecido como *al-Ḥikma Al-'Aruḍīyya*, em que tratou de todas as ciências, exceto a matemática. Posteriormente, a pedido de outro vizinho (Abū Bakr al-Barquī), escreveu *Al-Ḥāṣil wa al-Mahṣūl* (O resultado e a produção)[3], em 20 fascículos, sobre jurisprudência (fiqh) e exegese do Alcorão, assuntos que Barquī conhecia profundamente. Escreveu também para este o livro *al-Birr wa al-'Iṯm* (A virtude e o pecado), sobre ética. Barquī ficou admirado com a profundidade desses escritos.

Tendo o pai de Avicena morrido por esta época, deixou ele Buḫara e permaneceu por algum tempo em várias cidades (Gurganj, Baward, Tūs e Chaqān), estabelecendo-se finalmente em Jurjān. É possível que estas viagens estejam ligadas à perseguição religiosa e racial movida pelos turcos, pois, nesta época, exerciam grande influência sobre o governo samânida[4].

Em Jurjān, Avicena conheceu, em 1001, 'Abū 'Ubaid al-Jūzjānī, um jurisconsulto que viria a ser o seu melhor amigo e discípulo por 25 anos, e a quem devemos grande parte de sua biografia.

Data desta época o livro sobre lógica ditado por Avicena ao seu discípulo Jūzjānī (*Al-Muḫtaṣar al-Awssat* – O sumário médio). Para Širāzī escreveu dois livros: *Al-Mabda' wa al-Ma'ād* (A origem e o retorno) sobre a origem e o retorno da alma a Deus e *Al-Arṣād al-Kullīya* (Observações gerais) sobre astronomia.

Nos anos seguintes Avicena escreveu duas de suas obras mais conhecidas: a primeira delas é o *Cânon de medicina* (Kitāb al-Qānūn fi-al-Ṭib)[5] em 5 volumes, iniciado c. 1003 e terminado em 1014. O vol. I trata dos princípios gerais da medicina; o vol. II é composto de duas partes: a primeira aborda a maneira de determinar a natureza dos remédios mediante a experimentação e os efeitos; a segunda é uma lista em ordem alfabética de 760 produtos farmacêuticos. O vol. III aborda a etiologia, sintomas, diagnósticos, prognósticos e o tratamento sistemático das doenças; o vol. IV trata das enfermidades em geral, e o vol. V é um formulário que contém prescrições para diversas doenças. O *Cânon* foi traduzido para o latim no final do século XII pelo italiano Gerardo de Cremona e foi estudado nas universidades europeias até o século XVII[6].

A outra obra à qual já nos referimos é o *Livro da cura* (Kitāb al-Šifā'). Trata-se de uma enciclopédia composta de 18 volumes, abrangendo metafísica, matemática, psicologia, física, astronomia e lógica. Avicena iniciou esta obra na cidade de Hamadān em 1014, época em que foi nomeado vizir (ministro) pelo príncipe Šams al-Dawlah, e a maior parte dela estava terminada em 1021. Em 1023 termina definitivamente a *Šifā'*, em Isfahān, acrescentando-lhe um capítulo sobre música. A *Šifā'* é dividida em 4 sumas: física, matemática, lógica e metafísica. Cada suma é dividida em livros, cada livro em seções e estas em capítulos. O próprio Avicena nos dá uma ideia do alcance pretendido com esta obra: "nossa intenção é pôr neste livro o fruto das ciências dos antigos que pudemos verificar; ciências baseadas numa dedução firme ou numa indução aceita pelos pensadores que buscam a verdade há muito tempo. Esforcei-me por incluir na obra a maior parte da filosofia... Não há nada de importante nos livros dos antigos que não figure nesta obra. Se algum elemento não for encontrado em seu contexto habitual, é porque o coloquei em outro lugar que considero mais conveniente"[7]. Na realidade, além de analisar a filosofia dos antigos, notadamente a de Aristóteles, Avicena acrescenta nesta obra as suas contribuições pessoais. Partes da *Šifā'* (particularmente a metafísica, a física, a psicologia e a lógica) foram traduzidas para o latim no século XII e tiveram uma importância incalculável na elaboração do pensamento ocidental a partir do século XIII.

Em 1023 morreu o seu protetor Šams al-Dawlah, e o filho deste não o manteve como vizir. Por problemas políticos, Avicena recolheu-se a um esconderijo. Impossibilitado de consultar seus livros, recorre apenas à sua memória para continuar a escrever. Neste mesmo ano, seu esconderijo é descoberto e ele é preso juntamente com Jūzjānī. Permanece 4 meses no cativeiro, onde escreve as seguintes obras: *Rissalat Ḥay Ibn Yaqẓān* (Tratado do vivo, filho do vigilante – uma alegoria sobre o intelecto agente), *Al-Hidaya* (A direção)[8] e *Al-Adwiyāt al-Qalbīya* (Os remédios cardíacos).

Ainda em 1023, Avicena chegou a Isfahān, em companhia de Jūzjānī, e aí passou seus últimos 14 anos protegido pelo príncipe 'Alā' al-Dawlah.

Em 1030, a casa de Avicena, em Isfahān, é saqueada, tendo sido sua biblioteca levada. Um século mais tarde esta seria destruída pelos turcos invasores.

Avicena morreu próximo à cidade de Hamadān, na primeira sexta-feira do mês de Ramadã de 428 da Hégira, ou seja, em junho de 1037. Foi acometido por um violento ataque de cólica, automedicou-se, chegando a administrar 8 lavagens intestinais num só dia, a ponto de seus intestinos sofrerem ulceração. Quando se sentiu enfraquecido, parou de se tratar e disse: "o governador que governa meu corpo, já é incapaz de governar, e agora o tratamento não beneficia mais".

Quanto ao caráter de Avicena, Jūzjānī nos transmitiu alguns traços marcantes. Por um lado era um muçulmano piedoso, ia à Mesquita para orar e compenetrar-se quando se encontrava em dificuldade. Por outro lado, era um homem que dormia pouco e "dotado de um acentuado apetite sexual" (palavras textuais de Jūzjānī). Como o próprio Avicena teria declarado, ele preferia uma vida breve e profunda a uma vida longa e superficial[9].

Atribuem-se a Avicena cerca de 200 obras[10]. Além das já referidas anteriormente, outras obras importantes e de interesse filosófico são: *al-Najāt* (A salvação), *Rissalat al-Huddūd* (Epístola das definições), *Tafssīr* (Comentário), *Aqssām al-'Ulūm al 'Aqlīya* (Divisão das ciências intelectuais) e *Manṭiq* (Lógica).

As obras do al-Šaiḫ al-Raīs[11] contribuíram decisivamente para o estabelecimento definitivo da filosofia árabe.

* * *

O título do livro *Al-Mabda' wa al-Ma'ād* tanto pode ser traduzido por "O começo e o fim" como por "A origem e o retorno". Considerando-se o conteúdo dos três tratados[12] que compõem a obra, optamos por "A origem e o retorno", uma vez que o escrito aborda a questão da origem da alma e seu retorno para Deus.

A autenticidade deste escrito está fora de dúvida. Tanto assim que está incluído como obra autêntica (com o título "A origem e o retorno") nas bibliografias de Anawāti, Goichon e Gholman[13].

Al-Mabda' wa al-Ma'ād foi editado pelo Instituto de Estudos Islâmicos da Universidade McGil (Montreal), em colaboração com a Universidade de Teerã, em 1984. O editor, 'Abd Allāh Nurānī, afirma na apresentação da obra, à página 15, que para essa edição utilizou os microfilmes e fotocópias do texto que se encontra na Biblioteca Central da Universidade de Teerã e outras. Para sua edição tomou como base o texto nº 3.227 de Aḥmad III, datado de 850H (1458), que se baseia nos textos de Astan Radwi de nº 971 e de Nur Uṯmanīyyah de nº 3.794. Essa edição foi utilizada para a nossa tradução.

Al-Mabda' wa al-Ma'ād foi escrito entre 1003 e 1005[14], nas circunstâncias mencionadas anteriormente. É um escrito independente e, apesar de não ser muito conhecido, é um dos primeiros trabalhos importantes de Avicena contendo os elementos essenciais de sua metafísica. Se nos for permitida uma comparação, diríamos que ele se aparenta ao *Sobre o ente e a essência*, de Tomás de Aquino, tanto por ser uma obra de juventude como por expor os fundamentos da metafísica do autor. Vários capítulos deste escrito foram retomados na *Najāt*[15], escrita entre 1024 e 1037 (na nossa tradução indicamos a correspondência entre os capítulos do *Al-Mabda' wa al-Ma'ād* e da *Al-Najāt*).

O livro é dividido em 3 tratados: o primeiro, sobre "a confirmação do princípio primeiro de tudo, sua unicidade e a enumeração de seus atributos peculiares", é constituído por 52 capítulos; o segundo expõe "a ordem da emanação da existência do ser a partir de seu ser, desde o primeiro até o último", em 11 capítulos; o terceiro estuda "a permanência da alma humana, a verdadeira felicidade e a desgraça final", bem como a felicidade e a desgraça imperfeitas, em 20 capítulos. Portanto, os 3 tratados de *A origem e o retorno* – o primeiro princípio, a emanação dos entes, a permanência da alma humana e seus estados finais – evocam o esquema neoplatônico da saída e retorno (*exitus et reditus*) que estaria também na base do plano da *Suma teológica* de Tomás de Aquino[16].

Na parte introdutória da obra, Avicena afirma que o escrito abrange dois grandes conhecimentos: um denominado *Mā ba'd al-Ṭab'a* (o que está além da física, ou seja, metafísica) e o outro *Al-Ṭabi'iyyāt* (Física – ciência natural). Esclarece, ainda, que o fruto do conhecimento do que é a metafísica é a parte conhecida por "Uṯulūgīya" (Teologia), "que versa sobre a divindade (o princípio primeiro) e a relação dos seres com ele"; o fruto da ciência que é a física é o conhecimento da permanência da alma humana e de sua ordenação a um fim (meta), a felicidade. Portanto, pode-se perceber que a física corresponde ao tratado III e a metafísica aos tratados I e II.

Neste escrito, os argumentos de Avicena são quase *more geometrico*. Ele enuncia as definições do capítulo I, e o restante, pelo menos nos primeiros capítulos seguintes, é deduzido das definições através de uma concatenação rigorosa.

Esta concatenação é frequentemente uma redução ao absurdo; deste modo, por exemplo, no capítulo II do tratado I, afirma no título que "o que é ser necessário" não pode sê-lo simultaneamente por si mesmo e por intermédio de outro. Em seguida, inicia o seu primeiro argumento afirmando que não é possível que algo seja ser necessário simultaneamente por si e por intermédio de outro. Justifica esta impossibilidade esclarecendo que, se for supresso o outro, a necessidade do ser necessário ou permanece e, então, sua necessidade de ser não será por intermédio do outro, ou não permanece, e, assim, sua necessidade de ser não será por si mesmo. Conclui-se, portanto, deste raciocínio, que a necessidade do que é ser necessário se dá apenas por ele mesmo, justificando, deste modo, o que foi proposto no título.

Vemos que esta redução ao absurdo se combina com um dilema, ou seja, qualquer das duas alternativas leva a uma impossibilidade.

Encontramos este tipo de argumentação no capítulo V do tratado I, para sustentar que no ser necessário não há pluralidade, sob nenhum aspecto, e que de dois não decorre um que seja ser necessário; no capítulo X do tratado I, para falar da completude e espécie do ser necessário; no capítulo XII do tratado I, para explicar os atributos amável e amante, deleitável e deleitante; no capítulo XIII do tratado I, para explicar os atributos inteligível e inteligente do ser necessário.

Frequentemente Avicena procura eliminar possíveis objeções ao seu argumento, como acontece, por exemplo, no capítulo XI do tratado I, especialmente no 13º parágrafo, para expor que o ser necessário é único sob vários aspectos, e a prova de que não é possível que haja dois seres necessários.

Tendo em vista as características já apontadas, trata-se de um texto destituído de beleza literária para dar preferência ao rigor da argumentação. Neste sentido, o texto usa um vocabulário estereotipado e repetitivo. No início de cada capítulo encontra-se uma nota explicativa do tradutor com o intuito de facilitar o entendimento do texto, ou de apontar conexões dele com suas fontes, ou com desenvolvimentos posteriores.

Notas

1. Há hoje uma polêmica com relação a esta data. Propõe-se que seja em torno de uma década antes.

2. Esta obra mereceu uma tradução crítica de Willian E. Gholman, *The Life of Ibn Sīnā*, State University of New York Press, 1974.

3. O nome desta obra varia de acordo com os autores. Por exemplo, A. M. Goichon, *Introduction à Avicenne*, Paris, Vrin, 1953, p. XXX, nº 13, cita o nome "O que atua e o que é atuado" e ainda menciona outros dois: "Frutos e bens adquiridos" e "O resultante e o resultado".

4. Soheil F. Afnan. *El pensamiento de Avicena*, México-Buenos Aires, Fondo de Cultura Económica, 1965, p. 15.

5. Existe uma edição em árabe do *Cânon* em 3 volumes pela editora Dar Ṣāder Publishers, Beirute, s.d.

6. Cf. *O Correio da Unesco*. Avicena. Ano 8, nº 12, Rio de Janeiro, FGV, p. 15, 1980.

7. Citado por Ibrahim Bayumi Madkur em *O Correio da Unesco*, op. cit., p. 22.

8. Segundo Goichon, op. cit., p. XXX, nº 77, Ḥaj Ḫalifa menciona esta obra como sendo "A direção" – sobre medicina; e *Al-Qifṭī*, "A direção" – sobre a sabedoria.

9. AL-ḤORR, Muḥamad Kāmel. Ibn Sīnā: *Ḥayātuh, Aṯāruh wa Falsafatuh*. Edição árabe, Beirut, Dar al-Kutub al-'Ilmīyyah, 1991, p. 15.

10. Na biografia de Jūzjānī são citadas 40 obras. De acordo com o catálogo de Anawāti, *Mu'allafāt Ibn Sīnā*, Cairo, 1950, são 276 obras.

11. O grande mestre, o grande sábio, como era chamado Avicena.

12. Literalmente a palavra usada por Avicena significa artigo. Preferimos traduzir por tratado, visto a palavra "artigo" indicar a unidade menor, por exemplo, nas sumas medievais.

13. ANAWĀTI, Georges C., O. P. *Mu'allafāt Ibn Sīnā*. Cairo, 1950.

GOICHON, A. M. *Introduction à Avicenne*. Paris: Desclée de Brouwer, 1933, p. XXVIII.

GHOLMAN. *The Life of Ibn Sīnā*. New York. State University of New York Press, 1974, p. 154.

14. Gholman, op. cit., p. 154, afirma que a obra foi escrita entre 1012 e 1014. A considerar a cronologia da vida de Avicena contida na revista *O Correio da Unesco*, 1980, Ano 8, nº 12, p. 12, temos que admitir que a obra foi escrita entre 1003 e 1005. Levando-se em conta que Avicena escreveu seu primeiro livro por volta de 1000, ou seja, com 21 anos de idade, e que *A origem e o retorno* é um de seus primeiros escritos, 1003-1005 é uma data provável.

15. A metafísica da *Najāt* foi traduzida para o latim por Nematallah Carame sob o título *Avicennae metaphisices compendium*, Roma, Inst. Orientalium Studiorum, 1926. Dados os paralelos, por vezes literais, entre o *Al-Mabda' wa al-Ma'ād* e a *Najāt*, esta tradução foi de inestimável valor para a nossa tradução.

16. A respeito do plano da *Suma*, ver M. D. Chenu, *Introduction à l'étude de Saint Thomas d'Aquin*, Paris, Vrin, 1950, pp. 255-76. Sobre o esquema do *exitus et reditus*, ver pp. 261-2.

NOTA SOBRE ESTA EDIÇÃO

A presente tradução baseia-se na edição publicada em árabe pelo Instituto de Estudos Islâmicos da Universidade McGil (Montreal), em colaboração com a Universidade de Teerã, no Irã, em 1984. O editor, 'Abd Allāh Nurānī utilizou os microfilmes e fotocópias do texto que se encontra na Biblioteca Central da Universidade de Teerã. Ele utilizou o texto nº 3.227 de Aḥmad III, datado de 1458, tendo como base os textos de Astan Radwi de nº 971 e de Nur Uṯmanīyyah de nº 3.794.

TRATADO I

Sobre a confirmação do princípio do todo, sua unicidade e a enumeração de seus atributos peculiares

EM NOME DE DEUS, O MISERICORDIOSO, O MISERICORDIADOR

Seu livro sobre a origem e o retorno, ele o compôs para o Šaiḫ Muḥammad ben Ibrahim al-Fārsī. Louvado seja Deus, senhor dos mundos, e que suas bênçãos[1] recaiam sobre seu profeta, nosso senhor Muḥammad e sua linhagem, todos eles puros.

Disse al-Šaiḫ al-Ra'īs[2] 'Abū 'Alī ben Abd Allāh ben Sīnā:

"Neste tratado pretendo mostrar a realidade do que se encontra entre os peripatéticos e o que obtiveram sobre a origem e o retorno. Este meu tratado contém os frutos de duas grandes ciências: uma é a ciência designada por metafísica, e a segunda é a ciência que é designada por física. O fruto da ciência que é a metafísica é a parte desta, conhecida como "teologia", que versa sobre a divindade, o princípio primeiro e a relação dos seres com ele, segundo seus graus. O fruto da ciência que é a física é o conhecimento da permanência[3] da alma humana e que ela está sujeita ao retorno."

Dividi este livro em três tratados: o tratado I ocupa-se em estabelecer a confirmação do princípio primeiro do todo[4], sua unicidade e a enumeração dos atributos que lhe são peculiares. O segundo tratado visa mostrar a ordem da emanação do ser a partir de seu ser, começando desde o primeiro ser existente que procede dele até chegar ao último dos seres depois dele. O terceiro tratado mostra a permanência da alma humana, a felicidade verdadeira e última e uma outra, que é uma certa felicidade não verdadeira, e a desgraça verdadeira e última, e uma outra, que é uma certa desgraça não verdadeira.

Procuro nestes tratados esclarecer o que tornaram obscuro, revelar o que esconderam e ocultaram, reunir o que dispersaram, desdobrar o que reuniram, na medida da limitada capacidade que é como a minha e de alguém que está aflito pela extinção da época dos sábios, pelo desvio da preocupação com os vários objetivos da sabedoria, pelo predomínio do ódio sobre quem alcançou uma parte da realidade, pelo cansaço da violência e pelo exílio[5]; em comparação com os que, como eu, examinam com a mesma aflição que a minha e com os que foram forçados às desgraças do tempo às quais eu fui impelido[6].

Que Deus nos ajude, Nele está a mediação e o poder.

Notas

1. Pode-se também usar a palavra "orações".
2. Assim era chamado Avicena: o grande mestre, o grande sábio.
3. A palavra usada é "BAQĀ'", que significa permanência. Refere-se aqui à permanência da alma em relação à extinção do corpo.
4. Isto é, no sentido de universo.
5. Provavelmente Avicena está fazendo alusão ao seu encarceramento e ao seu exílio. *Autobiografia de Avicena*, op. cit., pp. 40-2.
6. Provavelmente Avicena está fazendo alusão ao seu encarceramento e ao seu exílio. Ver a respeito na autobiografia.

CAPÍTULO I[1, 2]

SOBRE O CONHECIMENTO[3] DO SER NECESSÁRIO E DO SER POSSÍVEL[4]

O ser necessário é aquele que, quando suposto inexistente, decorre daí um absurdo; e o ser possível é o que, quando suposto inexistente ou existente, não decorre daí um absurdo.

O ser necessário é necessário[5]; e o ser possível não é necessário, tanto no ser como no não ser. É isto que queremos significar aqui com ser possível. Ainda que signifique ser possível o que é em potência, e se diga possível tudo aquilo cujo ser é verdadeiro[6], isto foi explicado na lógica[7].

E o ser necessário pode sê-lo por si mesmo ou não; e o ser necessário por si mesmo é o que é para si, não para outra coisa, seja o que for; torna-se absurdo não supô-lo[8]. E o ser necessário não por si é aquilo que, quando se supõe alguma coisa que não seja ele, torna-se ser necessário; como o número quatro é necessário não por si mas quando se supõe dois mais dois, a combustão e a queima[9] não são necessárias por si mesmas mas quando se pressupõe o concurso da potência agente por natureza com a potência passiva por natureza, quero dizer, o que faz queimar e o que é queimado.

Notas

1. Na *Najāt*, em árabe, ed. M. Fakhri, Beirut, 1305/1985, cap. I, p. 261. Na tradução latina da *Najāt*, Nematallah, Carame, pp. 66-8.

2. Neste capítulo Avicena estabelece os conceitos de ser necessário e possível, baseado na lógica modal de Aristóteles*; também estabelece o conceito de ne-

cessário por si e por outro. O necessário por si mesmo não pode ser suposto inexistente, porque isto se constituiria num absurdo. Por outro lado, para o que é possível, não há nenhum impedimento em considerá-lo existente ou não; comporta o ser e o não ser.

O ser necessário por si mesmo o é, como a própria expressão indica, por si mesmo; o que é necessário por outro, sua necessidade advém do outro. Assim, por exemplo, "o número quatro não é necessário por si mesmo, mas quando se pensa dois mais dois".

Aqui temos o que constitui as bases de toda a especulação aviceniana neste escrito, ou seja, a definição de ser necessário e ser possível, bem como a definição de necessário por si e por outro.

* Cf. Peri Hermineias, cap. XII, 21a ss. Ver também: *Primeiros analíticos*, I, 13a ss., e *Metafísica*, VI, 2, 1026b 27-1027 a 14. Sobre este tema complexo há vasta bibliografia. Sem nenhuma pretensão de exaustividade citemos pelo menos o estudo clássico de J. Chevalier, *La notion du nécéssaire chez Aristote et chez ses prédécesseurs, particuliérement chez Platon*, Paris, Alcan, 1915; L. M. Régis, *L'opinion selon Aristote*, Paris, Vrin, 1935; S. Mansion, *Le jugement d'existence chez Aristote*, Paris, Desclée de Brouwer, 1946, e, entre nós, Oswaldo Porchart de Assis Pereira, "O frequente", em *Discurso* 1 (1971), pp. 71-82. Especificamente sobre as modalidades em Avicena, ver Allan Bäck, "Avicena's Conception of the Modalities", em *Vivarium*, vol. XXX, 1992, pp. 217-55.

3. A palavra "TA'RĪF" foi traduzida por "conhecimento". No entanto, Carame, p. 67, nota 4, traduz por "definição". Conservamos "conhecimento" porque traduzimos "ḤADD" por "definição".

4. Na *Najāt*, p. 261, este título é: "sobre o esclarecimento das noções do necessário e do possível".

O conceito de "possível" já havia sido tratado também por al-Fārābī antes de ser retomado por Avicena. Vejamos:

Vinculada à sua teoria da matéria, está sua doutrina da possibilidade. Antes de Avicena, a quem foi atribuído, al-Fārābī introduziu o conceito de "possibilidade" (IMKĀN) como indiferença para a existência: "é aquilo que pode existir e não existir, o que está mesclado de ser e não ser". Em seu comentário *De Interpretatione*, insiste nesta indiferença para existir: "o possível (MUMKIN) se diz de três maneiras. O que é necessário absolutamente, o que é necessário até um certo momento e o que existe agora em ato mas é capaz no futuro de existir e não existir. O verdadeiramente possível (al-MUMKIN al-ḤAQĪQĪ) é o terceiro significado, aquele do que se diz que não existe em ato mas é capaz de existir e não existir no futuro.

Para al-Fārābī, o termo "possibilidade" está em relação com o de necessidade mas "possível" é um termo mais amplo que necessário, tendo em vista que se aplica ao necessário, como nas duas primeiras acepções que antes mencionou, e ao não necessário. E este é, então, o que constitui o verdadeiro sentido do termo "possível".

Em consequência, possível é aquilo que necessita de algo fora de si mesmo para poder existir, enquanto o necessário é o que não requer nada para existir, porque em sua essência está implicada a existência".

5. O ser necessário é necessário: para conservar a uniformidade na tradução, temos aí uma aparente tautologia, pois a palavra "ḌARŪRĪ" também significa necessário.

6. Cujo ser é verdadeiro: no sentido de dado, efetivado. O que é dado, está aí, existe; então, é possível.

7. Isto foi explicado na lógica: de acordo com Carame, p. 67, nota 1, trata-se da "Lógica de Avicena", caps. 20-1.

8. Na *Najāt*: segue um absurdo de sua não existência.

9. A combustão e a queima: combustão no sentido passivo, de algo se queimando; queima no sentido ativo, do que produz a combustão.

CAPÍTULO II[1, 2]

SOBRE QUE O SER NECESSÁRIO NÃO PODE SÊ-LO SIMULTANEAMENTE POR SI MESMO E POR INTERMÉDIO DE OUTRO[3]

Não é possível que uma só coisa seja ser necessário simultaneamente por si e por intermédio de outro, pois, supresso aquele outro ou não considerado seu ser, não deixa de: ou sua necessidade de ser permanece em sua disposição e, então, sua necessidade de ser não é através de outro, ou sua necessidade de ser não permanece em sua disposição e, então, sua necessidade de ser não é por si.

Notas

1. Na *Najāt*, este capítulo está inserido no cap. III. Carame, pp. 68-9.

2. Aqui temos a justificação de que o necessário por si não pode sê-lo simultaneamente por si e por outro, pois a desconsideração do outro ou não altera em nada a sua necessidade de ser (e portanto não é necessário por outro), ou altera (e então não é necessário por si). Esta justificação decorre das definições estabelecidas no capítulo anterior e procede através de um dilema e por redução ao absurdo.

3. Na *Najāt*: "que o necessário por si mesmo não é possível que seja necessário por intermédio de outro, e que o necessário por intermédio de outro é possível".

CAPÍTULO III[1, 2]

SOBRE QUE O SER NECESSÁRIO POR INTERMÉDIO DE OUTRO É POR SI MESMO SER POSSÍVEL

Tudo que é ser necessário por intermédio de outro é por si ser possível, pois a necessidade de seu ser segue uma determinada relação e correlação[3]. A consideração da relação e da correlação é diferente da consideração da própria essência da coisa que tem relação e correlação, e a necessidade de ser somente é estabelecida pela consideração desta relação.

A consideração da própria coisa não deixa de: ou exigir a necessidade de ser ou exigir a possibilidade de ser ou exigir a impossibilidade de ser. E não é possível que exija a impossibilidade de ser, pois todo aquele cujo ser é impossível por si mesmo não é, nem por intermédio de outro; nem exige a necessidade de ser, pois dissemos: o ser necessário por si é absurdo que seja ser necessário por intermédio de outro.

Resta que, pela consideração de sua essência, é ser possível; e, considerando a elevação[4] da relação a este outro, é ser necessário, e considerando a supressão da relação para com este outro, é ser impossível; sua essência por si mesma, sem condição, é ser possível; então, evidencia-se que cada ser necessário por intermédio de outro é ser possível por si mesmo[5].

Notas

1. Este capítulo está inserido no cap. II da *Najāt*, p. 262. Carame, pp. 68-9.

2. Avicena acrescenta ao exposto nos caps. I e II que a noção de ser necessário por intermédio de outro equivale ao ser possível. Justifica esta equivalência

argumentando que a necessidade do ser possível decorre apenas de sua relação com o ser necessário por si mesmo.

3. Sobre os conceitos de "NISBA" (relação) e "IḌAFA" (correlação), cf. al-Fārābī, *Kitāb al-Ḥurūf* (Livro das partículas ou das letras), pp. 82-91.

4. Elevação: neste caso, esta palavra pode ser equivalente a dignidade. Então, a frase poderia ser assim: e considerando a dignidade da relação a este outro...

5. A última frase a partir de "então" é o começo do cap. III, p. 262, da *Najāt*. Carame, p. 69.

CAPÍTULO IV[1, 2]

SOBRE QUE O SER POSSÍVEL POR SI MESMO SOMENTE É SER NECESSÁRIO POR INTERMÉDIO DE OUTRO[3]

Isto se inverte[4], torna-se: tudo que é ser possível por si mesmo, caso concretize sua existência, será ser necessário por intermédio de outro, pois não deixa de: ou lhe caber ser em ato, ou não lhe caber ser em ato. É impossível que não lhe caiba ser em ato; senão, seria ser impossível; resta-lhe, então, caber ser em ato. Neste caso, ou seu ser é necessário ou seu ser não é necessário; se, pois, seu ser não é necessário[5], ele ainda é ser possível, não se distinguindo seu ser de seu não ser.

Então, não há diferença entre este estado e o primeiro, pois antes de ser se encontrava como ser possível, e agora seu estado é tal como era.

Caso se admita que há um novo estado, a pergunta persiste a respeito dele: é ser possível ou é ser necessário? Se é ser possível, este estado já era antes segundo sua possibilidade, não houve novo estado[6]; se for necessário e (esse estado) tornasse necessário o primeiro, então a existência deste estado para o primeiro é necessária e este estado não seria senão sua passagem[7] ao ser; portanto, sua passagem ao ser é necessária.

Além disso, todo ser possível ou é por si mesmo, ou é por certa causa; se é por si mesmo, então ele próprio é ser necessário, não é um ser possível, e, se for por certa causa, ou seu ser é necessário com esta causa ou fica como estava antes do ser da causa; e isto é absurdo, ou a causa não existe, e isto é absurdo; então, é preciso que seu ser seja necessário com o ser da causa. Portanto, todo ser possível, por si, somente é ser necessário por intermédio de outro.

Notas

1. Na *Najāt*, este capítulo é o cap. III, pp. 262-3. Carame, pp. 69-70.

2. Neste capítulo, Avicena examina a recíproca da última afirmação do cap. III: "cada ser necessário por intermédio de outro é por si mesmo ser possível", "tudo que é ser possível por si mesmo, caso concretize sua existência, será ser necessário por intermédio de outro".

O capítulo apresenta duas sustentações desta proposição: a primeira, mais longa, põe em jogo diretamente as noções de necessário e possível procedendo por dilemas e reduções ao absurdo. A segunda introduz a noção de causa.

3. Na *Najāt*, o título é: "Sobre que o que não é necessário, não existe".

4. "Isto se inverte": refere-se à última proposição do capítulo anterior, isto é, o título do presente capítulo e sua primeira proposição não é recíproco da última proposição e do título do cap. III. Na *Najāt*, esta expressão é repetida no início do cap. IV.

5. Na *Najāt*: "e aquilo cujo ser não é necessário".

6. Na *Najāt* diz: "não se renovou a sua situação".

7. Sua passagem: literalmente, seria sua saída. Carame, p. 70, traduz por *exitus*.

CAPÍTULO V[1, 2]

SOBRE QUE NÃO É POSSÍVEL QUE DE DOIS DECORRA UM SER NECESSÁRIO, E NENHUM DOS DOIS É SER NECESSÁRIO POR INTERMÉDIO DO OUTRO, E NÃO HÁ NO SER NECESSÁRIO PLURALIDADE SOB NENHUM ASPECTO[3]

Não é possível duas coisas, esta não sendo aquela e nem aquela sendo esta, cada uma delas sendo ser necessário por si e por intermédio da outra, pois já mostramos[4] que o que é ser necessário por si não é ser necessário por intermédio de outro.

Não é possível, também, que cada uma delas seja ser necessário pela outra, de modo que "A" seja ser necessário por "B" e não por si e "B" seja ser necessário por "A", e não por si; nem as duas juntas sejam um só ser necessário, porque considerá-las como duas essências é distinto de considerá-las como correlativas. Para cada uma delas há uma necessidade de ser não por si; então, para cada uma delas há uma possibilidade de ser por si; e todo ser possível por si tem uma causa para o seu existir, anterior a ele; porque toda causa é anterior ao causado na necessidade da essência[5], embora não o seja no tempo. Para cada uma delas há outra coisa à qual se une[6], anterior à sua essência, e nenhuma das duas é anterior à outra conforme já mostramos; portanto, elas possuem causas externas anteriores a elas. Então, a necessidade de ser de cada uma não é adquirida da outra, mas procede da causa externa, produtora da relação entre ambas.

Também, o ser necessário por intermédio de outro tem seu ser na dependência do ser deste outro e é posterior a ele quanto à essência. Ademais, é absurdo que uma essência, para ser, se encontre na dependência de outra essência que é por ela[7]; pois seria como se dependesse, para ser, de seu próprio ser. Se, então, seu ser é por si mesmo, prescinde do outro, e, se depende do ser do outro, só será após o ser deste outro. Portanto, seu ser depende de algo posterior a seu ser por essência. Então, seu ser seria impossível.

E dizemos ainda: é impossível que o ser necessário tenha em sua essência princípios que se unam para constituir o ser necessário, nem partes quantitativas nem partes da definição e do enunciado, mesmo sendo matéria ou forma, ou outro aspecto, de modo que cada uma das partes do enunciado que explica o sentido de seu nome indique alguma coisa que não é, no ser, a outra por essência. Isto porque em tudo que é assim qualificado, a essência de cada parte dele não é a essência da outra parte, nem é a essência do todo[8]. Então, ou compete que haja para cada parte um ser independente, e não compete que haja para o todo um ser sem ela, então o todo não é ser necessário. Ou isso compete a alguma, mas não compete ao todo ser sem ela; então o todo e as outras partes às quais não compete não é ser necessário; mas o ser necessário é aquilo ao qual compete.

Se não compete às partes separar-se do todo no ser, nem ao todo separar-se das partes, e o ser de cada um destes depende do outro, e nenhum deles por sua essência é anterior ao outro, então nenhum deles é ser necessário. Esclarecemos aqui que as partes, por essência, são anteriores ao todo; então, a causa que torna necessário o ser, torna necessário primeiro as partes, depois, o todo; então, nada disto é ser necessário.

E não podemos afirmar: o todo é anterior, por essência, às partes, pois, ou é posterior ou simultâneo; seja como for, não é ser necessário.

Disto fica claro que o ser necessário não é corpo, nem matéria de um corpo, nem forma de um corpo, nem matéria inteligível para uma forma inteligível, nem forma inteligível numa matéria inteligível; não é divisível, nem na quantidade, nem em princípios, nem no enunciado; nesses três aspectos, ele é uno.

Notas

1. O presente capítulo é o cap. IV da *Najāt*, pp. 263-4. Carame, pp. 71-4.

2. Avicena trata neste capítulo de dois temas conexos: 1) a impossibilidade de que de dois decorre um que seja ser necessário e que nenhum dos dois é ser necessário por intermédio do outro; 2) que não há no ser necessário pluralidade,

sob nenhum aspecto. A primeira tese é desenvolvida no início do capítulo com três argumentos conectados entre si por meio de simples "também" e "ademais". Estes argumentos fundamentam-se, como o próprio Avicena indica, no que foi exposto no cap. II sobre a incompatibilidade entre o ser necessário por si e o ser necessário por outro. O resto do capítulo é dedicado a estabelecer a unicidade do ser necessário, isto é, que o ser necessário não comporta pluralidade ou partes, sob nenhum aspecto que seja. Também, chamamos a atenção para a abordagem feita a respeito da anterioridade, que não deve ser considerada apenas do ponto de vista temporal mas cabe ser considerada do ponto de vista das essências das coisas. Alguma coisa pode ser simultânea com outra e, no entanto, lhe ser anterior quanto à essência. Esta abordagem é importante para a relação entre a causa e o efeito.

3. Este título é o início do cap. IV da *Najāt*, que por sua vez tem como título o seguinte: "sobre a perfeição da unicidade do ser necessário e que dois (seres) que se equivalem e são semelhantes quanto à existência; então, há para eles uma causa externa a eles." Cf. Carame, nota 1.

4. Cf. cap. II.

5. Na *Najāt*, cap. IV, p. 263, l. 9, lê-se: "no ser da essência".

6. Na *Najāt* lê-se: "yaqūmū", isto é, "pela qual subsiste", em vez de "yaqrīnu", ou seja, "se une", como está neste texto. Cf. Carame, p. 72.

7. Que é por ela: no sentido de que dela dependa.

8. Todo: neste caso pode ser equivalente a "composto" no sentido de reunião de coisas.

CAPÍTULO VI[1, 2]

SOBRE QUE O SER NECESSÁRIO POR SI MESMO É SER NECESSÁRIO SOB TODOS OS SEUS ASPECTOS

Dizemos: o ser necessário por si mesmo é ser necessário sob todos os seus aspectos. Senão, por um aspecto seria ser necessário e por outro ser possível; então este aspecto pode lhe pertencer e não lhe pertencer, e não pode prescindir disto. E cada um dos aspectos seria por uma causa da qual dependeria necessariamente a coisa; então, sua essência dependeria em seu ser das causas de duas coisas das quais não pode prescindir. Então, não seria ser necessário por si mesmo, de modo absoluto, mas junto com as duas causas, quer uma delas seja e a outra não, quer ambas sejam.

Disto fica claro que o ser necessário não é posterior em seu ser a um ser esperado, mas tudo que é para ele uma possibilidade lhe é necessário; não há para ele vontade esperada, nem natureza esperada, nem ciência esperada e nenhum dos atributos próprios de sua essência esperado.

Notas

1. Este capítulo, na *Najāt*, é correspondente ao cap. VI, p. 265, e tem como título: "sobre que o necessário é completo e não tem uma disposição esperada". Carame, pp. 74-5.

2. A tese principal deste capítulo é a afirmação de que "o ser necessário por si mesmo é ser necessário sob todos os seus aspectos". Caso contrário, o ser necessário por si mesmo teria dois aspectos. Por um aspecto seria ser necessário e por outro, ser possível, e cada um destes aspectos dependeria de uma causa. Assim sendo, o ser necessário por si mesmo seria dependente de duas causas, o que é contraditório. Desta tese principal, decorre que o ser necessário não está sujeito a mudança. Tudo que lhe compete já faz parte de seu ser, ele é, portanto, completo ou perfeito.

CAPÍTULO VII[1, 2]

SOBRE QUE O SER NECESSÁRIO SE INTELIGE E É INTELECTO POR SI, E O ESCLARECIMENTO DE QUE TODA FORMA QUE NÃO ESTÁ NUMA MATÉRIA TAMBÉM O É, E QUE O INTELECTO, O INTELIGENTE[3] E O INTELIGIDO SÃO UM

Dizemos também: o ser necessário é inteligível por si e não é absolutamente sensível por si[4], porque não é corpo, não está num lugar, nem está sujeito aos acidentes que os corpos comportam; porque sua quididade não está numa matéria, ela é inteligível em ato[5]; e isto é assim porque esclareceremos depois que toda forma inteligível de qualquer quididade está separada da matéria e das relações com a matéria; se isso for por abstração intelectual, então não seria inteligível por si em ato mas em potência, tal como são esses corpos naturais e artificiais. Se este sentido lhe pertence por si mesma, então sua essência é inteligível por si e sua presença no intelecto em potência é o intelecto em ato; pois o intelecto em ato é uma forma universal separada da matéria e dos acidentes que lhe advêm da matéria, acrescidos ao que ela tem por si mesma; pois as formas que estão na imaginação e na memória são tiradas da sua matéria, porém estão juntas com os acidentes que têm suas matérias; pois a forma de Zayd[6] que está na imaginação, está sob a sua determinação de algo como comprimento, largura, cor, em determinada posição e lugar, e estes são acidentes acrescidos à sua humanidade[7]; sua quididade essencial não os exige, senão todos fariam parte dela, mas lhe são advenientes apenas em função da matéria que recebe a humanidade junto com estes consequentes.

Quanto à faculdade intelectual, ela retira das quididades das coisas todos esses consequentes, abstraindo-as de modo puro, de tal forma que, se a quididade estiver multiplicada sob ela, permaneceriam íntegros porque fazem parte dela; então, o ser humano inteligível não tem determinação de comprimento, de largura, de cor, de posição e de lugar; se tiver algo disso não se referirá ao que não tem tal comprimento, largura, cor, lugar e posição.

Toda forma separada da matéria e dos acidentes, ao se unir ao intelecto em potência, torna-o um intelecto em ato, não porque o intelecto em potência esteja separado dela do mesmo modo como a separação da matéria dos corpos de suas formas; pois, se estiver separado dela por si e a intelige, receberá dela outra forma inteligível. A questão a respeito desta forma é igual à questão sobre ela e assim a questão chegaria ao infinito.

Ora, esclareço isto e digo: o intelecto em ato ou é, então, neste caso, o intelecto em ato ou é esta forma ou é o intelecto em potência que obtém esta forma ou é a união dos dois.

Não é possível que o intelecto em potência seja o intelecto em ato por obtê-la[8] para ele[9], porque a essência do intelecto em potência não deixa de: ou inteligir essa forma ou não inteligi-la. Então, se não inteligir esta forma, ela não passa ainda ao ato, e, se intelige esta forma, então, ou a intelige de modo que outra forma começa a ser a partir dela para a essência do intelecto em potência, ou a intelige de modo que somente esta forma se atualiza para essência deste.

Se a intelige apenas enquanto outra forma começa a ser a partir dela para ele, a questão chegaria ao infinito.

Se intelige enquanto existe para ele: ou será isso de maneira absoluta; então cada coisa para a qual se atualiza esta forma é intelecto, e esta forma se atualiza para a matéria e para aqueles acidentes com os quais se une a matéria; então, seria necessário que a matéria e os acidentes fossem intelecto por sua união com esta forma; pois a forma inteligida existe nas coisas naturais, mas está associada com outras coisas, não separada. Ora, aquilo que se associa não suprime a realidade própria daquilo ao qual se associa.

Ou, de modo não absoluto, mas porque existe para uma coisa cuja finalidade é ser inteligida; neste caso, ou o sentido de "ser inteligido" é seu próprio ser; então é equivalente a dizer: porque existe para alguma coisa cuja condição é que exista para ela, ou o sentido de "ser inteligido" não é o próprio ser desta forma, mas o próprio ser desta forma lhe foi atribuído. Isto é contradição.

Portanto, não se intelige por esta forma sua própria existência para o intelecto em potência, nem a existência de uma forma tomada dela. Então o intelecto em potência não é o intelecto em ato absolutamente, a não ser que não se estabeleça entre ambos o estado da matéria e forma mencionadas.

Não é possível que o intelecto em ato, aqui, seja esta própria forma, pois, então, o intelecto em potência não passaria ao ato, porque não seria esta própria forma, mas recebe-a, e o intelecto em ato lhe estabeleceu esta forma mesma; então, o intelecto em potência não é o intelecto em ato, mas é posto para o intelecto em ato e é receptível. Portanto, não é intelecto em potência, porque o intelecto em potência tem como condição ser intelecto em ato; não há aqui nada que seja intelecto em potência.

O que segue o curso da matéria já o esclarecemos, e o que segue o curso da forma, se for intelecto em ato, o será sempre; não é possível que seja enquanto intelecto em potência.

Não é possível que este intelecto em ato seja a união dos dois. Porque não deixa de ou inteligir sua essência ou inteligir outra coisa distinta de sua essência. Não é possível que intelija outra coisa distinta de sua essência, porque o que é distinto de sua essência, ou são partes de sua essência, que são a matéria e forma mencionadas, ou uma coisa externa à sua essência.

Se é algo externo à sua essência, o intelige de modo que receba a forma inteligível, desempenhando em relação a ela a função da matéria, e esta forma não é a forma a que estamos esclarecendo, mas uma outra que por seu intermédio se torna intelecto em ato.

Também, aqui, estabelecemos a forma por cujo intermédio o intelecto torna-se em ato com esta forma; além disso, o discurso sobre o que se une com essa forma estranha permanece.

Não é possível também que sejam as partes de sua essência. Porque ou se intelige a parte que é como a matéria ou a parte que é como a forma, ou ambas. A cada uma destas partes ou as intelige como a parte igual à matéria ou a parte igual à forma, ou ambas.

Se examinas essas partes cometendo erro em todas elas, pois, se assim for, inteligiria a parte que é como a matéria pela parte que é como a matéria. Então, a parte que é como a matéria é inteligida para si e inteligível para si; não há utilidade da parte que é como a forma aqui neste capítulo.

Se intelige a parte que é como a matéria pela parte que é como a forma, então a parte que é como a forma seria o princípio que está em potência, e a parte que é como a matéria seria o princípio que está em ato, e isto é o contrário do (ser) necessário.

Se a parte que é como a matéria for inteligida pelas duas partes juntas, então a forma da parte que é como a matéria é estabelecida na parte que é como a matéria e na parte que é como a forma. Então ela[10] será maior que sua essência, e isto é contradição.

Considere de maneira igual a isso no lado da parte que é como a forma. Igualmente se estabelece que cada parte se intelige por meio de cada parte. Então rejeitam-se as três partes, ficando válido que a relação da forma intelectual com o intelecto em potência não é como a relação da forma física para com a matéria física primeira, mas se desempenha (a função) do intelecto em potência, as essências das duas se unem numa só coisa, não havendo, então, receptor e recebido diferenciados entre si pela essência. Então, o intelecto em ato, na verdade, será a forma separada inteligível.

Se esta forma converte outra, em intelecto em ato, enquanto ele a tem, então, se subsiste por si mesma, ela será mais digna para ser intelecto em ato; pois, se uma parte do fogo subsiste por si mesma, ela será mais digna para queimar e, se a brancura subsiste por si mesma, será mais digna para distinguir a visão.

Não há necessidade para a coisa inteligível que seja inteligida por outra, sem dúvida alguma; pois, sem dúvida, o intelecto em potência intelige, sua própria essência e sua condição é ser inteligido por outro.

Com efeito, ficou claro que toda quididade separada da matéria e seus acidentes, é inteligível por si mesma em ato e ela é intelecto em ato; não necessitando, para ser inteligível, de outra coisa que a intelija.

Para isso há provas às quais não se presta atenção, que abandonamos, considerando as mais evidentes; fica, então, evidente que o ser necessário deve ser inteligível por si e intelecto em ato para si mesmo, e toda quididade separada da matéria evidencia-se por si mesmo; e o que possui por si mesma, não é somente por comparação com outra, mas por comparação com toda coisa. Em primeiro lugar, sua essência, depois, outra. Se não se evidencia para uma coisa, será pela debilidade de sua recepção para mostrá-la.

Notas

1. Este capítulo tem somente pequena semelhança no título com o cap. XVI da *Najāt*. O texto é totalmente distinto. Ver o título na *Najāt* "sobre que o ser necessário é por si intelecto, inteligente e inteligido". Cf. Carame, pp. 111-4.

2. Neste longo e difícil capítulo, Avicena quer mostrar que entre os atributos do ser necessário está o ser intelecto, inteligente e inteligido. Para Avicena o ser necessário é um intelecto subsistente, assim como toda forma que não está numa matéria.

Este tema já foi tratado anteriormente por al-Fārābī em sua obra *al-Madina al-Fāḍila** (Livro da cidade virtuosa), onde diz que o ser necessário é conhecedor, sábio, verdade, ser vivo e tem vida.

No início do capítulo, Avicena sustenta o caráter inteligível e não sensível do ser necessário pelo fato de este estar separado da matéria, não sendo corpo nem estando sujeito aos acidentes que os corpos podem comportar. Tal separação não se dá por abstração, pois esta apenas torna os inteligíveis em potência, inteligíveis em ato. Em seguida, Avicena expõe com algum detalhe a distinção entre o modo de operar do intelecto e da imaginação e memória.

A parte mais longa do capítulo examina três posições acerca do intelecto em ato, a saber: 1) o intelecto em ato é a própria forma separada da matéria e dos acidentes; 2) o intelecto em ato é o intelecto em potência que obtém esta forma; 3) o intelecto em ato é a união da forma e do intelecto em potência.

Avicena, de início, rejeita a segunda hipótese; rejeita também a primeira, bem como a terceira. Concluindo, resta que o intelecto em ato é a forma separada inteligível.

* Cf. *Kitāb al-Madīna al-Fāḍila*, ed. Beirut, 1959, pp. 30-4.

3. Inteligente: o intelecto em ato de inteligir.

4. Não é absolutamente sensível por si, no sentido de que não é absolutamente perceptível aos sentidos.

5. Em ato: etimologicamente, a palavra está ligada ao que é de fato, efetivo. Cf. L. Massignon, *Archives d'histoire doctrinale et littéraire du Moyen Âge*, vol. 4, 1929-30, p. 155, *ad verbum* "Intellectus".

6. Zayd é nome próprio utilizado neste caso para indicar uma pessoa qualquer.

7. Humanidade, no sentido de natureza humana, isto é, a qualidade de humano.

8. Obtê-la, isto é, a forma.

9. Para ele: para o intelecto.

10. Ela: refere-se à forma da parte que é como a matéria.

CAPÍTULO VIII[1, 2]

SOBRE QUE O SER NECESSÁRIO É POR SI BEM PURO

Todo ser necessário por si mesmo é bem puro e perfeição pura; e o bem em geral é o que todas as coisas almejam e pelo qual aperfeiçoam o seu ser[3]. O mal não tem essência, mas é ou privação de uma substância, ou privação de uma boa disposição de uma substância. O ser é bondade, e a perfeição do ser é a bondade do que é[4].

O ser que não está associado à privação – seja privação de substância ou de algo da substância – mas está sempre em ato é bem puro. O ser possível por si mesmo não é bem puro porque sua essência por si mesma não tem necessidade de ser; sua essência por si mesma comporta a privação; e o que comporta a privação sob determinado aspecto, não está, sob todos os seus aspectos, isento da imperfeição e do mal. Portanto, somente o ser necessário é bem puro.

Também é denominado "bem" o que é útil e benéfico para a perfeição das coisas. Mostraremos que o ser necessário é necessário que seja em vista de si mesmo benéfico para todo ser e para toda perfeição de um ser; ele é também, por este aspecto, bem; nele não entra o mal e a imperfeição.

Notas

1. Este capítulo é correspondente ao cap. VII da *Najāt*, p. 250. Carame, pp. 75-6.

2. Este capítulo e o seguinte podem ser considerados como formando um díptico: aqui Avicena trata da bondade do ser necessário e, no cap. IX, de sua

verdade. O cap. XII, ao falar da beleza do ser necessário, completará este díptico. O nosso filósofo retoma de início a definição aristotélica de bem. Associa-lhe a ideia neoplatônica do mal como privação. No último parágrafo do capítulo, aparece a noção de bem como útil e anuncia-se discretamente a noção neoplatônica do bem como difusivo de si mesmo.

Lembremos ainda que o título árabe da obra *Liber de causis* é *Kitāb al ḫair al-maḥd*, isto é, "Livro do bem puro". Como se sabe, este livro é um resumo dos *Elementos de teologia* do neoplatônico Proclo, tendo sido Tomás de Aquino o primeiro a identificá-lo no ocidente europeu.

3. Avicena retoma a definição clássica de "bem" de Aristóteles. Cf. *Ética a Nicômaco*, livro I, cap. I, 1094 a 1; cf. Carame, p. 75, nota 6.

4. Do que é: equivalente a "do que existe".

CAPÍTULO IX[1, 2]

SOBRE QUE O SER NECESSÁRIO É POR SI VERDADE PURA

Todo ser necessário[3] é verdade pura, porque o verdadeiro[4] de cada coisa é propriedade de seu ser que lhe é permanente. Portanto, nada é mais verdadeiro que o ser necessário. Também se diz verdade o ser do qual o que se crê é verídico. Então, nada é mais verdadeiro com esta verdade que aquilo do qual a crença no seu ser é verídica, com sua veracidade permanente e com a sua permanência por si e não por outro.

Notas

1. Este capítulo na *Najāt* é o cap. IX, p. 266, com o seguinte título: "o que é verdade é verdade sob todas as noções da verdade". Carame, pp. 76-7.

2. Neste capítulo Avicena combina uma noção platônica da verdade como propriedade das coisas com uma noção aristotélica que concebe a verdade como uma propriedade do conhecimento. Ver a respeito J. Vande Wielle, "Le problème de la vérite ontologique dans la philosophie de Saint Thomas", em *Revue philosophique de Louvain*, 51, 1954, pp. 521-71, especialmente pp. 532-5.

3. Na *Najāt* lê-se: "o que é ser necessário por si mesmo".

4. Antes, Avicena empregou o termo "ḤAQQ" (verdade) como substantivo. Agora utiliza a palavra "ḤAQĪQA", que significa a verdade que se dá na coisa realizada conforme a sua essência. Cf. Goichon, *Lexique*, pp. 81-4.

CAPÍTULO X[1, 2]

SOBRE COMO A ESPÉCIE DO SER NECESSÁRIO NÃO SE PREDICA DE MUITOS, POR ISSO SUA ESSÊNCIA É COMPLETA

Não é possível que a espécie do ser necessário possa ser de outra essência que não a sua, porque o ser de sua espécie é dele: ou o exige a essência de sua espécie ou não o exige a essência de sua espécie; senão, exige uma causa. Se a noção de sua espécie lhe é própria pela essência da noção de sua espécie, não é senão para ele; se é por uma causa, então ele é causado, imperfeito, e, portanto, não será ser necessário.

Como é possível que uma quididade separada da matéria pertença a duas essências, pois duas coisas somente são duas, ou por causa da noção ou por causa do que a sustenta ou por causa da posição e do lugar ou por causa do movimento e do tempo, em suma, por uma das causas. Se não há distinção entre dois quanto à noção, serão distintos por algo distinto da noção. Toda noção que se encontra por si em muitos distintos, está na dependência de uma causa das que mencionamos e dos concomitantes das causas; portanto, não seria ser necessário.

Digo de modo categórico: tudo que não é distinto senão por uma noção[3] e só depende de si mesmo, não é distinto de seu semelhante pelo número; portanto ele não tem semelhante, porque o semelhante é distinto pelo número.

Fica evidente a partir daí que o ser necessário não tem par, nem semelhante; nem contrário, porque os contrários se corrompem e estão presentes no sujeito[4], e ele, o ser necessário, está isento da matéria.

Notas

1. Na *Najāt*, este capítulo é o cap. IX, p. 266, com o seguinte título: "a espécie do ser necessário não pode ser dita de muitos, então, ele não tem semelhante nem contrário". Carame, pp. 78-9.

2. O cap. X e o cap. XI são correlacionados. Ambos tratam da ausência de pluralidade no ser necessário. Neste sentido, ligam-se ao cap. V. O cap. X enuncia no seu título duas teses: 1) que a espécie do ser necessário não se predica de muitos; 2) em decorrência, que sua essência é completa. Somente a primeira tese é explicitamente desenvolvida. Avicena procede por meio da eliminação de todas as possibilidades de plurificação de uma quididade, essência ou noção.

3. Avicena refere-se à distinção essencial por oposição à distinção numérica, isto é, a distinção entre seres que têm definições distintas por oposição a indivíduos distintos da mesma espécie, e que têm, portanto, a mesma definição.

4. Sujeito: isto é, substrato.

CAPÍTULO XI[1]
SOBRE QUE O SER NECESSÁRIO É ÚNICO SOB VÁRIOS ASPECTOS E A PROVA DE QUE NÃO É POSSÍVEL QUE HAJA DOIS SERES NECESSÁRIOS

Também ele é completo no ser, porque sua espécie é somente dele, nada de sua espécie é externo a ele, e um dos aspectos do que é único é ser completo, pois o múltiplo e o acrescido não são unos.

Portanto, ele é único na plenitude de seu ser; é uno sob o aspecto de que sua definição lhe pertence, único sob o aspecto de que não é divisível, tanto quantitativamente como nos princípios que o constituem, assim como nas partes definicionais; e é uno sob o aspecto de que toda coisa tem sua unidade que lhe é própria e pela qual aperfeiçoa sua verdade essencial, e ainda é único sob outro aspecto, este aspecto é o seu grau no ser – este grau, a necessidade de ser – não é senão dele[2].

Não[3] é possível que a necessidade de ser seja comum[4]. Provamos isto dizendo: a necessidade do ser necessário ou é algo necessário para uma quididade, sendo esta quididade a que tem a necessidade de ser. Tal como quando se diz acerca de alguma coisa: é princípio; então esta coisa tem essência e quididade, logo, princípio é necessário para esta essência[5]. Assim como a possibilidade de ser é necessária para uma coisa que por si é dotada de uma certa noção, e dizemos: é ser possível, para uma coisa que em si é dotada de noção, como, por exemplo, é corpo, brancura ou cor; logo, é ser possível (e a possibilidade de ser a acompanha) mas (a necessidade de ser) não entra em sua verdade.

Ou o ser necessário, pelo fato mesmo da necessidade de ser, é ser necessário, e tal necessidade de ser é para ele natureza universal e essencial. Então, dizemos primeiro: não é possível que a necessidade de ser proceda das noções que seguem a sua quididade, porque aquela quididade, neste caso, se tornaria causa para a necessidade de ser e, deste modo, a necessidade de ser estaria dependendo de uma causa, e a necessidade de ser não existiria por si mesma.

Além disso, esta quididade ou é por si mesma para ambos e, assim, a espécie da necessidade de ser será comum, e já rejeitamos isto; ou há para cada um dos dois uma quididade distinta da outra.

Se não têm alguma coisa em comum, não é preciso que cada um deles subsista não em um sujeito[6], mas a noção da substancialidade será predicada igualmente de ambos[7]; não em primeiro lugar de um e secundariamente do outro, e por isso ela será gênero para ambos. E, se não é necessário que um dos dois subsista num sujeito, então, não é ser necessário.

E, se têm alguma coisa em comum e havendo para cada um dos dois alguma noção definicional pela qual se completa sua quididade e fazendo parte desta, então cada um dos dois será divisível enunciativamente e conforme o já dito[8]: se o ser necessário não é divisível enunciativamente, então nenhum dos dois é ser necessário.

E, se um dos dois somente tem aquilo que os dois têm em comum e para o outro há uma noção acrescida a este, então, o primeiro difere[9] do segundo pela privação desta noção e pela existência daquela noção comum, sob a condição de separação e de privação do que é do outro. Isto é possível, mas o segundo seria composto, não o ser necessário; e só aquele seria ser necessário; e a noção que é comum não exige a necessidade de ser, a não ser sob a condição da privação do outro, sem que aquelas privações sejam coisas existentes e essências. Senão, haveria numa só coisa, coisas infinitas existentes, porque em todas as coisas há privações[10] de coisas infinitas.

Contudo, tudo que é necessário que seja, a sua necessidade de ser não é pelo que tem em comum com o outro e pelo que, somente, não completa o ser de sua essência[11] (mas apenas completa seu ser por tudo que tem em comum com o outro e por aquilo que completa o ser de sua essência)[12].

Aquilo com que completa o seu ser e se acrescenta ao que tem em comum com o outro, isto será ou não uma condição para a necessidade de ser. Se tudo isto é uma condição da própria necessidade de ser, então deve ser para todo ser necessário, e tudo que há em uma das quididades haverá na outra. Pois não haverá diferenças[13] entre ambas em absolutamente nada do que as constitui; no entanto, foi estabelecida entre ambas uma diferença quanto à espécie; isto é contradição.

Se não houvesse uma condição para a própria necessidade de ser – e tudo que não é condição em alguma coisa, a coisa se completa sem ela – então, a necessidade de ser se completará sem o em que se distinguem, e o em que se distinguem será acidente para a necessidade de ser, e elas são iguais na quididade e na espécie da necessidade de ser, e distinguem-se nos acidentes, não pelas espécies; isto é uma contradição.

Se a condição que se estabelece para a necessidade de ser é uma das duas não por si mesma e uma das duas por si mesma não é condição, então, as duas são iguais na medida em que nenhuma (por si mesma) é condição. Então, como uma das duas será condição não por si mesma?

Se alguém disser: isto é como a matéria; esta forma não é por si mesma condição para ela, nem a forma contrária, mas uma das duas, não por si mesma; ou como a cor, cujo ser não se estabelece, a não ser que seja negrura ou brancura[14], não por si mesma, mas por uma delas. (A este), porém, escapa-lhe uma diferença: quanto à matéria, uma das duas formas por si mesma é condição para ela num determinado tempo enquanto a outra não é condição neste mesmo tempo; e num outro tempo, a outra será para ela condição por si mesma e a primeira não é condição por si mesma; e cada uma delas em si é possível para ela se for considerada de modo absoluto, sem condição. A matéria também é possível; se fosse necessária, seria necessária por causa de uma das duas formas, e esta forma será necessária por si mesma; seja como for essa disposição, a matéria, tanto se uma das duas é condição por sua necessidade por si mesma, como se uma das duas não é por si mesma, tem uma condição para a necessidade distinta de sua própria natureza. Se a necessidade de ser tivesse uma condição que dependesse de algo externo a ela, então não haveria necessidade de ser por si.

Quanto à coloridade, não se torna coloridade pela negrura ou pela brancura, mas por algo que as engloba, porém não existe separada, a não ser pela diferença de cada uma delas. Então, nenhuma das duas determinações da coloridade é condição para a coloridade mas condição para a existência[15], em todo tempo e em toda matéria, pois a condição é uma delas por si mesma, não a outra.

Esta coloridade que é segundo este tempo e segundo esta matéria, somente a diferença da negrura faz esta coloridade que é segundo este tempo e esta matéria existir e somente a diferença da brancura faz aquela existir. A coloridade, tomada de modo absoluto, ou não tem absolutamente nenhuma das duas como condição, para ser; ou, então, as duas conjuntamente seriam a condição para seu ser. Então, cada uma delas será condição para seu ser na medida em que é parte da condição, não a condição completa; a condição completa seria a união das duas.

Em síntese, uma só coisa, sob um só aspecto, é condicionada por uma só coisa, não por qualquer combinação de coisa[16]; isto é assim apenas para o que tiver dois aspectos, e se para cada aspecto houver condição por si; então prescinde das duas, não depende de uma delas por si, por sua essência, mas pela combinação da causa de seu aspecto. Quanto à sua essência, por si mesma não tem condição, a não ser a unidade. Como a coloridade tem por si mesma como condição uma só coisa, e sua condição, nos modos de ser, são várias determinações, então cada momento tem sua condição por si.

Como a coloridade, enquanto coloridade, não está condicionada na quididade de sua coloridade por nenhuma das duas, por si mesmas ou não, mas para a efetivação de sua coloridade e de sua concretização em ato, também nenhuma das duas deve ser condição para a necessidade de ser, sob o aspecto da quididade da necessidade de ser, mas sob o aspecto de sua efetivação; então a efetivação de sua necessidade de ser é distinta[17] de sua quididade, e isto é contradição. Pois seguiria que ao ser necessário lhe seria atribuído um ser que não tem em sua definição, tal como o atribuído à humanidade, à equinidade e como na coloridade.

Mas é possível dizer[18]: que, se uma das duas não é por si condição para a coloridade, não para a própria coloridade, mas para a diversidade dos seres[19] da coloridade, assim também é para a necessidade de ser, na medida em que é necessidade de ser.

Como uma de duas determinações sem ser condição para a coloridade se converte em condição da coloridade, quando começa a ser uma causa determinada e um estado determinado de coloridade, é apenas possível dizer: se uma das duas não é por si mesma condição para a coloridade, não pela mesma coloridade, senão para a diversidade dos seres da coloridade; assim também, se para a necessidade de ser houver uma das duas diferenças, não por si como condição, deve ser não porque é necessidade de ser, pois a necessidade de ser se realizaria sem ela, não necessitando dela, mas é condição da distinção dos acidentes da necessidade de ser; e já dissemos que à necessidade de ser não a seguem as disposições diferentes externas à exigência da necessidade de ser; isto é contradição.

A coloridade é uma realidade causada; então é necessário que esteja sujeita a condições além da coloridade, pelas quais é diferenciada, e a necessidade de ser não está sujeita a condições, pelas quais é, além da necessidade de ser.

Então, ficou claro que nenhuma das propriedades das duas quididades mencionadas é condição para a necessidade de ser, sob nenhum aspecto, nem por si mesma ou não por si. Então, é falso que a necessidade[20] de ser seja comum como concomitante. Dizemos: que nem mesmo pode ser como constituindo a quididade da coisa. E isto é mais claro, pois, se a necessidade de ser fosse uma natureza por si mesma, que seja "A", e em seguida fosse dividida em vários: então ou se divide em vários que se distinguem apenas pelo número, e já proibimos isto; ou se divide em vários que se distinguem na espécie, e então se dividirá pelas diferenças que sejam "B" e "J"[21] e estas diferenças não são condições para o estabelecimento da necessidade de ser, senão não haveria aqui necessidade de ser necessária. Aqui a própria natureza estabelecida é mais evidente, pois, se a natureza da necessidade de ser precisar de "B" e "J" para se tornar necessidade de ser, então a natureza da necessidade de ser não é natureza da necessidade de ser. Isto é contradição.

Não é como a natureza da cor[22] e do animal que necessitam de uma e outra diferença para que seus seres se estabeleçam, porque estas são naturezas causadas. Apenas necessitam das diferenças, não na própria animalidade e coloridade comuns a elas, mas no ser. Aqui a necessidade de ser ocupa o lugar da coloridade e da animalidade; como estas duas não necessitam das diferenças para ser cor ou animal, assim também aquela não necessita das diferenças para ser necessidade de ser. Além disso, a necessidade de ser não depende de um segundo ser do qual necessite, tal como aqui necessitam, além delas, a coloridade e a animalidade do ser que segue a coloridade e a animalidade.

Fica, assim, evidente que não é possível que a necessidade de ser seja comum, nem como concomitante de uma natureza nem como natureza por si. Portanto, o ser necessário é uno, não apenas quanto à espécie ou quanto ao número ou quanto à indivisibilidade ou quanto à perfeição, mas pelo fato de que seu ser não é por outro[23], embora este não seja de seu gênero.

Não é possível dizer: se os dois seres necessários não têm nada em comum, como teriam em comum a necessidade de ser e o estar isentos do sujeito? Se a necessidade de ser se predica deles por equivocidade, então nossas palavras não são no sentido de proibição da pluralidade do que se predica do ser necessário pelo nome, mas no que diz respeito a uma noção única das noções deste nome. Se for univocidade, então isto se dá por uma noção geral comum, com comunidade de concomitância ou por comunidade de gênero. Como poderá a comunidade da necessidade de ser caber a duas coisas em função dos concomitantes que lhes advêm de fora; e os concomitantes são causados e a necessidade de ser pura não é causada.

Notas

1. Este capítulo é o mais longo de todos aqui traduzidos. Seus dois primeiros parágrafos desenvolvem a segunda tese do cap. X e, portanto, do ponto de vista do conteúdo, a este pertencem. O restante do capítulo visa estabelecer a tese que é claramente enunciada no início do terceiro parágrafo: "não é possível que a necessidade de ser seja comum". O extenso desenvolvimento que se segue recorre, para provar esta tese, aos costumeiros dilemas e reduções ao absurdo.

Avicena dedica particular atenção a dois raciocínios por analogia, que tentam aproximar a situação do ser necessário daquela da forma em relação à matéria (cor) e daquela do gênero em relação à espécie (animal).

A conclusão é enunciada nos seguintes termos: "fica assim evidente que não é possível que a necessidade de ser seja comum, nem como concomitante de uma natureza nem como natureza por si. Portanto, o ser necessário é uno, não apenas quanto à espécie ou quanto ao número ou quanto à indivisibilidade ou quanto à perfeição, mas pelo fato de que seu ser não é por outro, embora este não seja de seu gênero".

Observe-se, finalmente, que al-Fārābī também fala sobre a "aniquilação de algo associado ao Altíssimo" em seu livro *Kitāb al-madina al-fāḍila*, pp. 25-6, e nas duas páginas seguintes afirma que o Altíssimo também não tem contrários.

2. Até aqui, este parágrafo é o cap. X da *Najāt*, p. 266, com o seguinte título: "sobre que ele é único sob vários aspectos". Carame, p. 80.

3. A partir deste parágrafo, o texto corresponde ao cap. XV da *Najāt*, pp. 267-71, porém com várias diferenças e com o seguinte título: "sobre a demonstração de que não é admissível que haja dois seres necessários; a existência com que é descrito não é de outro, senão não seria de seu gênero e de sua espécie". Carame, pp. 81-91.

4. Comum: se fôssemos traduzir literalmente do árabe, "MUŠTARAK" seria "associado", isto é, que seja comum a ele e a outros. No vocabulário aviceniano, a palavra "MUŠTARAK" significa também "comum". Cf. Goichon, *Lexique*, p. 34, nº 1.

5. É necessário para esta essência: segue necessariamente esta essência. Na *Najāt* lê-se: "é uma noção necessária".

6. É preciso que cada um deles subsista não em um sujeito: isto significa que não são acidentes mas substância.

7. Será predicada igualmente de ambos: literalmente seria "dita de". Aqui Avicena está aludindo ao modo de atribuição do ser à substância e aos acidentes. Em primeiro lugar à substância e secundariamente ao acidente.

8. Cf. Carame, cap. V, pp. 13-4.

9. Difere: no cap. X, parágrafo 3º, usamos a palavra "distinto" e aqui "difere" porque Avicena usou duas palavras distintas: "yufāriqu" (difere) e "yuḥālifu" (distinto).

10. Privações: segundo Carame, p. 84, nota 1, privações em sentido impróprio; é igual a negação.

11. Na *Najāt* lê-se: "talvez complete o ser de sua essência".

12. O que está entre parênteses não está na *Najāt*.

13. Diferença: literalmente seria separação (infiṣāl). Ver Goichon, p. 13, nº 3, e p. 179.

14. Negrura ou brancura: são atributos disjuntivos.

15. Na *Najāt* lê-se: "para a existência pura", isto é, pura e simplesmente para existir.

16. Na *Najāt* lê-se: "não qualquer combinação de duas coisas".

17. Distinta: literalmente seria "é outra que".

18. Na *Najāt* lê-se: "mas como é possível dizer a respeito da coloridade que se uma..."

19. Para a diversidade dos seres: isto é, para a diversidade das existências.

20. Neste texto, a palavra usada é "wujūd" (existência); na *Najāt*, p. 270, lê-se "wujūb" (necessidade), o que seria o correto.

21. "B" e "J": assim era a ordem do alfabeto árabe: a, b, j, d... equivalente à do alfabeto grego α, β, γ, δ, ...

22. Na *Najāt* lê-se: "em resumo, é necessário que saibas que a verdade do ser necessário não é como a natureza genérica da cor..."

23. Na *Najāt* lê-se: "para outro".

CAPÍTULO XII[1, 2]

SOBRE QUE ELE POR SI É AMÁVEL E AMANTE, DELEITÁVEL E DELEITANTE E QUE O DELEITE É A PERCEPÇÃO DO BEM ADEQUADO

Não é possível que haja beleza ou esplendor[3] acima da quididade que seja intelectualidade pura, bondade pura, isenta[4] de qualquer imperfeição, única sob todos os aspectos. Pois o ser necessário é a beleza pura e o esplendor[5] puro, e é o princípio de toda proporção porque toda proporção está numa multiplicidade de composição e de mescla; então se dá a unidade numa multiplicidade; e a beleza e o esplendor de qualquer coisa é ser conforme ao que deve ser. Qual não será, então, a beleza do que é conforme deve ser o ser necessário. E toda beleza, conveniência e bem apreendido é amável e desejável.

E o princípio disto é sua percepção, seja pelo sentido, ou pela imaginação, ou pela estimativa, ou pela cogitativa, ou pelo intelecto. Quanto mais penetrante e compreensiva for a percepção, e mais certa a compreensão, e mais belo e mais nobre em si mesmo o percebido, então tanto maior e mais intenso é o amor da faculdade de percepção e tanto mais nele se deleita.

Portanto, o ser necessário – que está no máximo de perfeição, de beleza e de esplendor e que intelige que ele próprio está em tal máximo de beleza e esplendor, e isto pela plenitude do intelecto, e comunica que aquele que intelige e o inteligido[6] na verdade são um – ele próprio será por si mesmo[7] o máximo amante e amado, o máximo deleitável e deleitante, pois o deleite não é senão a percepção do conveniente na medida em que é conveniente: o (deleite) sensível é a sensação do conveniente e o (deleite) intelectual é a intelecção do conveniente e assim por diante.

O primeiro é o excelente perceptor mediante a excelente percepção do mais excelente perceptível. Então ele é o mais excelente deleitável e deleitante, e esta é uma coisa à qual nenhuma pode ser comparada. E não temos para estas noções outros nomes senão estes; quem os achar inconvenientes que use outros.

Deve-se saber que a percepção do intelecto referente ao inteligível é mais poderosa do que a percepção do sentido referente ao sensível, porque ele, me refiro ao intelecto, intelige e percebe o que é permanente e universal e se une a ele e se torna como que idêntico com ele[8], e o percebe em sua profundidade, e não segundo o que aparenta ser; e isto não acontece com a sensibilidade, relativamente ao sentido.

Então, o deleite que nos é devido pelo que é inteligido convenientemente é superior ao do sentido convenientemente, e não há relação entre ambos. Supõe-se[9], às vezes, que a faculdade de apreensão não se deleita por aquilo pelo que deve se deleitar, por acidente.

Como o enfermo não se deleita com o doce e o aborrece, por acidente, da mesma forma devemos[10] saber disto quanto a nós enquanto estamos no corpo. Pois, mesmo se a nossa faculdade intelectual atingisse a sua perfeição em ato, nós não obteríamos tanto deleite quanto cabe à própria coisa por si mesma, e isto por causa do impedimento do corpo.

Se nos separássemos do corpo, obteríamos – contemplando nossa essência, que já se tornou um mundo intelectual idêntico aos seres verdadeiros, belezas verdadeiras, às perfeições verdadeiras e aos deleites verdadeiros com os quais ela se une assim como um inteligível com outro inteligível – o deleite e esplendor infinito. Esclareceremos estas noções posteriormente.

Saiba que o deleite de toda faculdade é a aquisição de sua perfeição; então são próprios do sentido os sensíveis convenientes; para a ira, a vingança, para a esperança, a vitória, e para cada coisa o que lhe é próprio, e para as almas racionais há como destino um mundo intelectual em ato.

Então, o ser necessário é inteligível, seja inteligido ou não, é amável, seja amado ou não; é deleitável, seja isto percebido dele ou não.

Notas

1. Este capítulo corresponde ao cap. XVII, p. 281, da *Najāt*. Carame, pp. 115-8.

2. A ideia básica deste capítulo é apresentar o ser necessário como beleza e esplendor puro, sendo uma espécie de coroamento do que foi dito sobre sua intelectualidade pura (cap. VII) e verdade pura (cap. IX) bem como sobre sua bondade pura (cap. VIII) e sua unicidade sob todos os aspectos (caps. V, X e XI).

Avicena dedica bastante atenção ao deleite ou prazer que é produzido pela apreensão sensível ou intelectual da beleza do que é conveniente, do bem e do inteligível.

Preocupa-se, ainda, em explicar o possível desacordo entre a situação de direito em que a percepção do intelecto referente ao inteligível é mais poderosa do que a percepção do sentido referente ao sensível e a situação de fato (na presente vida) em que as coisas se invertem.

3. Al-Fārābī também fala da beleza e do esplendor em sua obra *Kitab Madina al-Fāḍila*, pp. 35-7.

4. Na *Najāt* Avicena usou a palavra "BARĪ'A" e aqui usa "'ARĪYA". A primeira pode ser traduzida por "isenta", e a segunda "desnuda ou isenta".

5. Na *Najāt* lê-se: "o ser necessário tem a beleza pura e o esplendor..."

6. Na *Najāt* lê-se: "e intelige que aquele que intelige e o inteligido..."

7. Na *Najāt* lê-se: "para si mesmo".

8. Na *Najāt* lê-se: "idêntico com ele sob um certo aspecto".

9. Na *Najāt* lê-se: "'ARAḌA", ou seja, "aconteceu"; neste texto lê-se "FARAḌA", ou seja, "SUPOR".

10. Na *Najāt* lê-se: "deves saber".

CAPÍTULO XIII[1, 2]

SOBRE COMO O SER NECESSÁRIO INTELIGE A SI MESMO E AS COISAS

Não é possível que o ser necessário intelija as coisas a partir das próprias coisas. Senão, sua essência ou seria movida[3] pelo que intelige e constituída pelas coisas; ou lhe seria um acidente inteligir; e, assim, não seria ser necessário sob todos os aspectos; e isto é absurdo. Porque, como mostraremos, ele é princípio de todo ser, também intelige a partir de sua própria essência aquilo de que ele é princípio. Ora, ele é princípio de todos os seres completos por si mesmos e dos seres geráveis e corruptíveis em suas espécies.

Não é possível que intelija as (coisas) que são mutáveis por serem mutáveis, de modo que as inteligiria ora como sendo, ora como não sendo, e haveria para cada uma das determinações[4] uma forma intelectual por si, e nenhuma das duas formas permanece com a outra, e assim o ser necessário seria uma essência ela própria mutável.

Ademais, se os corruptíveis forem inteligidos por meio de sua quididade separada e pelo que a segue e do que não individua, então, não seriam inteligidos como corruptíveis, e, se forem inteligidos[5] pelo que eles se unem a uma matéria e aos acidentes da matéria e ao momento e à individuação, então não serão inteligidos, mas sentidos ou imaginados. E já mostramos em outros livros[6] que toda forma sensível[7] e toda forma imaginável, nós a apreendemos por ser sensível e a imaginamos por meio de um órgão divisível. E como atribuir vários atos ao ser necessário é para ele imperfeição, do mesmo modo será afirmar várias intelecções.

Notas

1. Este capítulo é o cap. XVII da *Najāt*, p. 283. Carame, pp. 118-21.

2. Aqui Avicena esclarece que o ser necessário não intelige as coisas a partir das próprias coisas, pois, se assim fosse, o inteligir seria para ele um acidente; e isto se constituiria numa contradição para o ser necessário, que não comporta acidentes. Portanto, ele intelige as coisas a partir de sua própria essência por ser o princípio de todos os seres, tanto dos completos, isto é, os incorruptíveis, como dos corruptíveis. Quanto a estes últimos, Avicena afirma que o ser necessário é princípio deles somente no que se refere às espécies. Avicena remete a demonstração destas últimas teses (de que ele é princípio de todo ser e de que é princípio dos corruptíveis no que se refere às espécies) a uma etapa posterior do seu livro.

Também afirma que o ser necessário não intelige as coisas mutáveis por serem mutáveis, porque, assim, a própria essência do ser necessário seria mutável. E, se os corruptíveis forem inteligidos pelo que eles se relacionam à matéria e aos acidentes, então, não serão inteligidos, mas sentidos ou imaginados. Disto se conclui que não se pode atribuir vários modos de inteligir ao ser necessário, porque seria o mesmo que lhe atribuir imperfeição.

3. Na *Najāt* lê-se: "seria constituída".

4. Determinações: neste caso refere-se a intelecções.

5. Na *Najāt* lê-se: "se forem apreendidos".

6. Sobre as coisas naturais (sobre alma), cap. IX; cf. Carame, p. 120, nota 4.

7. O texto traz a palavra "li maḥsūs", ou seja, "para o que é sentido". Neste caso, aqui, esta expressão carece de sentido. Na *Najāt*, Avicena utiliza "maḥsūsa", isto é, "sentida", o que seria o correto.

CAPÍTULO XIV[1, 2]

SOBRE A CONFIRMAÇÃO DA UNICIDADE DO SER NECESSÁRIO NO SENTIDO DE QUE SUA CIÊNCIA NÃO É DIFERENTE DE SEU PODER, DE SUA VONTADE, DE SUA SABEDORIA E DE SUA VIDA QUANTO AO QUE É ENTENDIDO, MAS TUDO ISTO É UM SÓ, E A PURA UNIDADE DE SUA ESSÊNCIA NÃO É DIVIDIDA POR NADA DISSO

Saiba que a forma inteligida pode ser extraída da coisa que é, como extraímos da esfera celeste, por observação à distância e pelos sentidos, a forma inteligida dela; e a forma que é, pode ser extraída da forma inteligida, do mesmo modo que inteligimos uma certa forma que inventamos e esta forma inteligida move os nossos órgãos para que a façamos ser; então inteligida por nós ela não era para ser mas foi inteligida e em seguida passou a ser.

A relação do todo com o intelecto primeiro, que é ser necessário, é esta: ele intelige a si mesmo e intelige como sua essência lhe faz ser o bem para o todo. Então, as formas dos seres seguem a sua forma inteligível segundo a ordem inteligida nele, não como a luz segue o luminoso, e o calor o quente, mas o mesmo ser inteligível do todo junto dele é o bem puro que lhe pertence e intelige que são inteligíveis cujas essências são causas do todo.

Além disso, esta é a vontade que lhe pertence; sua vontade não é como nossa vontade que é uma intenção nossa, que não existia, própria de outra faculdade distinta da faculdade da imaginação; própria do nosso ser umas vezes em potência e outras em ato; do ser de nossas faculdades diversas; de nossa necessidade para fazer o que nos é próprio; de usar faculdades diversas. Quanto ao ser necessário, se é princípio do todo, então não é possível que seja sob outro aspecto distinto deste; e, se intelige o todo e não intelige que procede dele e que está relacionado a ele, então intelige o todo a partir do próprio todo, não a partir de sua essência; isto já negamos. Portanto intelige o todo como procedendo dele e no seu grau, sendo seu inteligível e seu amado e seu deleitoso, conforme já esclarecemos. Então a intelecção do todo, de acordo com o aspecto que lhe pertence é uma vontade, não outra coisa.

Este aspecto consiste em que ele intelige a si mesmo como princípio do todo pela segunda intenção[3]; pois a intelecção do todo pela segunda intenção e seu inteligido, na realidade, são um, e sua essência é relacionada ao todo como relação de princípio. Esta é sua vida. Pois a nossa vida se aperfeiçoa por percepção e ação que é o movimento, as quais são oriundas de duas faculdades diferentes, e é certo que o mesmo percebido por ele, que é o que ele intelige do todo, é causa do todo, e ele mesmo é o princípio de sua ação e isso é o fazer ser do todo. Então, a percepção e aptidão para fazer ser são nele uma só noção. A sua vida não se aperfeiçoa por duas faculdades, nem é outra coisa distinta da ciência, e nenhuma destas coisas é distinta de sua essência.

Também, a forma inteligida que se realiza em nós é causa para a forma artificial existente; se fosse pelo seu próprio ser suficiente para originar uma forma artificial, de modo que fosse uma forma efetivamente e princípio para aquilo de que esta é forma, então, teria sido o inteligido disto o próprio poder; mas não é assim. Seu ser não é suficiente para isso, mas necessita de uma nova vontade procedente de uma faculdade apetitiva, por cuja conjunção se move a faculdade motriz, movendo os nervos e os membros mecânicos e, logo, move esses membros; por este motivo é que esta forma inteligida não é poder nem vontade, mas quiçá o nosso poder esteja no princípio motor.

Quanto ao ser necessário, não é possível que sua essência seja dotada de uma vontade ou poder que sejam distintos de sua quididade, nem seja dotado de uma faculdade diferente da essência, que não é a essência inteligida, que é sua própria essência; pois, se ela é ser necessário, o ser necessário será dois, e, se é ser possível, então, o ser necessário seria ser possível sob um aspecto. Já rejeitamos isto.

Portanto, sua vontade não se distingue, na essência, de sua ciência nem se distingue, quanto ao entendimento, de sua ciência; já mostramos que sua ciência é a própria vontade que há nele, e também mostraremos que seu poder lhe é próprio; é que seu ser mesmo intelige o todo como intelecto que é princípio do todo, não tomado do todo; princípio por si e não está na dependência do ser de algo, e que o poder não é um atributo de sua essência nem é uma parte dela, mas a noção, que é a ciência que ele tem, é seu mesmo poder.

Fica pois evidente que, quanto ao entendimento, a vida, a ciência, o poder, a generosidade e a vontade que se predicam do ser necessário são um só; não são atributos de sua essência nem partes dela.

Quanto à vida absoluta, à ciência absoluta e à vontade absoluta não são a mesma coisa quanto ao entendimento, mas os absolutos são suposições e os seres não são absolutos, e cada um destes tem o que lhe é possível ter. Apenas nossas palavras são a seu respeito e a respeito da ciência e do poder que são possíveis para descrever o ser necessário; e, se for assim, o ser de seus concomitantes procedentes dele seria a necessidade de seu ser e também sua ciência seria pela necessidade de seu ser.

Notas

1. Este capítulo corresponde ao cap. XX, pp. 286-7, da *Najāt*, porém com diferenças no texto. Carame, pp. 126-33.

2. Neste capítulo Avicena trata da unidade real dos atributos do ser necessário e da multiplicidade desses atributos para o nosso conhecimento. Afirma que o ser necessário intelige a si mesmo e intelige como se dá o que seu ser exige. A forma dos entes que são, segue a forma inteligida de acordo com a ordem inteligida junto dele.

A vontade do ser necessário não se distingue, na essência, de sua ciência; sua ciência é a sua própria vontade e seu poder.

A vontade do ser necessário é diferente da nossa vontade, pois esta em nós é uma intenção que não existia, própria do nosso ser umas vezes em potência e outras em ato; do ser de nossas faculdades diversas. De fato, necessitamos de várias faculdades para realizar o que nos cabe. O ser necessário intelige tudo como surgindo dele e no seu nível, sendo seu amado e seu deleitoso. A intelecção de tudo é a sua vontade. A relação de seu ser com o todo é relação de princípio. Percepção e aptidão para fazer ser são nele uma só noção.

Quanto ao entendimento, a vida, a ciência, o poder, a generosidade e a vontade referentes ao ser necessário são um só. Não são atributos nem partes de seu próprio ser. Entretanto, a vida absoluta, a ciência absoluta e a vontade absoluta não são a mesma coisa no nosso conhecimento.

Portanto, a ciência do ser necessário não é diferente do seu poder, de sua vontade, de sua sabedoria e de sua vida. A sua unidade pura não é dividida por nada disso.

3. Pela segunda intenção: para Avicena, as ciências reais têm por objeto as primeiras intenções, ou seja, conceitos referentes a coisas reais; enquanto a lógica tem por objeto as segundas intenções, isto é, conceitos referentes a outros conceitos. Aqui Avicena parece estabelecer como que dois momentos lógicos na ciência divina: 1) intelecção de si mesmo e 2) intelecção de si como princípio do todo; sendo esta segunda intelecção idêntica ao querer e originando o todo. A relação do princípio divino para com o todo é de razão (conceitual), sendo real apenas a relação de dependência do todo para com Deus. Cf. cap. XXIII, § 3º.

CAPÍTULO XV[1, 2]

SOBRE A CONFIRMAÇÃO DO SER NECESSÁRIO

Não há dúvida de que há aqui um ser, e todo ser ou é necessário ou é possível; se é necessário, então já é certa a existência do necessário, e isto é o procurado; se é possível, mostraremos que o ser do possível acabará[3] no ser necessário.

Notas

1. Este capítulo é o começo do cap. XII da *Najāt*, p. 271. Carame, pp. 91-3.

2. Neste capítulo Avicena enuncia sua primeira conclusão, baseado no que foi exposto nos capítulos anteriores, no sentido de confirmar a necessidade da existência do ser necessário. E, ainda, afirma que o ser possível tem como fundamento último o ser necessário.

Este capítulo seria equivalente ao que Tomás de Aquino apresenta na 3ª via para demonstrar que há Deus.

3. Acabará: no sentido de que o tem como fundamento; remonta ao ser necessário.

CAPÍTULO XVI[1]

QUE CADA SER POSSÍVEL NÃO PODE TER JUNTO A ELE UMA CAUSA POSSÍVEL ATÉ O INFINITO

Antes disto[2], apresentamos algumas premissas: entre outras coisas, que não é possível que num mesmo tempo cada ser de essência possível tenha infinitas causas de essências possíveis; isto porque ou todos existem conjuntamente ou não existem conjuntamente.

Se não existem conjuntamente, então o que é infinito não existe num mesmo tempo, mas uma (parte) antes da outra ou após a outra, e isto não proibimos[3].

Ou existem conjuntamente e então não há ser necessário nelas, ou esse todo enquanto todo é ser necessário por sua essência, ou é ser possível por sua essência. Se (o todo) é ser necessário por sua essência e cada uma das (partes) é ser possível, então o ser necessário seria constituído pelos seres possíveis; isto é absurdo. Se é ser possível por sua essência, então, o todo necessita, para existir, de quem dá[4] a existência. Este, ou está fora do todo, ou está dentro dele.

Se está dentro do todo: ou cada um (dos seres que formam o todo) é ser necessário, porém (já foi estabelecido) que cada um deles é ser possível. Isto é contradição. Ou é ser possível, então será causa do todo e (causa) de sua própria existência porque é uma parte do todo. Sem dúvida, aquele cuja essência é suficiente para poder existir, é ser necessário; entretanto (já foi estabelecido que) não é ser necessário; isto também é uma contradição.

Resta que esteja fora do todo. Não pode ser causa possível, pois incluímos toda causa possível neste todo; então ela[5] deve estar fora do todo e é ser necessário por sua essência.

Com efeito[6], os seres possíveis acabarão[7] numa causa que é ser necessário; portanto, não há para cada ser possível uma causa possível com ele.

E digo também: foi explicado em outros livros[8] que a existência de causas infinitas num mesmo tempo é impossível; nós não estenderemos o discurso ocupando-nos com isto.

Notas

1. Neste capítulo, o argumento é sobre a impossibilidade de cada ser possível ter junto de si mesmo uma causa também possível, pois, raciocinando assim, chegar-se-ia ao infinito, o qual, como já mostrou Aristóteles, é impossível em ato. É preciso uma causa única e necessária. O capítulo argumenta sobre o enunciado na última frase do capítulo anterior que afirma que o possível tem como fundamento o ser necessário. Mostra também que o ser necessário não pode ser constituído por seres possíveis.

2. "Antes disto" quer dizer, de mostrar "que o ser do possível" acabará no ser necessário, como dizia a última frase do cap. XV. Esta parte é continuação do cap. XII da *Najāt*, p. 271, com o seguinte título: "sobre a confirmação do ser necessário", porém com certas diferenças no texto. Carame, pp. 92-3.

3. Na *Najāt* lê-se: "se os infinitos não existem conjuntamente nem num só tempo, mas um antes do outro, vamos postergar a discussão a respeito".

4. A palavra usada é "MUFĪD", que pode, também, significar, neste caso, "que beneficia", "que doa", "que é útil".

5. Ela: refere-se à causa.

6. Toda esta parte não existe na *Najāt.*

7. Acabarão: no sentido de que terão como fundamento. Cf. cap. XV, nota 1.

8. Ver nota 1 da síntese deste capítulo.

CAPÍTULO XVII[1, 2]

NÃO É POSSÍVEL QUE OS SERES POSSÍVEIS SEJAM CAUSA UM DO OUTRO DE MANEIRA CIRCULAR[3] E NUM MESMO TEMPO, MESMO QUE SEU NÚMERO SEJA FINITO

Apresentando outra premissa, dizemos: se se estabelece um número finito de seres possíveis sendo uns causa de outros de maneira circular, então, isto também é absurdo. Isto fica esclarecido segundo o esclarecimento da primeira questão; isto se refere a que cada um deles seria causa para existência de seu próprio ser e efeito de seu próprio ser e chegaria ao ser[4] a partir de uma coisa que somente chegou a ser depois de ele realizar-se essencialmente. Seu ser não depende do ser que somente existe depois de seu próprio ser, isto é, a posterioridade essencial; então, ele é ser impossível. A situação dos correlativos não é assim; os dois estão juntos no ser, porém o ser de um não está na dependência de ser posterior ao ser do outro; ao contrário, eles estão presentes conjuntamente à causa necessária para ambos e à noção que os faz necessários[5]. Se houver para alguns deles anterioridade e para o outro posterioridade como a de pai e filho, sua anterioridade será por um aspecto distinto do aspecto da relação; sua anterioridade será pelo aspecto do chegar a ser[6] da essência, pois os dois coexistem simultaneamente pelo aspecto da relação que acontece após o chegar a ser da essência. Se a existência do pai depender da existência do filho e o filho depender da existência do pai e não existirem conjuntamente, mas um deles for posterior quanto à essência, então, não existiria nenhum dos dois. O impossível não é que o ser daquilo que existe com uma coisa seja condição da existência desta, mas o ser do que existe a partir dela e posteriormente a ela[7].

Notas

1. Este capítulo corresponde ao cap. XII da *Najāt*, pp. 272-3. Carame, pp. 93-4.

2. Aqui é retomada a mesma questão do capítulo anterior, porém, considerando os seres possíveis como sendo um causa do outro em círculo e de número finito. Considerados em círculo significa que o encadeamento das causas sempre volta ao ponto de partida. Afirma Avicena que o argumento para a impossibilidade disto é igual ao argumento da questão anterior e acrescenta que cada um seria causa de si mesmo e efeito de seu ser.

Avicena afirma, ainda, que a relação dos seres possíveis para com o ser necessário é a mesma. Se for utilizado o argumento da anterioridade de um em relação ao outro, assim mesmo não é possível que um seja causa do outro porque esta anterioridade* não seria com relação à essência do ser.

* Sobre a anterioridade e posterioridade, ver Aristóteles, *Metafísica*, V, 11, 1018b ss.

3. Em círculo, de maneira circular: isto se diz de um encadeamento de causas que voltam ao ponto de partida. Cf. Goichon, *Lexique*, p. 129, nº 256.

4. A palavra empregada é "Hāṣil" – pode significar "aquele ser em ato", "que vem ao ato", "vem à existência"; "existir". Cf. Goichon, *Lexique*, p. 73, nº 159. Na *Šifā'*, II, 296, 1.1, Avicena afirma que não há diferença entre "HĀṢIL" e "MAWJŪD" (existente). Idem p. 77, nº 163.

5. Na *Najāt* lê-se: "que os faz necessários conjuntamente".

6. Chegar a ser: no sentido de vir a existir.

7. A parte final desta frase é elíptica. Avicena quer dizer que o ser que existe a partir de uma coisa e posteriormente a ela não pode ser condição desta coisa.

CAPÍTULO XVIII[1, 2]

DEDICAÇÃO À CONFIRMAÇÃO DO SER NECESSÁRIO, E O ESCLARECIMENTO DE QUE OS (ENTES) QUE COMEÇAM A SER[3], COMEÇAM A SER PELO MOVIMENTO. ENTRETANTO, NECESSITAM DE CAUSAS PERMANENTES E O ESCLARECIMENTO DAS CAUSAS[4] MOTRIZES PRÓXIMAS E QUE TODAS SÃO VARIÁVEIS

Após estas duas premissas anteriores, demonstramos que é imprescindível que haja uma coisa que seja ser necessário. Isto porque, se todo ser for possível, poderá, com sua possibilidade, ter começado a ser ou não começado a ser.

Se não começou a ser, então, a permanência de seu ser dependeria de uma causa, ou seria por sua essência. Se for por sua essência, então ele é necessário e não possível; se for por uma causa, então, sua causa estaria junto dele, sem dúvida alguma, e o discurso[5] a seu respeito seria igual ao discurso a respeito do primeiro.

Se não chega até uma causa que seja ser necessário, então haverá somente causas e efeitos possíveis; ou infinitos ou de maneira circular, e já rejeitamos ambas. Por conseguinte, fica rejeitada toda esta parte[6].

Se começou a ser, como tudo que começa a ser tem uma causa para seu começar a ser, então, é preciso que ou comece a ser sendo nulo junto com o começar a ser, pois não perdura no tempo, ou seja nulo após começar a ser, sem diferença de tempo, ou permanece depois de começar a ser.

A primeira parte é absurda e é evidente por si mesma; a segunda parte também é absurda. Isto porque os instantes não se sucedem[7], mas o começar a ser de seres concretos[8] sucedendo-se um após o outro diferentes no número, não se dá pelo modo da continuidade como a existente no movimento, que necessita de sucessão de instantes; isto já foi rejeitado na Física. Apesar disso, não se pode dizer que todo ser seja assim, pois, certamente, entre os seres há (seres) existentes que permanecem por suas próprias essências concretas. Admitindo que o discurso seja a respeito destes, dizemos: todo ser que começa a ser, tem uma causa para seu começar a ser e para sua permanência; (a causa) pode ser uma só essência, como, por exemplo, o recipiente que dá uma forma à água e pode ser duas coisas como a forma de uma estátua: o que a faz começar a ser é o artífice e o que a faz perdurar é a dureza da substância do elemento do qual foi extraída.

Notas

1. Este capítulo corresponde ao cap. XIV da *Najāt*, p. 273, com o mesmo título. Carame, pp. 94-6.

2. Tendo em vista os dois últimos capítulos que foram considerados como premissas, então Avicena, mais uma vez, anuncia neste capítulo a confirmação do ser necessário, pois pelo apresentado nos referidos capítulos deve-se chegar à conclusão de que o ser necessário é imprescindível para os seres possíveis.

Aqui se acrescenta que estes seres possíveis necessitam de causas permanentes para a sua permanência e, também, reafirma que estes possíveis devem ter como fundamento uma causa necessária; caso contrário, a questão cai nos argumentos dos dois capítulos anteriores, em que foi exposto que as causas não podem ser nem infinitas nem circulares. E, ainda, os seres que permanecem por suas próprias essências, têm uma causa para o seu começar a ser e para sua permanência. E, conforme anunciou no título, estes seres que começam a ser, começam a sê-lo pelo movimento.

Numa crítica ao livro Lambda da *Metafísica* de Aristóteles e aos seus comentários, Avicena diz que este somente buscou os princípios do movimento e não o princípio do ser. Vejamos a tradução do texto:

Criticando Aristóteles e os comentadores, Avicena disse: "é abominável chegar à verdade primeira por via do movimento e por via de que ele seja o princípio do movimento; a partir disto, eles* pretendem estabelecê-lo como princípio das essências. Esta gente não pretende mais do que afirmar que ele é o motor e não o princípio para o ser existente. É impossível que o movimento seja o caminho para afirmar a verdade, o uno, que é o princípio de toda existência. E diz: de que eles estabeleçam o princípio primeiro como princípio do movimento das esferas**, não segue necessariamente que o estabeleçam como princípio da substância primeira da esfera. E, afirma, ainda: com relação à opinião deles de que do movimento da esfera possa dizer-se que é necessário e que não tem começo nem fim, é uma opinião cuja exigência devemos examinar. Dizemos: eles não demonstram que a existência do corpo da esfera seja necessária em si mesma; se existe, deve ter movimento, e, se não tem movimento, sua essência desaparece. Afirmam que, se a esfera existe e está em movimento, é necessário que não haja começo para seu movimento. Resulta claro disto que quem afirma o movimento da esfera por este argumento não pode afirmar o criador de sua essência nem como procede dele sua matéria nem como procede dele sua forma***".

* Eles: refere-se aos gregos.

** Esferas: no sentido de esferas celestes.

*** *Šarḥ Kitāb al-Lām* (Comentário ao livro Lambda), ed. 'Abdul Raḥman al-Badawi, em *Arisṭu 'ind al-'arab* (Aristóteles entre os árabes), Kuwait, 1947, pp. 23-4. Tradução francesa, ver p. 148.

3. A palavra usada é "ḤAWĀDIṮ", que é plural de "ḤĀDIṮ", que significa "aquilo que começa a ser", no sentido de vir a existir.

4. A palavra usada é "'ASBĀB", em vez de "'ALAL". A primeira é plural de "SABAB" e a segunda de "'ĪLA". As duas significam "causa". No entanto, "SABAB" não se refere à causa fundamental como "'ĪLA".

5. Literalmente a tradução seria: "as palavras a seu respeito são iguais às palavras a respeito do primeiro".

6. Este parágrafo não existe na *Najāt*.

7. A palavra empregada é "TATĀLI", que significa "série", "contínuo". Cf. Aristóteles, *Física*, VI, 4.

8. A palavra usada é "'A'YĀN", que é plural de "'AYN". Este termo é usado para designar a essência existente concretamente num indivíduo. Cf. Goichon, *Lexique*, p. 257, nº 474.

CAPÍTULO XIX[1, 2]

SOBRE O ESCLARECIMENTO DE QUE A PERMANÊNCIA DE CADA SER QUE COMEÇA A SER É POR INTERMÉDIO DE UMA CAUSA. UMA PREMISSA PARA SER AUXILIAR AO PROPÓSITO MENCIONADO ANTERIORMENTE

Não é possível que o ser que começa a ser se torne permanente no ser por si mesmo depois de haver começado a ser, de modo que se começou a ser seja necessário que exista e permaneça, porém não por intermédio de uma causa para a existência e a permanência. Sabemos que sua permanência e sua existência não são necessárias por si mesmas; é, pois, um absurdo que aquilo que não é necessário por si nem permanente por si se converta em necessário pelo fato de começar a ser. Ou (se dá) pela causa de seu começar a ser, e somente é possível se a causa permanecer junto com ele. Ou, se ela faltar, faltará também o que ela exige[3]. Do contrário, haja ou não causa, será igual para a existência do que exige; então não seria causa.

Acrescentando explicação a isto, dizemos: se esta essência antes de começar a ser não era nem impossível nem necessária, era possível. É preciso, então, que, ou sua possibilidade se dê com a condição de sua essência, e para sua essência, ou que sua possibilidade se dê com a condição de que seja inexistente ou que sua possibilidade esteja numa situação de modo que existe. É um absurdo que sua possibilidade se dê com a condição de sua inexistência porque é impossível que exista enquanto é inexistente e requer como sua condição a inexistência, tal como enquanto existir, ela é, pela condição de existir, ser necessário.

Resta um dos dois casos: ou a possibilidade é uma coisa qualquer em sua natureza e em sua própria substância, e esta realidade não se separa em situação alguma, ou está numa situação de existência por condição da existência. E isto embora seja um absurdo porque, se considerarmos a existência como condição, ela se torna necessária, não nos prejudica em nosso propósito. Porém, a verdade é que sua essência é possível em si mesma, mesmo que por condição de sua inexistência seja impossível e por condição de sua existência seja necessária.

Há diferença entre dizer "o ser de Zayd, que existe[4], é necessário" e em dizer "o ser de Zayd, enquanto existe, é necessário". Isto foi esclarecido na lógica[5]. Do mesmo modo também há diferença entre dizer "a permanência do ser que começa a ser é necessária por sua essência" e em dizer "que é necessário" pela condição "enquanto existe". O primeiro é falso e o segundo é verdadeiro pelo que já esclarecemos. Então, se for supressa esta condição, a permanência do existente será não necessária.

Saiba que aquilo que o ser adquire em necessidade, o adquire o não ser em impossibilidade[6]. É absurdo que o estado do não ser seja possível e depois o estado do ser seja necessário. Entretanto, uma coisa é em si mesma possível, pois (primeiro) não existe e (depois) existe. E qualquer uma das duas condições que se lhe impõe, sua permanência chegará a ser, com a condição de sua permanência necessária e não possível; e não há contradição nisso. Pois certamente a possibilidade se dá em consideração à sua essência, enquanto a necessidade e a impossibilidade se dão em consideração a uma condição que se lhe acrescenta.

Desta forma, então, o possível em si não terá absolutamente existência necessária sem condição alguma; ao contrário, enquanto sua essência for esta essência, não será ser necessário por si mesmo, mas por intermédio de outro e por uma condição. Ela não deixa de depender de outro quanto ao ser. E todo aquele que depende de um outro e de condição, dependerá de uma causa. Pois ficou esclarecido que a permanência do ente que começa a ser e sua existência após começar a ser se beneficiam de uma causa no começar a ser; uma causa que prolonga sua existência e (está claro) que seu ser por si mesmo não é necessário.

Algum dos lógicos não tem o que opor a nós, dizendo: a verdadeira possibilidade é o que está no estado de não ser de uma coisa, pois o ser de tudo que existe é necessário; se se chama "possível" é por equivocidade do nome.

Diz-se a ele: já esclarecemos em nossos livros de lógica que colocar o não ser como condição para que o possível seja verdadeiro é uma condição incorreta do possível; porém, ao contrário, o não ser é algo que sucede e acompanha o possível em certos estados. Esclarecemos também que o ser existente não é necessário porque existe mas porque lhe foi exigida alguma condição, a saber: ou a posição do sujeito ou predicado, ou da causa e ocasião[7], não, porém, o ser mesmo. Deve-se refletir sobre o que dissemos nos livros de lógica[8], então, saberá que esta condição não é necessária. Nossa consideração aqui é sobre o necessário por sua essência e o possível por sua essência. Pois, se ele chegar a ser, se junta ao ser necessário; então, também a inexistência (do possível) o junta ao não ser necessário e não conservará a possibilidade. Pois, assim como quando for existente é necessário que seja existente, enquanto existe, também quando for inexistente é necessário que seja inexistente, enquanto não existe. Porque nossa consideração aqui é sobre o necessário por sua essência e o possível por sua essência e o nosso ponto de vista na lógica não é assim.

Daí, ter ficado então esclarecido que os seres causados necessitam de uma causa para a permanência de seu ser, assim como já esclarecemos[9] que não há influência da causa sobre a inexistência anterior; que a causa (desta inexistência) é a inexistência de uma causa e que esta inexistência se dá na medida em que a causa inexiste. É um absurdo que isto não seja a não ser assim. Não é possível que os seres que começam a ser, existam a não ser após inexistência. O que depende de uma causa é o existente possível em sua essência, não por uma certa coisa pertencente a seu ser depois de não existir ou por outra coisa distinta disto. É preciso que esta dependência permaneça; é preciso que as causas que são (causas) da existência do possível em si, enquanto sua existência é a descrita, estejam com o causado.

Se estas premissas ficaram esclarecidas, é imprescindível (que haja) um ser necessário; isto porque, se os possíveis existirem e permanece seu ser, há causas para a permanência do ser. Pode suceder que estas causas sejam as causas do começar a ser por si mesmas, se permanecerem junto com o ser que começa a ser; e pode ser que sejam outras causas, embora estejam junto com os seres que começam a ser e chegam, sem dúvida, no ser necessário. Então, esclarecemos que as causas não procedem até o infinito, nem em círculo. E isto de maneira preferencial e mais evidente nos seres possíveis os quais se presume que começam a ser.

Se alguém duvidar perguntando: quando já é, o ser possível que começa a ser permanece somente por meio de uma causa; é preciso que esta causa ou seja sempre causa de sua permanência ou que seu ser seja acidentalmente causa de sua permanência. Se for sempre causa para a permanência, é necessário que o possível não tenha começado a ser; ora, já o consideramos como se já tivesse começado a ser. Se seu ser é acidentalmente causa para sua permanência e da relação que ela mantém com ele, (ambas) necessitam de outra causa de sua permanência depois da causa que originou esta relação. Como a relação que há entre as duas já havia sido por uma certa causa; então é necessário que perdure e permaneça por uma causa e o discurso a respeito da segunda é igual ao discurso a respeito da primeira. Isto, por si mesmo, requer estabelecer as causas possíveis que começam a ser conjuntamente, de maneira infinita.

Em resposta a isto dizemos: se não houvesse causa de alguma coisa, cabendo[10] a esta coisa que seu começar a ser seja sem permanência ou sua permanência seja em função do começar a ser e renovar-se continuamente[11]; seguir-se-á necessariamente disso que as causas que originam o ser são sempre e continuamente; sem que se evidencie o estabelecimento de causas que lhe dão a permanência; esta objeção seria necessária.

Notas

1. Este capítulo é continuação do cap. XIV da *Najāt*, pp. 273-5, com algumas diferenças no texto. Carame, pp. 96-102.

2. Tem-se aqui um outro argumento sobre a necessidade de uma causa para a permanência do ser, conforme ficou estabelecido no capítulo anterior. Avicena afirma que este capítulo será uma explicação auxiliar ao capítulo anterior.

Reafirma que a existência e permanência de um ser são através de uma causa necessária. O fato de alguma coisa já ser e permanecer não implica que se converterá em ser necessário por si. É imprescindível uma causa para o seu existir e permanecer. A essência do possível é possível em si mesma em qualquer circunstância. A necessidade ou impossibilidade se dão por uma condição que se lhe acrescenta.

Desta forma, o ser possível depende de outro quanto ao ser, isto é, de uma causa, pois a permanência de um ente que começa a ser e sua existência após começar a ser adquirem desta causa o seu começar a ser e sua permanência porque seu ser, por si mesmo, não é necessário. Avicena ainda responde a uma eventual objeção de algum lógico que disser "que a verdadeira possibilidade é o que está no estado de não ser de uma coisa, pois o ser de tudo que existe é necessário, e se chama possível por equivocidade do nome". A resposta de Avicena relembra que colocar o não ser como condição para que o possível seja verdadeiro, é incorreto, pois se estabelece o não ser como parte da sua definição, quando, ao contrário, o não ser é algo que sucede e acompanha o possível em certos estados.

Assim, os argumentos deste capítulo são no sentido de expor a necessidade de uma causa para a permanência dos seres causados.

3. "O que ela exige": seu efeito.

4. Que existe: equivalente a "que é um ser concreto".

5. Cf. Carame, cap. I, nota 6.

6. Carame, p. 98, nota 1, explica que "o sentido é o seguinte: assim como o ser, com a condição de que seja, torna ser necessário, assim também o não ser, com a condição de que não seja, torna ser impossível".

7. Causa e ocasião: Avicena escreve "'ILA" e "SABAB". Como vimos anteriormente, as duas palavras significam causa. Entretanto, "SABAB" pode significar "motivo, ocasião, razão". "'ĪLA" refere-se à causa fundamental, essencial, e "SABAB" à causa secundária. Então, neste caso, uma tradução alternativa poderia ser: "ou de causa primeira e causa segunda".

8. Segundo Carame, p. 99, nota 1; cf. caps. 20-1, Nadjah, ed. MK.

9. Segundo Carame, p. 99, nota 4, cf. *Najāt*, Livro I, tratado 4, cap. 2, p. 40.

10. Cabendo: equivalente a "sendo próprio desta coisa".

11. Trata-se do movimento. Cf. início do capítulo seguinte, que é continuação deste parágrafo.

CAPÍTULO XX[1, 2]

SOBRE QUE OS COMEÇOS DOS SERES ENGENDRADOS LEVAM[3] ÀS CAUSAS QUE MOVEM COM MOVIMENTO CIRCULAR. PREMISSA, PORTANTO, SOBRE COMO SE MOVE A NATUREZA E QUE ELA SE MOVE POR CAUSAS ÀS QUAIS SE UNE E COMO COMEÇA A SER

Trata-se do movimento, especialmente do local e do circular. Sua existência (se produz) para atravessar distância; uma parte dele foi e outra parte será, mas não pode existir algo dele em instantes distintos, mas apenas seu extremo[4]; sua continuidade existe somente pela continuidade da distância.

Mas qual é a causa? Suas causas são três: a) violência, b) natureza, c) vontade. Comecemos pela situação (do movimento) por natureza afirmando: não é certo dizer: a natureza motriz é por sua essência causa dos movimentos para alguma coisa. Isto porque todo movimento é um cessar de qualidade ou de quantidade, ou de lugar, ou de substância, ou de posição. Ora, as disposições dos corpos, até mesmo a disposição de todas as substâncias, ou são disposições inadequadas ou disposições adequadas. Das disposições adequadas a natureza não cessa; do contrário, elas seriam evitadas naturalmente, e não seriam desejadas; então, resta que o movimento natural se dá a partir de uma disposição inadequada para uma disposição adequada.

Então, a própria natureza que não se une a outra coisa em ato, que é a disposição inadequada, não é causa de um movimento. Ora, a disposição inadequada tem graus de proximidade e distanciamento com relação à disposição adequada; cada grau pode ser estimado com relação à proximidade e ao distanciamento. Quando a natureza o[5] alcança, deve seguir nela o movimento posterior a ele. Então, este movimento que está naquela parte tem como causa natural uma disposição inadequada num grau já alcançado.

Assim como esta causa sempre se renova, pois o que transcorre é causa de maneira contínua do que vai começar a ser, também assim é o movimento. Portanto, a causa do movimento será tal que uma parte dele começa a ser a partir de outro algo dele de maneira contínua, até que nada reste do movimento. Entretanto, requer-se uma causa que o conserve, pois isto é o que faz com que seja necessária esta objeção[6].

Notas

1. Este capítulo corresponde ao cap. XV da *Najāt*, pp. 276-7, com certas diferenças no texto. Carame, pp. 102-3.

2. Aqui Avicena começa a desenvolver a abordagem do movimento iniciada no final do cap. XIX. Apresenta as três causas do movimento: 1) a violência – isto será desenvolvido no cap. XXII; 2) a natureza (ver cap. XX); 3) a vontade, cap. XXI: neste cap. XX argumenta somente a respeito do movimento natural, dizendo: "o movimento natural se dá a partir de uma disposição inadequada para uma disposição adequada". Então, se não houver esta situação inadequada, não haverá movimento natural, pois a natureza por si mesma não será causa do movimento. Esta causa faz com que parte do movimento comece a ser a partir de outra e assim se dá a continuidade dele.

3. Levam: no sentido de que acabam em causas.

4. No tempo se distingue o passado, o futuro e seus extremos que são os instantes (*Najāt*, p. 192). AL-'ĀN, ou seja, "o presente", é uma extremidade imaginária comum a um tempo passado e um tempo futuro (Ḥudūd, 92). Cf. Goichon, *Lexique*, pp. 14-5, nº 37.

5. Isto é: um grau qualquer de proximidade ou distanciamento da disposição adequada.

6. Isto é: a que foi mencionada no fim do cap. XIX.

CAPÍTULO XXI[1, 2]

UMA OUTRA PREMISSA: O QUE SE MOVE PELA VONTADE É DE ESSÊNCIA VARIÁVEL E COMO RESULTA SUA VARIAÇÃO

Quanto ao movimento pela vontade, suas causas são coisas voluntárias, universais e permanentes; uma vontade após outra para uma imaginação após outra. Quando a vontade universal se une à imaginação de um lugar, as partes móveis a seguem necessariamente, tal como a conclusão (segue) das premissas; uma imaginação de um lugar e depois dela a vontade daquela (imaginação) de um lugar; segue-lhes o movimento.

Assim como se renovam no próprio motor a imaginação e a vontade, também se renova no móvel um movimento após o outro. E tudo isto se dá por via do começar a ser e não por via da permanência. Há apenas uma coisa sempre permanente: é a vontade universal aqui (neste caso), tal como anteriormente era a natureza. E há coisas que se renovam; são elas: diversas imaginações e vontades tal como anteriormente havia diversos graus de proximidade e distanciamento. Todas elas se dão por via do começar a ser. Se não houvesse começar a ser de disposições seguindo uma causa permanente, sendo algumas causas de outras de modo contínuo, não seria possível que houvesse movimento. Não é possível que de uma causa permanente siga uma coisa não permanente.

Você sabe que o intelecto separado não é princípio próximo de um movimento; mas necessita de uma outra faculdade tal que se renove nela a vontade e que imagine os lugares particulares; esta (faculdade) chama-se alma. Se o intelecto separado for princípio do movimento, é necessário que seja princípio ordenador ou que se imita como exemplo, ou que se deseje, ou alguma outra coisa que se assemelha a isto. Mas não diretamente ele para movimentar, para ocupar-se diretamente para mover pela vontade; é necessário que seja algo tal que se modifique em certo modo e que uma vontade após outra lhe venha à existência de maneira contínua.

E o Filósofo[3] alude no livro *Sobre a alma*[4] a um princípio que ajuda neste sentido ao dizer: "àquele, ou seja, ao intelecto especulativo, pertence o conhecimento universal mas, a este, ou seja, ao intelecto prático, pertencem as ações particulares e as intelecções particulares. E isto não se dá apenas em nossa vontade, mas também na vontade da qual começa a ser o movimento do céu".

Notas

1. Este capítulo corresponde ao cap. XV da *Najāt*, Tratado II, pp. 277-8, com algumas diferenças no texto. Carame, pp. 104-6.

2. Neste capítulo Avicena afirma que o que se move pela vontade tem essência variável e que a causa deste tipo de movimento são coisas universais permanentes, isto é, os motores dos corpos celestes. Para se dar este movimento, a vontade universal se une à imaginação de um lugar. Esta situação é renovada para que o movimento também se renove e tenha continuidade, pois só a vontade universal é permanente.

Explica também que o intelecto separado não pode ser princípio próximo de um movimento. Para isto é necessária uma faculdade de modo que se renove nela a vontade e a imaginação dos lugares particulares e a esta faculdade Avicena denomina alma. Então, o intelecto separado não é o que move diretamente. Para mover diretamente seria necessário que uma vontade após outra lhe viesse à existência continuamente e, então, ele seria dotado das mesmas afecções que a alma*.

* Ver Avicena, *Šifā', 'Ilahiyyāt* (Metafísica), p. 401.

3. Isto é, Aristóteles.

4. Cf. Aristóteles, *Sobre a alma*, III, 10, 433a ss.

CAPÍTULO XXII[1, 2]
QUE A DISTINÇÃO DE DISPOSIÇÕES COMEÇA A PARTIR DA FORÇA VIOLENTA QUANDO MOVE

Quanto ao movimento violento[3]: se o motor o acompanha, então sua causa é o movimento do motor e suas ações; a causa de sua causa, em último caso, é uma natureza ou uma vontade; pois toda violência acaba[4] numa natureza ou numa vontade. Se o motor não o acompanha e o movimento se dá por arrasto, ou por impulsão, ou de alguma ação semelhante a isto; então a opinião verdadeira e correta a respeito é que o motor produz no móvel uma força na direção de seu movimento que domina a força natural; e há para o móvel, em função desta força que o move internamente, um rumo a tomar se não fosse o obstáculo da força natural e a ajuda que para esta procede do choque da água, do ar ou de qualquer outra coisa na qual se move, na medida em que debilita a força estranha.

Em tal caso, a força natural domina e produz pela atração das duas forças um movimento inclinado para a direção da força natural.

Se não intermediasse a situação de choque e a quebra da força estranha, a força natural não a dominaria absolutamente, a não ser após aquela alcançar o objetivo ao qual necessita chegar toda força corpórea. Toda força que se move em linha reta, encontra seu repouso neste fim, porque este movimento exige este repouso. Se cessar a inclinação e for rechaçado o que atrai esta força, alcançando o seu lugar exigido, então, a força natural volta à sua ação própria, pois a força (estranha) se debilita por haver completado sua ação e por outras causas.

O nosso julgamento é este, porque, se a força estranha não tivesse dominado a força natural, certamente não teria vencido sua inclinação. Além disso, não se pode transformar o vencido em vencedor e o vencedor em vencido a não ser pela chegada de uma causa sobre um deles, ou sobre ambos. É um absurdo estimar que a força acidental cessa por si mesma. Não é possível que alguma coisa cesse por si mesma ou exista por si mesma depois de ter tido uma essência que permaneceu e existiu. Certamente que a força natural só voltará a vencer a força acidental por um obstáculo[5] que se une a ela; o obstáculo a obstaculizará por um obstáculo após o outro, tornando-se uma resistência àquilo no que ela se move; por isso haverá sobre a força estranha um efeito após outro. Já fizemos um discurso satisfatório sobre isto porque falamos amplamente sobre todas as disposições. A disposição da força violenta ao tornar necessário o movimento, ao lhe sobrevirem novas ocorrências, é como a disposição da natureza até que desapareça.

Se alguém disser: vemos que o calor da água, adquirido por si mesmo, desaparece porque é (calor) acidental. Respondemo-lhe: não. O calor mantinha sua força na água pela presença de uma causa que continuamente renovava sua força. Se desaparece sua causa e não se lhe renova o calor pouco a pouco, será atingido pelo frio do vento e pela força de resfriamento da água; então, fazem o calor desaparecer. Antes estavam incapacitados para anulá-lo porque estava presente a força de aquecimento que continuamente renovava por um aquecimento após o outro e aquecia o vento que estava em contato com esta água junto com a água.

Então, ficou claro que há uma coisa cuja permanência se dá por via do começar a ser; esta coisa é o movimento; e este tem uma causa em ato por um começar a ser continuamente renovado que lhe[6] acontece em uma disposição sua e esta é para ele uma essência permanente quanto ao número, porém variável em suas disposições. Se não fosse variável em suas disposições, não procederia dela nenhuma mudança, e, se não tivesse uma essência permanente, não procederia dela a continuidade da variação. É imprescindível, para que haja mudança, um sujeito permanente. Então, ficou aclarada a dúvida a respeito do que se buscava, posto que está claro que as causas da permanência das coisas que começam a ser acabam em suas causas primeiras cujas permanências, enquanto são causas, se dão pela renovação e pelo começar a ser; e o transcurso de suas disposições (junto) com sua essência é causa para o que se renova. Não é necessária uma causa permanente para a essência causada, pois, assim, a questão chegaria à permanência de causas infinitas conjuntamente. O movimento aproxima a causa de uma ação qualquer ou a causa da continuidade dos seres que começam a ser com seus efeitos e as afasta deles; há um limite para a proximidade e um limite para o afastamento, e entre eles há um evento[7], e neste evento há uma relação qualquer permanente, mesmo que sua permanência seja necessária para a variação. Esta relação permanente é causa para a permanência do que começa a ser nesta relação permanente, como por exemplo a presença do Sol sobre a Terra para a existência do dia e do anoitecer. Isto significa que o Sol estar sobre a Terra é um e o mesmo em todos os dias, embora seja por via da variação e mudança de um lugar a outro. Então, por uma só noção se efetivou a variação e permaneceu pela variação; não há necessidade de uma outra causa permanente, pois a variação permanece por sua variação. Sob este aspecto se dá a disposição dos seres que começam a ser.

Daí, ter ficado esclarecido, também, que é imprescindível um movimento contínuo para a continuidade do ser engendrado. Somente é contínuo o (movimento) local e do (movimento) local só é (contínuo) o circular. Se há ser engendrado, sem dúvida, há movimento contínuo.

Notas

1. Este capítulo é parte do cap. XV da *Najāt*, pp. 278-80, porém nesta há um parágrafo a mais. Carame, pp. 106-11.

2. Este capítulo, cujo tema é tratado na *Šifā'* (vol. I, Teerã, 1885, pp. 154-5), aborda nos seus primeiros parágrafos a doutrina da força impressa (mayl) que é um importante estágio na história da dinâmica. Ver a respeito Marshall Clagett, *The Science of Mechanics in the Middle Ages*, Madison, The University of Wisconsin Press, 1961, pp. 510-5. A passagem citada da *Šifā'* acha-se parcialmente traduzida às pp. 510-1.

Aqui Avicena argumenta sobre o movimento violento, no sentido de movimento ao qual os corpos não podem resistir. A causa do movimento, se o motor o acompanha, é o movimento de seu motor; a causa deste último é, em última instância, uma natureza ou é uma vontade, pois o fundamento de todo movimento violento ou é uma natureza ou é uma vontade. O caso que interessa mais a Avicena é aquele em que o motor não acompanha o movimento. A causa deste último será o impulso (mayl).

A parte final do capítulo é uma conclusão referente à discussão contida nos caps. XX, XXI e XXII. Avicena apresenta condições requeridas para a variação e permanência do movimento que se reduzem, finalmente, a causas primeiras estáveis quanto à essência e variáveis em suas disposições.

3. Movimento violento: também pode ser movimento forçado.

4. Acaba: no sentido de que "tem como fundamento".

5. Na tradução latina da *Najāt*, Carame, p. 107, nota 4, corrige a leitura de "quoddam auxilium" "MU'ĀWANA", ou seja, "ajuda".

6. Isto é, a causa.

7. A palavra 'ARḌ, aqui traduzida por "evento", quer dizer "acidente".

CAPÍTULO XXIII[1]
SOBRE A TOTALIDADE DOS ATRIBUTOS DO SER NECESSÁRIO

Voltando ao objetivo primeiro, dizemos: evidenciou-se para nós que há alguma coisa que é ser necessário; primeiramente por sua própria essência, e é único sob todos os aspectos, porque sua essência não é divisível quantitativamente, nem pela forma e matérias, nem pelas partes da definição, porque não é possível que sua existência seja por intermédio de outro.

Ele é único sob o aspecto da individualidade porque sua quididade é somente dele e não há associado a ele na espécie, porque, também, ele é completo na essência sob todos os aspectos; não há imperfeição nele que multiplique sua unicidade.

Ele é verdade, é intelecto puro, porque sua quididade está abstraída da matéria e porque sua forma é ordem do universo, ou seja, princípio sábio: não intelige as coisas porque existem, mas as coisas existem porque ele as intelige; não as intelige como sendo seus inteligíveis por primeira intenção, pois sua essência ficaria multiplicada, mas ele é único; intelige por primeira intenção sua essência que é a verdade; então, intelige por segunda intenção aquilo para o que sua essência é princípio; isto porque intelige sua essência como princípio de cada ser; então intelige cada ser.

Ele está excluído da intelecção das coisas corruptíveis e da intelecção das coisas inexistentes, como o mal e a imperfeição. Aquele que intelige o não ser e apreende o não ser, somente o intelige se estiver em potência; aquele que vê a treva, somente a vê se estiver vendo em potência, não em ato.

Ficou esclarecido que ele é bem puro porque é um ser puro[2]. E o que concede cada ser, não por compensação mas por generosidade; porque toda compensação e recompensa é vantagem para toda ação; e o que for feito por recompensa, sua ação não é generosidade pura mas é receber e dar. A generosidade pura é a ação que existe não por compensação; e aquele que exige compensação é beneficiário imperfeito. O primeiro dá o ser por generosidade porque ele é bem puro e porque sua existência é uma existência que é melhor do que sua essência. Não é necessário dele apenas a existência de sua essência, mas cada ser tem a perfeição de sua dignidade em sua existência.

Não concede a existência para que a concessão dela seja causa de sua existência, aperfeiçoamento e causa perfectiva; ele mesmo a concede e não há, pelo que explicamos, nenhuma causa para ele sob nenhum aspecto.

Tampouco a existência dos seres a partir dele se dá sem a sua vontade, pois (aquela) existência seguiria a sua existência sem que houvesse vontade para existir. Isto é um absurdo, porque intelige a sua essência como princípio do universo, senão sua essência não seria inteligida como ela é nele. Então, intelige que o universo existe a partir dele e se intelige dele que é princípio de todo bem, e que a concessão da existência é um bem. Ele, sem dúvida, se satisfaz com uma existência a partir da qual existe o universo; é estimado por ele.

No entanto, se tudo necessitar dele, não sob o aspecto de que intelige o universo e lhe satisfaz – para ser, como um de nós: por exemplo, se a sombra de um de nós cair sobre um enfermo, sem vontade vantajosa e afastar dele os danos do sol, mostrar-se-á contente com isto; quem se contenta nele é a sua alma e quem dá a sombra é seu corpo – então seria divisível.

Mas a verdade é uma dentre duas coisas: ou seja, o universo o segue necessariamente, com sua satisfação e sua vontade pela existência do universo a partir dele seguindo-o. Sua existência não se dá por causa do que existe a partir dele, nem a existência do universo, a partir dele, seguindo-o, se dá, em absoluto sem vontade nele. Portanto, dizemos: sua vontade o faz inteligir o bem que existe a partir dele e somente seguindo sua ordem. Não há intenção como a nossa intenção.

Porque o primeiro intelige sua essência como bem puro, é amante de sua essência e é deleitante por ela, não pelo modo do nosso deleite passivo, mas o deleite ativo que é a substância do bem puro; esta é a sua vida verdadeira.

Ficou esclarecido que seu poder, sua vida e sua ciência são uma coisa só. Se têm relações com os seres que existem a partir dele, não são constitutivos de sua essência mas são seus consequentes.

Notas

1. Depois de falar dos seres possíveis no sentido de que estão sujeitos ao movimento, aqui Avicena irá resumir a totalidade dos atributos do ser necessário.

Inicia afirmando que já se evidenciou que alguma coisa é ser necessário por sua própria essência, pois sua existência não é por intermédio de outro (cap. XI).

Também ele é único (cap. XI), é verdade, intelecto puro, é ordem do universo. As coisas existem porque ele as intelige e as intelige por segunda intenção; não intelige as coisas corruptíveis e as coisas inexistentes, como o mal, por exemplo. Se as inteligisse, então, estaria em potência (cap. XIV).

Ele concede a existência por generosidade, não por compensação, e não concede a existência para que ela seja causa de sua existência. Enfim, o texto relembra que sua vida, sua ciência e seu poder são uma coisa só (cap. XIV).

Este tema foi também abordado por al-Fārābī*.

* Sobre os atributos do ser primeiro, ver al-Fārābī, *Kitāb al-Siyāsa al-Madanīyya* (Livro da Política), Beirut, ed. F. M. Najār, 1964, pp. 42-52.

2. A palavra utilizada é "ṢARF", que tanto pode significar "simples" em oposição a "composto" como "puro". Normalmente, neste escrito, Avicena utiliza "MAḤḌ" para designar "puro".

CAPÍTULO XXIV[1]

INDICAÇÃO DE QUAL É ESTE SISTEMA DE EXPOSIÇÃO. REPETIÇÃO DO SISTEMA HABITUAL. EXPLICAÇÃO DA DIFERENÇA ENTRE A VIA QUE PASSOU E A VIA QUE COMEÇA

Confirmamos o ser necessário não pelo aspecto de suas ações nem pelo aspecto de seu movimento; a argumentação não é uma prova, nem tampouco é uma demonstração pura. Pois do primeiro não pode haver demonstração pura porque não tem causa; é um argumento semelhante à demonstração, porque é uma conclusão que procede do estado da ciência: exige um necessário e como deve ser este necessário.

Do ponto de vista das argumentações que conduzem à afirmação da causa primeira e ao conhecimento de seus atributos, não pode haver uma coisa mais sólida e mais semelhante à demonstração do que esta demonstração. Pois, embora nada faça e não se mostre nada a partir dela, por meio de sua argumentação pode-se confirmar, depois de haver uma suposição, como é a possibilidade de uma existência qualquer. Agora (só) oferecemos o mais reconhecido para sua confirmação: é a via da conclusão, e especialmente a partir do movimento. Seguiremos o método que seguiu "o Filósofo" em seus dois livros gerais, um dos quais versa sobre as generalidades das coisas naturais é o livro *A audição física* e o outro versa sobre as generalidades das coisas que estão "além das coisas naturais" (a *Metafísica*).

Notas

1. Avicena recorda que o ser necessário já foi confirmado (caps. XVI-XXII), não pelo aspecto de suas ações nem pelo aspecto de seu movimento, quer dizer:

foi pela via do possível e do necessário. Isto será retomado nos caps. XXV e XXVI, mas agora pela via do movimento. Não é possível haver prova ou demonstração propriamente dita (prova do porquê) do primeiro, pois ele é incausado.

O modo de proceder no que se segue será por via da conclusão e a partir do movimento. Adotará para tal o método utilizado por Aristóteles em seus livros da *Física**, Livros VII e VIII, e da *Metafísica*, Livro XII.

* Sobre o título "Physiké Akróasis" ver: J. Cavalcante de Souza, "Para uma leitura da física de Aristóteles", *Discurso*, 11, 1980, pp. 1-12.

CAPÍTULO XXV[1]
SOBRE A CONFIRMAÇÃO DO MOTOR IMÓVEL DE TODO MOVIMENTO

Dizemos: primeiro, que todo corpo que se move, tem uma causa para seu movimento. Quanto ao que se move através de causas externas, como o empurrado, o arrastado e o eixo que é empurrado por um lado e arrastado por outro; que seu movimento é procedente de outro, isto é evidente.

Quanto ao que não se vê e não se sabe se tem um motor externo, demonstraremos que seu movimento procede de outro. Optaremos para isso por três demonstrações.

Primeiro, nas coisas compostas, os gêneros podem ser separados de suas genericidades, e considerar-se-á para elas o que as converte em espécies; mas (convertem-se) em indivíduos não por diferenças específicas mas por suas próprias naturezas. Exemplo disto é que o corpo é um gênero nos inteligíveis do homem, bem como do cavalo e das espécies de animal e vegetal e outros, porque cada um tem uma matéria que é sujeito da quantidade[2].

Esta matéria, junto com a quantidade, também é corpo.

E o corpo predica-se tanto dele como de seu semelhante. Segundo exemplo. O enunciado da espécie primeira não é enunciado do gênero. Isto é assim porque aquela matéria junto com aquela forma não são diferentes nos dois por uma coisa que entra em sua quididade. Certamente pode-se unir com cada uma delas uma coisa particular; por exemplo, em uma delas há calor e na outra há frio; entretanto, são externos às essências das duas, mesmo que não estejam isentas dos dois[3]. Outro exemplo: a brancura é uma outra espécie que se predica da brancura do gelo e do gesso e não é necessária a união da brancura e do que é semelhante a eles, em ambos; nem a ausência da brancura neles; a brancura se une por diferenças específicas porque a realidade da brancura se deu neles e se completou; no entanto, não se constitui a não ser pela união a um sujeito para se estabelecer nele.

Do mesmo modo é a corporeidade; completou-se e acabou[4]. No entanto, une-se a coisas das quais não pode prescindir. Assim a natureza do gênero nas coisas compostas pode transformar-se de maneira que é outra espécie que se transforma desta maneira; então, não é gênero mas é matéria. Assim também, se a diferença específica se transformasse por si mesma em espécie, não seria, então, diferença específica e sim forma.

Quanto ao corpo que é gênero, não é composto de matéria e quantidade mas é substância que tem todas as dimensões[5], e este é o gênero. A distinção entre eles é que, se o corpo for transformado, se torna matéria e uma parte dos constitutivos das substâncias sensíveis; então, isto não pode predicar-se delas. Por isto, não é possível dizer: o homem é abstração de uma alma, de uma matéria com quantidade, mas se diz que é matéria com quantidade. Já resumimos isto e o constatamos no livro *A demonstração*.

Se a corporeidade não fosse uma natureza estabelecida por si mesma, segundo o aspecto da corporeidade considerada como matéria possuidora de quantidade, não seria possível passar o corpo de ser mineral para ser vegetal e de ser vegetal para ser animal. Se ele é uma coisa existente, um sujeito existente, sua posição se completaria sem seus predicados, mas predicam-se dele os predicados e a natureza específica, aí, então, esta situação é a situação da individualidade.

Mas, nos elementos simples[6], não é possível converter a natureza do gênero em especificidade. Por exemplo: a situação da cor advinda da brancura não é a mesma situação da corporeidade advinda do homem; é possível que a corporeidade seja considerada uma das partes constitutivas do homem, que tem uma individualidade constitutiva em sua essência, mesmo que esteja unido a outra coisa. Quanto à coloridade, não se pode estabelecer uma essência para ela, a não ser que seja especificada pelas diferenças que a seguem.

E não há na brancura coloridade ou outra coisa distinta da coloridade a partir da qual se dá a brancura, tal como se dá o homem a partir do corpo que existe pela noção de matéria com quantidade e a partir de outra forma que não é corpórea.

Se isto for assim, não é possível que você atribua à coloridade uma natureza que seja especificamente comum à coloridade da brancura e da negrura; porém, isto pode dar-se na corporeidade.

Se estabelecermos isto, dizemos: se o corpo se movesse por si mesmo, então todo corpo estaria em movimento. Portanto, todo corpo que se move tem uma causa que o move.

E este enunciado não contradiz a quem afirma: se a brancura fosse a cor à qual está unido o branco mesmo, então toda cor seria brancura. Por conseguinte, toda cor só é branca por uma causa. Isto é absurdo.

A saber: à coloridade absoluta não lhe advém na existência uma especificidade de maneira que sua diversidade depois da coloridade seja por uma causa externa à essência; somente é entendida separadamente no intelecto; e no intelecto existem causas externas para a diversidade: são as diferenças específicas. Na intelecção, as diferenças específicas são como coisas externas à natureza do gênero; entretanto, na existência, isto não é assim nos elementos simples e nas coisas compostas, pois a natureza do gênero foi passada a uma natureza específica. Então, as diferenças específicas são causas formais externas à essência da natureza do gênero.

Se isto ficou estabelecido, então foi esclarecido que, na existência, a corporeidade é seguida de causas que fazem este corpo se mover sem a existência deste corpo; não há diferenças específicas na estimativa. Então todo ser que se move, se move através de sua causa.

Quanto à segunda demonstração, se o corpo se movimentasse por si mesmo, não haveria estimação de alguma coisa em outra distinta, seja qualquer coisa que for. É necessário que se rejeite o movimento a partir de si mesmo, e a estimação de repouso em uma parte sua é estimação de alguma coisa em outro. Isto torna necessária a rejeição do movimento a partir de si mesmo, pois o corpo não se move por si mesmo. Portanto, há um motor para o corpo.

Terceira demonstração. O movimento é uma coisa que começa a ser sempre, e tudo que começa a ser, tem uma causa que o faz começar a ser; assim, todo movimento tem uma causa que o faz começar a ser, e esta é o motor. Quanto ao que se move por si mesmo ou por uma outra coisa, não é possível que se mova por si mesmo, porque o motor, enquanto motor, é doador da existência do movimento, e o móvel, enquanto móvel, adquire a existência do movimento. Não é possível que uma só coisa, sob um só aspecto, seja doadora que se realiza em ato e adquirente em potência.

Portanto, é necessário que o corpo seja movido por alguma coisa que se mova por si mesmo e não por uma outra coisa. O motor é a sua forma e o movido é sua corporeidade e sua matéria; esta forma chama-se potência.

Acrescentando explicação a isto, dizemos: o movimento tem uma essência que é sujeito e uma essência agente. Então, todo ente que começou a ser, tem uma causa agente. O sujeito e o agente não se distinguem pelo aspecto de que cada um deles é princípio de alguma coisa e necessita dela para sua geração. Distinguem-se, porém, porque o agente dá a existência de maneira distinta por si mesmo, essencialmente, não acidentalmente.

Como, por exemplo, o médico: ele trata a si mesmo e se trata a partir de si. No entanto, ele trata enquanto médico e se trata enquanto enfermo; a saúde advém ao médico não enquanto médico, mas no enfermo. O médico seria a alma e o enfermo seria o corpo; entretanto, diz-se, por acidente: "o médico ficou curado".

O mesmo ocorre em toda causa agente e em toda causa sujeito. Ambas se distinguem na relação para com o ser que se gera. Aquele do qual procede o ser é distinto do ser gerado, e aquele em que se dá o ser, está unido ao ser gerado e o sustenta[7].

Se assim for, não é possível que uma só coisa seja causa para o começar a ser do movimento e causa para a recepção do movimento, pois uma só coisa teria por si o movimento, e não teria o movimento a não ser por acidente; isto é absurdo. Já ficou esclarecido e se evidenciou que a essência do motor não é a mesma do móvel.

Se um corpo se move por uma coisa não externa a ele, é evidente que ou ele se move em sua totalidade e por intermédio de sua totalidade, e isto é absurdo porque faz o agente e o que recebe a ação serem uma só coisa; ou bem se move em sua totalidade a partir de suas partes e, assim, então, estas partes estarão em movimento; ou suas partes movem-se por intermédio de sua totalidade, e isto, também, faz com que suas partes sejam motores e movidas; e como é (possível) distinguirem-se, absolutamente, a totalidade e as partes nesta noção? Ou suas partes se movimentam por intermédio de suas próprias partes, e então diferem nele o móvel e o motor.

Não é possível que as partes sejam semelhantes na forma e na noção, pois não haveria entre elas a distinção na necessidade para a ação e para a passividade; então, não é possível que suas partes pertençam à divisão da quantidade mas devem ser da divisão da matéria e forma. Então, o corpo e a matéria recebem o movimento a partir de uma forma ou disposição que há nele, ou qualquer nome que você queira dar; mas (deve ser) agente para o movimento, e isto chama-se potência.

Quanto a que em cada corpo há um princípio de movimento, é uma coisa que já esclarecemos no nosso resumo do livro *Do céu e o mundo* e no livro *A audição física*, não se necessita (deste princípio) neste assunto.

Notas

1. A tese a ser sustentada é apresentada no início do capítulo: "todo corpo que se move, tem uma causa para seu movimento; isto é patente no que se move através de causas externas, como no caso do que é arrastado, empurrado ou se move por uma combinação destas duas formas de movimento (caso do eixo). Há no entanto casos em que não se percebe haver um motor externo. Cumpre, então, demonstrar que o movimento provém de outra coisa. Avicena anuncia que vai fazê-lo através de três demonstrações. A mais clara das três é a terceira. Considera ele que o movimento é algo que começa a ser; tudo que começa a ser tem uma causa que o faz começar a ser. O mesmo não pode ser simultaneamente motor e móvel porque estes dois aspectos são incompatíveis. Algo não pode ser simultaneamente e sob o mesmo aspecto doador de existência e receptor de existência. A segunda é breve, mas menos clara. Se o corpo se movesse por si mesmo não poderíamos avaliar se há alguma coisa distinta em outro. Corpo, por si mesmo, não implica nem movimento nem repouso. A primeira é bastante longa. Seu núcleo essencial é a ideia que reaparecerá na segunda prova: "se o corpo se movesse por si mesmo, todo corpo estaria em movimento". Mas este enunciado é cercado de longas considerações para distinguir o caso da corporei-

dade do caso do acidente brancura e para distinguir o corpo como gênero do corpo como parte. Este último aspecto é também tratado por Tomás de Aquino no *De ente*, cap. II, n°s 20-3, que, aliás, termina com uma referência a Avicena.

2. A palavra usada é "KAMMĪYYA", sinônimo de "KAMM", que se refere ao predicamento quantidade.

3. Dos dois: do calor e do frio.

4. Acabou: chegou a seu termo.

5. Dimensões: é uma referência às três dimensões – comprimento, largura e profundidade.

6. Em metafísica, forma, matéria e acidente são chamados elementos simples.

7. E o sustenta quer dizer: é seu substrato.

CAPÍTULO XXVI[1]

SOBRE A CONFIRMAÇÃO DE UM MOTOR IMÓVEL E IMUTÁVEL

Destas demonstrações, evidenciou-se que todo corpo que se move, seu movimento procede de uma causa e não a partir de si próprio. Voltamos a afirmá-lo agora outra vez, dizendo: as causas motrizes chegam a uma causa imóvel; isto porque, se tudo que se move, se move a partir de um outro móvel, então as causas chegarão[2] simultaneamente ao infinito, e de sua totalidade se formaria um só corpo infinito, em ato. Porém, ficou esclarecida nas ciências naturais[3] a impossibilidade disto. Então, em todas as espécies motrizes, há um primeiro motor imóvel.

Notas

1. Baseado nos argumentos anteriores, Avicena afirma novamente que todo movimento tem uma causa e não se explica a partir de si mesmo. As causas dos movimentos têm como fundamento uma causa imóvel, pois, se não fora isto, as causas dos movimentos iriam ao infinito e de seu agrupamento formar-se-ia um só corpo infinito em ato, o que é impossível*, segundo o ensinamento de Aristóteles na *Física*. Assim sendo, em todos os movimentos há um primeiro motor imóvel.

* Ver nota a respeito no comentário aos caps. XVI e XXV.

2. Chegarão: no sentido de que irão ao infinito.

3. Isto é, na *Física*. Ver nota a respeito no comentário aos caps. XVI e XXV.

CAPÍTULO XXVII[1, 2]

SOBRE A CONFIRMAÇÃO DA PERPETUIDADE DO MOVIMENTO, EXPOSIÇÃO DE CONJUNTO

Dizemos: o movimento deve ser perpétuo. Já nos ocupamos com a confirmação disto anteriormente[3]. Entretanto, pretendemos seguir um outro caminho. Dizemos: se o movimento começou a ser depois de não ter sido, então, ou suas causas, a agente e a que a recebe, não existiam e passaram a existir, ou existiam mas o agente não movia e a que recebe não era movida, ou existia o agente e não existia o que recebe, ou existia o que recebe e não existia o agente.

Dizemos, de modo sumário, antes de voltar ao detalhamento. Se as disposições com relação às causas forem tais como eram e nada, absolutamente, que não era passa a ser, então seria necessário que o ser que se gera a partir delas fosse segundo o que era e seria absolutamente impossível que um ser gerável começasse a ser. Se começasse a ser alguma coisa que não existia, não deixa de: ou seu começar a ser é pela maneira do que começou a ser de uma vez, não pela proximidade ou distanciamento de uma causa, ou seu começar a ser é pelo modo do que começa a ser pela proximidade ou distanciamento de sua causa.

Quanto à primeira parte é necessário que seu começar a ser seja absolutamente junto com o começar a ser da causa e não posterior a ela, pois, se for posterior, ou a causa ainda não começou a ser, então se seguiria o que dissemos a princípio a respeito da necessidade de outro ser que começasse a ser sem uma causa, e este ser que começa a ser seria a causa próxima. Se a questão prosseguir sob este aspecto, então, serão necessárias súbita e conjuntamente causas e seres que começam a ser infinitos. Como já sabemos, um princípio nos leva a rechaçá-lo[4]. (Permanece, pois, que as causas que começam a ser não são todas elas subitamente nem pela proximidade ou distanciamento de sua causa primeira), e permanece também que os começos do ser acabam[5] na proximidade ou distanciamento das causas, e isto se dá pelo movimento.

Então, havia antes do movimento um movimento, e este movimento conduzia suas causas àquele movimento. Os dois estão como que em contato mútuo, pois, caso contrário, a discussão há de voltar ao princípio do tempo, a saber, que, se não estivessem em contato um movimento com outro, então, os seres infinitos que começam a ser a partir dele existirão num só instante; isto foi tido como absurdo[6]. Mas é necessário que um esteja mais próximo naquele instante após o distanciamento ou após a proximidade. Aquele instante será o termo de um movimento distinto daquele mas que leva a este. Então, o movimento que é causa próxima deste movimento está em contato com ele.

A razão de este estar em contato se compreende como não sendo possível que haja um tempo entre dois movimentos, sem que haja movimento nele. Ficou esclarecido para nós na *Física*[7] que o tempo segue o movimento. Entretanto, a ocupação com o esclarecimento por este rumo nos faz saber que há movimento, mas não nos faz saber que aquele movimento é causa para que outro movimento comece a ser.

Com efeito, evidenciou-se claramente que o movimento não começa a ser após não ter sido, a não ser por algo que começa a ser. Este algo que começa a ser, não começa a ser senão por um movimento que está em contato com este movimento, e não nos interessa o que é esse algo que começa; se é um propósito do agente, ou vontade, ou ciência, ou instrumento, ou natureza, ou um período de tempo mais conveniente para a ação que outro, ou uma disposição ou aptidão daquele que recebe e que não existia. Seja como for, o seu começar a ser depende do movimento, não pode ser de outro modo.

Notas

1. Este capítulo é parte do cap. XXII da *Najāt*, pp. 288-9. Carame, pp. 134-7.

2. O tema deste capítulo é a perpetuidade do movimento. Avicena procura mostrar as incongruências que se seguiriam caso o contrário fosse suposto. Retoma as considerações de Aristóteles a respeito, bem como suas próprias em capítulos anteriores.

3. Ver cap. XXII.

4. Cf. cap. XX.

5. Acabam: têm como fundamento.

6. Cf. cap. XX. Ver também *Física*, VI, 4.

7. Ver *Šifā', Ṭabi'iyyāt* (Física), edição citada, pp. 166-73, especialmente p. 167.

CAPÍTULO XXVIII[1, 2]

O ESCLARECIMENTO DISTO EM DETALHES

Voltando agora ao detalhamento, dizemos: se a causa agente e a causa que recebe existem enquanto essência e não há nelas nem ação nem passividade, então, é necessário que haja entre elas uma relação que torne necessária a ação e a passividade; por parte do agente (requer-se algo), como uma vontade que necessite a ação, ou uma natureza que necessite a ação ou um instrumento ou um tempo. Por parte do que recebe (requer-se algo) como uma aptidão que não existia. Por parte das duas, simultaneamente, (requer-se algo) como uma vinculação de uma com a outra. Então foi esclarecido que tudo isto se dá por um movimento.

Mas, se o agente existe, porém, o que recebe não existe em absoluto, isto é um absurdo. Primeiro porque o que recebe, como esclarecemos, não começa a ser a não ser por um movimento; e assim, antes do movimento, haveria um movimento. Segundo, porque não é possível que algo comece a ser quando não é precedido pela existência do que recebe, que é a matéria. Demonstraremos sobre isto.

Notas

1. Este capítulo é parte do cap. XXII da *Najāt*, p. 290, com o seguinte título: "sobre a perpetuidade do movimento, de um modo geral. Após isto, em detalhe". Carame, p. 137.

2. Aqui Avicena sintetiza o exposto no capítulo anterior: se o movimento não se der sempre, é necessário que haja entre a causa agente e a causa paciente uma relação que torne necessária tanto a ação como a passividade. Os pré-requisitos desta relação conduzem à necessidade de um movimento. Portanto, deve se dar perpetuamente.

CAPÍTULO XXIX[1, 2]

PREÂMBULO AO OBJETIVO MENCIONADO, OU SEJA, TUDO QUE COMEÇA A SER TEM UMA MATÉRIA QUE PRECEDE A SUA EXISTÊNCIA

Dizemos[3]: é necessário que todo ser engendrado, antes de sua geração, seja possível em si mesmo. Pois, se for um ser impossível em si mesmo, nunca existirá, absolutamente. A possibilidade de sua existência não o é porque o agente tem poder sobre ele; o agente não terá poder sobre ele se em si mesmo ele não for possível.

Não vês o que dizemos? Sobre o impossível não há poder, mas o poder é sobre aquilo que é possível ser. Se a possibilidade de ser de uma coisa estivesse no poder que se tem sobre ela, isto seria como se disséssemos: o poder é apenas sobre o que se tem poder. E sobre o impossível não há poder porque sobre ele não se tem poder[4].

E, então, não podemos saber se há poder ou não sobre esta coisa pela nossa consideração desta coisa mesma, mas por consideração da disposição do poder daquele que tem poder sobre ela; se tem poder sobre ela ou não.

Sendo duvidoso para nós se há poder sobre isto ou não, não é possível absolutamente sabê-lo, porque, se soubermos isto pelo aspecto de uma coisa ser impossível ou possível, sendo o significado de impossível "como não se tendo poder sobre ela" e o significado do possível "como tendo poder sobre ela", seria como conhecermos o desconhecido pelo desconhecido. Ficou claro que o significado do ser de uma coisa possível em si mesma é distinto do significado de seu ser enquanto se tem poder sobre ela, embora um e outro sejam uma só essência. E seu ser enquanto se tem poder sobre ele segue necessariamente a seu ser enquanto é possível por si.

Seu ser, enquanto possível em si, se dá com relação à sua essência, enquanto seu ser enquanto se tem poder sobre ele se dá pela sua relação com o que faz existir.

Se isto ficou estabelecido, dizemos: tudo que começa a ser, antes de seu começar a ser, ou é em si mesmo possível que exista, ou impossível que exista. O impossível nunca poderá existir e o que é possível que exista, precede-o a possibilidade de sua existência. E não deixa de: ou sua existência é uma noção existente ou é uma noção inexistente. É impossível que seja uma noção inexistente, senão sua possibilidade de existir não o procederia. Então, é uma noção existente, e toda noção existente ou subsiste não num sujeito, ou subsiste num sujeito; e tudo que é subsistente não num sujeito tem uma existência própria e não necessita estar em relação; ora, a possibilidade de existir somente se dá por relação àquilo ao qual pertence a possibilidade de existir. Logo, a possibilidade de existir não é uma substância fora de um sujeito; então é uma noção num sujeito, pois é algo que sucede a um sujeito. Denominamos a possibilidade de existir potência para existir, e denominamos o que sustenta a potência de existir e aquilo no qual está a potência para a coisa existir sujeito, matéria primeira[5], matéria e assim por diante. Por conseguinte, tudo que começa a ser é precedido pela matéria.

Notas

1. Na *Najāt*, este capítulo é o cap. XVI, tratado I, 3ª parte, pp. 254-5, com o seguinte título: "sobre que todo ser que começa a ser no tempo, ele, sem dúvida, é precedido pela matéria". Carame, pp. 54-6.

2. O argumento essencial aqui é que todo ser engendrado, antes de sua geração, é necessário que seja possível em si mesmo, pois só assim o agente terá poder sobre ele, porque, se for um ser impossível em si, o agente não terá poder sobre ele. Assim sendo, tudo que começa a ser, antes de começar, ou é em si mesmo possível que exista ou impossível que exista. O impossível deve ser desconsiderado, pois nunca chegará à existência.

A possibilidade de existir, segundo Avicena, também é chamada potência de existir e aquilo no qual está a potência para a coisa existir, é chamado sujeito, matéria primeira. Então, tudo que começa a ser é precedido pela matéria.

Continuando esta linha iniciada por al-Fārābī, Avicena sustenta que a matéria se caracteriza por sua indigência ontológica, tendo em vista que não pode existir sem a forma da qual é substrato ou sujeito. Por isto, sua realidade ocupa a posição mais baixa, já que é somente uma disposição ou aptidão para receber as formas, pelo que é pura receptividade, que somente alcança a existência quando o intelecto agente lhe dá as formas. A matéria absoluta é uma substância cujo ser não existe em ato a não ser quando é atualizada pela recepção da forma corpórea, por meio da potência que possui de receber as formas. Não tem por si mesma forma que lhe seja própria, exceto em sentido potencial. Quando a chama substância, Avicena quer dizer que ela atualiza seu ser por si mesma*.

Ao dizer que a matéria atualiza seu ser por si mesma (li-d̲ātiha), está se referindo ao fato de que a matéria é substância, enquanto se opõe ao acidente, que é o que recebe o ser "por outro". É substância porque é uma essência que não está num receptáculo nem num sujeito de inesão (sujeito de alguma coisa), pelo que recebe o ser por si e não por causa deste sujeito; mas é substância em potência, pelo que não pode existir em si**, a não ser somente quando está unida à forma: "Hás de saber que a matéria, para subsistir em ato, necessita estar unida à forma"***.

* Cf. *Risala fil hudūd* (Epístola das definições), ed. Tis' Rasā'īl, Constantinopla, 1298 H, p. 58.

** Cf. A. M. Goichon: *La distinction de l'essence et de l'existence d'aprés ibn Sīnā* (Avicenne), Paris, Desclé de Brouwer, 1937, pp. 379-81.

*** *Kitāb al-išarat wa-l-tanbihāt*, ed. S. Donya, Dar al-Ma'ārif, 4 vols., 1960-68, vol. II, p. 214; Ibn Sīnā, *Livre des directives et remarques*, trad. A. M. Goichon, Paris, J. Vrin, 1951, p. 266.

3. A primeira frase deste capítulo na *Najāt* é a última frase do capítulo anterior neste texto.

4. Na *Najāt*, p. 255, l. 7, lê-se: "e sobre o impossível não há poder porque não há para o agente poder sobre ele".

5. Em árabe: HAYŪLA, transliteração da HÝLE grega.

CAPÍTULO XXX[1, 2]

UMA OUTRA QUESTÃO ÚTIL PARA ISTO

Consiste em que não é possível que seja para o não ser do agente[3]. Entretanto, se se estabelece que o que recebe existe e o agente não existe, então o agente é o que começa a ser e segue-se que seu começar a ser é por uma causa dotada de movimento, segundo o que já descrevemos.

Também, o princípio de tudo é uma essência que é ser necessário: e tudo o que existe a partir dele é necessário; caso contrário, teria uma disposição que não existia; então, não seria ser necessário sob todos os seus aspectos. Se a disposição que começa a ser se estabelece não em sua essência, mas fora dela, como alguns estabelecem a vontade, então a discussão sobre o começar a ser da volição a partir dela persiste. É pela vontade, é pela natureza[4] ou uma outra coisa qualquer, seja qual for esta coisa? De qualquer maneira que se estabeleça um começar a ser que não existia; ou se estabelece como começando a ser em sua essência ou não começando a ser em sua essência, porém, será algo que se separa de sua essência, e, então, a discussão persiste. Se começar a ser em sua essência, então, sua essência será variável; porém já foi estabelecido que o ser necessário, por si mesmo, é ser necessário sob todos os seus aspectos.

Também, se, quando se dá o começar a ser das coisas distintas dele, ele fosse tal como era antes de elas começarem a ser, e não lhe sucede em absoluto nenhuma coisa que não era, e a coisa é tal como era e a partir dele nada existiu, então não seria necessário que algo existisse a partir dele, mas que a disposição e a coisa se encontrem tal como eram.

É imprescindível distinguir a necessidade de ser e a preferência de ser a partir dele por meio daquilo que começa e que (antes) não era, quando havia preferência de não ser a partir dele e o impedimento para a ação. Isto não é algo externo a ele. Ora, estamos falando do começar a ser do que é externo a partir dele mesmo.

O intelecto segundo a sua primeira disposição natural atesta que, se uma só essência estiver sob todos os seus aspectos como se encontrava antes e nenhuma coisa existia antes a partir dela, e agora[5] ela está da mesma maneira, então, agora também não existe alguma coisa a partir dela. Se alguma coisa começou a existir agora a partir dela, então havia começado a ser em sua essência um certo propósito, vontade, natureza, poder ou capacidade que não existiam antes. Quem negar isto, se separa daquilo que seu intelecto exige, pois o que pode ser e não ser, não passa ao ato nem se lhe impõe que exista a não ser por uma causa.

Quanto a esta essência, se já existia e não tinha preferência e esta preferência não era necessária a partir dela, (se esta essência que pertence à causa é como era e se não tem esta preferência nem é esta necessária a partir dela e não há motivo nem utilidade nem outra coisa)[6], então é imprescindível um ser que comece e que torne necessária a preferência nesta essência, se ela for a causa agente. Se sua relação para com este possível for como era antes, não começando para ela uma outra relação, a coisa seguirá em sua situação e a possibilidade será mera possibilidade em sua situação. Se começa para ela uma relação, então começará algo e necessariamente começará para sua essência e em sua essência.

Se é externa à sua essência, então a discussão persiste e a relação não é a relação procurada; pois estamos procurando a relação a que sucede a existência de tudo que é externo à sua essência, depois de não haver existido o todo como conjunto. Se esta relação é distinta dele, então esta relação não é a relação esperada; e como é possível, então, que comece em sua essência uma coisa e de onde começa a ser? Já ficou esclarecido que o ser necessário é único por sua essência; então você considera que isto provém de um ser que começa a ser a partir dele? Então, esta não seria a relação procurada, porque estamos procurando a relação que é necessária para a saída do primeiro possível ao ato; ou ele procederia de outro ser necessário? Já foi dito: o ser necessário é único. Se procede de outro, então (este) seria a causa primeira, e a discussão a seu respeito persistiria.

Notas

1. Na *Najāt*, este capítulo é o cap. XXIII, pp. 290-1, com certas diferenças no texto e com o seguinte título: "um outro esclarecimento". Carame, pp. 138-41.

2. Aqui há outro argumento relativo ao tema dos caps. XXVII e XXVIII, ou seja: a perpetuidade do movimento. O cap. XXIX a estabelece a partir da preexistência da matéria. Este capítulo raciocina a partir do agente. Com efeito, se se estabelece que o que recebe existe e o agente não existe, então o agente é o que começa a ser e segue-se que seu começar a ser é por uma causa dotada de movimento. Entretanto, o princípio de tudo é uma essência necessária e tudo o que existe a partir dele é necessário.

Se, ao começarem a ser as coisas distintas dele, ele fosse tal qual era antes de elas começarem a ser, e não lhe sucede algo que não era e a partir dele não existiu nada, então não seria necessário que algo existisse a partir dele.

O texto retoma mais uma vez a afirmação da unicidade do ser necessário e a produção necessária e eterna de tudo que for distinto dele. A argumentação retoma o que Aristóteles diz na *Física*, VIII, 6, sobre a impossibilidade de o primeiro motor sofrer alteração*.

* Cf. Carame, p. 138, nota 1.

3. Esta frase inicial deve ser lida em continuidade ao título do capítulo, ou ainda: o título é o primeiro membro desta frase.

4. A palavra usada é "ṬAB'". Geralmente esta palavra é usada como sinônimo de "ṬABĪ'A", ou seja, "natureza". Entretanto, "ṬAB'" refere-se à natureza específica, enquanto "ṬABĪ'A", à natureza individual. Cf. Goichon, *Lexique*, p. 199, nº 393.

5. A palavra usada é "al-'ĀN", que significa "o presente", "o instante presente".

6. *Šifā', Ilahiyyāt*, p. 377, edição do Cairo, 1380. Nota do editor. Esta observação não aparece na *Najāt*.

CAPÍTULO XXXI[1, 2]

ISTO NÃO OCORRE NA EXPECTATIVA[3] DE UM MOMENTO[4], E UM MOMENTO NÃO É MAIS DIGNO QUE OUTRO MOMENTO

Como é possível distinguir no não existente um momento de inação e um momento de início; e no que se distingue um momento de outro? Além disso, é preciso que o começo do que começa a ser proceda do primeiro por natureza, por um propósito[5] nele, ou pela vontade. Se for pela natureza, então a natureza se modificou; se for por um propósito, também, o propósito se modificou e, se for através da vontade, então a vontade é o próprio fazer existir ou é um propósito e uma utilidade posterior a ele.

Se o que é querido é o mesmo fazer existir por sua essência, por que não o fez antes? Você acredita que agora o acha útil, ou que seu momento chegou, ou quiçá tem poder sobre ele agora? Não levaremos em consideração se alguém disser: "esta pergunta é vazia, porque a pergunta volta a cada momento. Ora, é uma pergunta verdadeira, porque retorna a cada momento e é indispensável.

Se é por um objetivo e uma utilidade, é sabido que o que pertence a uma coisa estando seu ser e seu não ser numa mesma posição, então não é por um objetivo. E o que pertence a uma coisa enquanto seu ser é mais digno, então é útil, porém a verdade primeira é de essência perfeita e não adquire benefício de nada.

Notas

1. Este capítulo corresponde ao cap. XXIV, p. 292, art. II, da *Najāt*, com o mesmo título, com diferença no texto, mas sem alteração no sentido. Carame, pp. 142-3.

2. Este capítulo continua o argumento relativo à imutabilidade do ser necessário, tratada no capítulo anterior. No título, Avicena enuncia que a produção do que é distinto do ser necessário não ocorre na expectativa de um momento, e que um momento não é mais digno que outro. Quer dizer: não faz sentido supor que haja um "tempo oportuno" para o início do mundo. Portanto, este é eterno.

É necessário que o que começa a ser proceda do primeiro, ou por natureza, ou por um propósito, ou pela vontade. Se for por natureza ou por um propósito, então os dois se modificaram. Em qualquer das hipóteses, é preciso supor uma modificação no primeiro, o que é inadmissível. Se for pela vontade, ou esta se identifica com o próprio fazer ser ou é uma utilidade posterior.

No primeiro caso, não se explica por que só num certo momento faz ser e no segundo, ou o ser e o não ser da coisa são indiferentes para o agente, ou supondo-se que o ser seja mais digno, nada traz ao agente. Carame apresenta um bom resumo à p. 142, nota 1.

3. "Na expectativa": equivalente a "na espera".

4. Waqt: significa tempo, período de tempo, tempo certo.

5. Na *Najāt* lê-se "acidente" em vez de "propósito", o que se constitui num erro. Cf. Carame, p. 142, nota 2.

CAPÍTULO XXXII[1, 2]

SEGUE[3] DA POSIÇÃO DAQUELES QUE NEGAM OS ATRIBUTOS DIVINOS[4] QUE O PRINCÍPIO PRIMEIRO PRECEDEU O TEMPO E O MOVIMENTO POR UM TEMPO (QUALQUER)

E também: pelo que o primeiro precede suas ações que começam a ser? Por sua própria essência ou pelo tempo? Se fosse somente por sua essência; como o um para dois, embora estejam juntos tal como o movimento do móvel que se move pelo movimento do que o move, então seria necessário que ambos: o primeiro eterno e as ações que procedem dele, houvessem começado a ser.

Se precedeu não somente por sua essência, mas por sua essência e pelo tempo, e se estava sozinho sem mundo nem movimento – e este "estava" indica uma coisa passada e não o instante (o presente) –, então haveria um ser que já passou antes que houvesse criado a criatura, e esse ser seria finito. Portanto, haveria um tempo antes do movimento e do tempo, porque o passado ou bem o é por sua essência e é o próprio tempo, ou bem o é por meio de um tempo e, então, é o movimento juntamente com o que há nele e com ele. Isto é uma contradição.

Se (o primeiro) não precede por algo que é passado em relação ao primeiro momento do começar a ser das criaturas, então ele começará a ser junto com o começar a ser das criaturas. Como não precedeu, de acordo com as posições[5], por algo que é passado em relação ao primeiro momento da criação, pois era e não havia criatura? No entanto "era e não havia criatura" não pode ser afirmado junto com "era e havia criatura", nem tampouco "era e não havia criatura" é o mesmo que "existia sozinho"; pois sua essência se realizará depois da criatura. Nem tampouco "era e não havia criatura" é igual a "existia com a não existência da criatura" sem uma terceira coisa; pois a existência de sua essência, que se realiza depois da criatura, e a não existência da criatura se descreve por "era e não é agora".

Por nossa expressão "era" entende-se: uma noção que não as duas precedentes, porque, se você disser: "existência de uma essência e não existência de uma essência", não se entende disto a anterioridade, mas é correto que se entenda uma posterioridade. Ao contrário, somente se entenderá a anterioridade por uma terceira condição pois a existência da essência é uma coisa e a não existência da essência é outra coisa; "era" é uma coisa existente distinta das duas noções (anteriores).

Esta noção foi estabelecida para o criador não advinda a partir de um começo[6], e considera-se possível que ele criasse antes mesmo que se imaginasse qualquer criação. Se assim for, então, esta anterioridade seria medida e quantificada, e isto é o que denominamos tempo, pois sua medida não é a mensuração daquilo que possui uma posição e permanência, mas por via da renovação.

Além disso, se você quiser, reflita sobre o que dissemos na *Física*[7] onde esclarecemos que aquilo cuja permanência e subsistência está numa matéria e não num outro meio não é medida para a própria matéria, nem é por meio de uma disposição permanente, como o calor e o frio. É uma quantidade sua em primeiro lugar; as disposições permanentes não são medidas por isso, pois são quantidades. Então, a disposição não é permanente, e a disposição não permanente é o movimento. Se comprovas (isto), saberás que o primeiro[8] precede as criaturas, porém, segundo eles, não é uma precedência absoluta, mas por um tempo com o que há um movimento e corpos ou um só corpo.

Notas

1. Este capítulo corresponde ao cap. XXV da *Najāt*, pp. 292-3, com o mesmo título e pequenas diferenças no texto. Carame, pp. 144-8.

2. Avicena critica a opinião dos que negam os atributos divinos sendo levados a sustentar que o princípio primeiro precedeu o tempo e o movimento por um tempo.

Se este precede suas ações somente por sua própria essência, então seria necessário que ambos, o primeiro eterno e as ações que procedem dele, houvessem começado a ser.

Se precede por sua essência e pelo tempo, e se estava sozinho, sem mundo, nem movimento, então haveria um ser que já passou antes que houvesse criado as criaturas, e esse ser seria finito. Neste caso, haveria um tempo antes do movimento e do tempo, pois o passado ou é sua essência e é o próprio tempo, ou é por meio de um tempo e, então, é o movimento junto com o que há nele e com ele. Segundo Avicena isto é uma contradição.

A exposição continua no sentido de esclarecer a relação de precedência do ser primeiro relativamente às criaturas.

Recorre-se, então, a uma análise do significado de diferentes enunciados, como "era e não havia criatura" etc., bem como à análise do significado de "era", que por si mesmo não indica precedência.

3. Segue: segue necessariamente, acompanha.

4. Na realidade, a palavra usada é "MU'ĀṬILA", de "ṬA'ṬĪL", ou seja, impedimento. "MU'ĀṬILA" refere-se aos adeptos da doutrina que nega todos os atributos divinos e, consequentemente, que Deus possa agir. Sobre os "MU'ĀṬILA", cf. Al-Shahrastāni, *Kitāb al-Milal wa al-Nihal* (Livro das Religiões e das Seitas), ed. Muḥamad Fath Allāh Badran, 2 v., Cairo, 1366-75/1947-55, vol. I, p. 145. Ver também tradução francesa de Daniel Gimart et Guy Monnot, *Livre des Religions et des Sectes*, vol. I, Leuven, ed. Peeters, 1986, p. 309, nota 8. Na *Najāt*, no título, em vez de "MU'ĀṬILA", Avicena usa a palavra "MUḤALIFĪN", isto é, "os que divergem"; "os que estão em desacordo (i.e. "os hereges"); em vez de princípio primeiro, usa "Deus Altíssimo", e em vez de movimento usa movimentação.

5. "Posições", no sentido de "posições intelectuais" (o que é sustentado por alguém). Cf. Goichon, *Lexique*, p. 437, n.. 3.

6. Cf. Carame, p. 146, nota 3, para melhor compreensão do texto.

7. Na *Šifā', Ṭabi'iyyāt* (Física), edição do Cairo, 1983, p. 177, Avicena afirma: "as coisas físicas são corpos e estados dos corpos; para a quantidade há uma certa mescla para as duas qualidades. A quantidade que os corpos têm, são dimensões, enquanto aquilo que é dos estados dos corpos, como o tempo e como outras coisas que lhe seguem necessariamente por essência ou por acidente. Os estados dos corpos seguem necessariamente a quantidade, seja à maneira da quantidade dos corpos que a possuem ou que (os corpos) têm".

8. Na *Šifā', Ṭabi'iyyāt* (Física), edição citada, p. 232, Avicena afirma: e todo extremo do tempo tem uma anterioridade, e a essência do Criador Altíssimo é anterior a toda coisa.

CAPÍTULO XXXIII[1]
QUE NÃO PODE HAVER UM INSTANTE[2] PRIMEIRO

Também: como é possível que o tempo comece a ser de maneira que possa começar a ser o movimento? Todo instante é posterior a uma anterioridade e anterior a uma posterioridade; ele é um limite comum entre duas coisas que o seguem sempre.

Ficando esclarecido isto, fica esclarecido que a existência do instante é a existência do extremo[3], não é uma coisa que se predica por sua própria essência; também são assim todos os limites das medidas. Sendo assim, então, o instante é sem dúvida o extremo de uma coisa que entra na existência, sem dúvida alguma, porque, se uma das duas coisas que estão em relação existir em ato, a outra teria que existir, necessariamente, sem dúvida alguma. Se o futuro não existe, [ainda], será então, sem dúvida, necessário que o instante seja um extremo do passado.

O instante não se assemelha ao ponto enquanto este separa e é um limite comum porque nas duas situações coexiste um extremo, enquanto o instante só tem como extremo o passado; então, ele aniquila e termina o passado.

Quanto ao movimento, embora comece com um extremo que não está em contato com um movimento anterior, a causa disto é que o movimento não é por si mesmo uma quantidade[4], mas ele é medido ou pela distância ou pelo tempo. Seu extremo ou é a partir do tempo, e este extremo ele mesmo seria o extremo do tempo passado e por ele seria correta sua existência a partir dele; ou a partir de um lugar, e, então, seria extremo da existência correta quanto à distância. Depois disso, o princípio do movimento a partir de um dos dois casos será o fim do repouso. Vamos expor agora um discurso dialético que, se se aprofundar, poderá converter-se em demonstrativo.

Notas

1. Dando continuidade ao argumento do capítulo anterior, Avicena afirma que não pode haver um instante primeiro. Isto é, como é possível que o tempo comece a ser de maneira que possa começar a ser o movimento?

A existência do instante é a existência do extremo, não é uma coisa que se predica por sua própria essência. Então, o instante é o extremo de uma coisa que entra na existência*. O parágrafo seguinte ocupa-se com o tempo, o instante, o extremo e a relação destes elementos com o movimento. Este capítulo é uma resposta aos que afirmam que o ser primeiro precede as criaturas.

* A respeito disto, ver também Aristóteles, *Física*, V, 10-1, pp. 217b-220a.

2. Instante: "'ĀN": ver observação feita anteriormente, cap. XXX.

3. Extremo: "ṬARAF", ver observação feita anteriormente.

4. Quantidade. Ver observação feita anteriormente com relação à palavra "KAMM".

CAPÍTULO XXXIV[1, 2]

OS QUE NEGAM OS ATRIBUTOS DIVINOS[3] TÊM NECESSIDADE DE ESTABELECER UM MOMENTO ANTES DO OUTRO ATÉ O INFINITO E UM TEMPO QUE SE ESTENDE NO PASSADO ATÉ O INFINITO

Aqueles que negam os atributos divinos e privam Deus de sua existência[4], ou têm que admitir que Deus tinha poder, antes de criar as criaturas, para criar um corpo dotado de movimento cujos momentos se medem e cujos tempos terminam no momento da criação do universo, momentos e tempos determinados, ou (têm que admitir) que o criador não tem poder para começar a criação a não ser quando esta começa.

Esta segunda parte é absurda; implica que o criador passa de não poder (fazer) para poder (fazer)[5]. A primeira parte divide-se, contra eles, em duas; diz-se, com efeito: ou é preciso que o criador possa criar um corpo distinto daquele corpo, que dura apenas até a criação do mundo, durante um período de tempo maior[6], ou não é possível. É absurdo que não seja possível, pelo que já mostramos.

Se é possível, então, ou podia criá-lo junto com a criação daquele corpo que já mencionamos antes deste corpo, ou só podia (criá-lo) antes dele. Se podia (criá-lo) junto, isto é um absurdo, porque não é possível que o começo de duas criaturas que têm igual movimento em velocidade e lentidão[7] tenha lugar de maneira que acabem na criação do universo, sendo a duração de uma delas maior. Se não podia (criá-lo) com ele, mas sua possibilidade é diferente da dele, anterior ou posterior a ela, então se estimará, na situação de não existência, a possibilidade de criar algo ou a impossibilidade disto; isto numa situação com exclusão da outra; isto teria com anterioridade e posterioridade, e assim até o infinito[8].

Notas

1. Este capítulo é o cap. XXVI, p. 294, da *Najāt*. Carame, pp. 148-50.

2. Continua aqui a contestação aos "MU'ĀṬILA"; afirma que estes ou admitem que Deus já tinha poder para criar um corpo dotado de movimento antes de criar as criaturas e cujos momentos se medem e cujos tempos terminam no momento da criação do universo, ou o criador não tem poder para começar a criação a não ser quando começa. Isto seria um absurdo porque Deus passaria de uma situação de não poder para uma situação de poder e, assim, seria mutável.

Na primeira hipótese, o raciocínio é mais complexo, mas leva também a excluir a criação no tempo. Segundo Carame (p. 148, nº 3), Averroes refere-se a este "modo de argumentar como sendo particularmente usado por Avicena e de difícil compreensão".

3. Aqui também Avicena usa a palavra "Al-Muḥalifīn". Ver observação a respeito no cap. XXXII.

4. Na *Najāt* lê-se "JŪD", ou seja, "generosidade", o que parece dar melhor sentido.

5. Na *Najāt* continua com o seguinte texto: "ou a passagem das criaturas da impossibilidade para a possibilidade, sem causa. A primeira parte...".

6. Na *Najāt* lê-se: durante um período de tempo e movimentos maiores ou menores.

7. Na *Najāt* não há esta palavra.

8. Na *Najāt* o texto continua: "ficou esclarecido verdadeiramente, pelo que apresentamos, a existência de um movimento, que não tem início no tempo; seu início é somente em função do criador e este (movimento) é o celeste".

CAPÍTULO XXXV[1]

SOBRE A SOLUÇÃO DO EQUÍVOCO DELES[2] A RESPEITO DA FINITUDE DA ETERNIDADE

Não há não ser puro, mas há anterioridade unida a coisas e momentos que passam e outros que se renovam. Aquilo que eles enaltecem a respeito da existência de coisas umas anteriores às outras sem começo, isto é algo que constroem por meio de princípios conhecidos, porém não verdadeiros.

Um destes princípios é que o que é infinito, não passa absolutamente ao ato. Isto só pode ser correto para os corpos e as quantidades dotadas de posição e os números[3] que têm uma ordem na natureza e não em todas as coisas. Entretanto, isto não é correto para o tempo e para os seres que se engendram. O discurso útil para isto, reconhece isto, não por uma disposição natural no intelecto, mas por argumentos. Aqueles[4] o adotam como princípio primeiro; logo, falseam. O tempo passado e os seres passados não passam conjuntamente ao ato. Se um dos quais passa ao ato, não seria necessário que um grupo (deles) tenha passado ao ato; (isto) seria assim se cada (um) que sair ao ato seguisse a saída do outro ao ato.

Se esta qualificação fosse correta em cada um, não seria necessário que o fosse para uma totalidade, pois, assim como é correto dizer que no passado cada um passou ao ato, também é correto (dizer) que, no futuro, cada um passará (ao ato). Também, assim como é correto que o ser de cada um no futuro passará ao ato, não há necessidade de que seja correto que uma totalidade deva passar ao ato. A causa disto é a sucessão e a diversidade dos momentos. Também, pelo fato de que, no passado, o ser de cada um tenha passado ao ato, não necessita que o ser de uma totalidade deles tenha passado ao ato. A causa disto, também, é a sucessão e a diversidade dos momentos. A situação do futuro é mais digna de ser atualizada que a situação do passado, pois a inexistência das unidades que estão no futuro, é uma inexistência unida à potência, mas a inexistência do que não existiu no passado, é uma inexistência que não está unida à potência.

Quanto ao segundo princípio, eles dizem: o que é infinito não tem aumento; se o passado é infinito, então não pode aumentar. Este (segundo) princípio também é muito conhecido, porém não é evidente por si mesmo, porque o intelecto não nega de maneira inata que uma coisa não finita sob um certo aspecto tenha um extremo que admita o aumento.

Muita gente inteligente aceita a possibilidade disto quanto ao ser; no entanto, o intelecto, por argumentação, nega isto enquanto a demonstração o sustenta, e isto (se dá em) toda quantidade dotada de posição e em todo número que tenha uma ordem na natureza.

Além disto, o aumento não se dá aqui no infinito porque o aumento é um aumento que faz aumentar quanto ao ser, mas aqui não existe, em absoluto, nada infinito que possa ser aumentado; que seja menos ou é mais de alguma maneira.

E nós não negamos que nas coisas que não são, que o infinito seja mais ou menos. As dezenas que são infinitas são menos que suas unidades, e as centenas são menos que suas dezenas. É possível que o infinito seja muitas vezes mais, pois o infinito (se dá) no tempo, no movimento, na inexistência e nos seres corruptíveis. O infinito que há em sua totalidade é maior que o que há num deles.

Se alguém disser: isto não é infinito a não ser em potência. Dizemos: quanto ao passado, o que é infinito não é nem em potência nem em ato; com nossa expressão "infinito para o que está no passado" queremos dizer que antes de qualquer um que haja sido produzido, houve outro que já não é; não que houve uma totalidade ou um todo infinito em ato.

Talvez alguém daqueles diga: o presente depende, quanto ao ser, da interrupção do infinito. E tudo que depende do infinito, não existirá.

Há aqui equívoco no uso metafórico do termo "dependência". Na realidade, o termo "dependência" significa alguma coisa cuja existência vem posteriormente à existência de outra coisa cuja existência já se efetivou anteriormente a ela. De nenhuma delas poder-se-á dizer que é dependente quanto à existência, mas somente que terá lugar no futuro. Nós dizemos: se seu caminho não fosse assim, pois depende do infinito, então é absurdo que exista; ora, o instante presente não é desta natureza, pois não é dependente nunca neste sentido, de maneira que nem ele nem nenhuma outra coisa sejam anteriores; não é necessário que exista o infinito nesse momento para que ele exista. Então a menor é falsa.

Se o termo é usado metaforicamente e por "dependência" entende-se a existência depois das coisas que são anteriores, mesmo que se dê essa condição, é necessário que "dependência" seja utilizado na maior segundo este significado, e não segundo o significado real. Se é utilizado segundo este significado, então o silogismo, na realidade, é resultante do que se está procurando primeiro.

É como se dissesse: não é possível que o presente exista depois do infinito, porque não é possível que a existência de alguma coisa seja posterior ao que é infinito; isto é propriamente o que está sendo procurado. No entanto, é necessário saber que a maior é verdadeira somente para o futuro. Então não seria um silogismo, pela inexistência do termo médio.

Notas

1. O título do capítulo indica que este se ocupará com a solução do equívoco dos Mu'āṭila a respeito da finitude da eternidade. Esta última expressão parece à primeira vista contraditória. O que está em questão é a não existência do mundo (que passou a ser num certo momento) defendida pelos Mu'āṭila e não aceita por Avicena. Para Avicena não há não ser puro, mas um renovar perpétuo de coisas e momentos. A tese dos adversários está fundada em princípios conhecidos mas que eles interpretam erroneamente. Estes princípios são: 1) "O infinito não passa ao ato"; 2) "O infinito não aumenta". Avicena indica o sentido destes princípios e os explica mostrando que de nenhum modo apoiam a tese de seus adversários. Refuta também a seguinte objeção: tudo que depende do infinito não existe; ora, o presente depende do infinito; logo o presente não existe. A chave da refutação está no correto entendimento do termo "dependência".

A noção de infinito aqui posta em jogo é basicamente a noção grega clássica, interpretada por Aristóteles como infinito potencial. Avicena, na verdade, percebe que seu problema não se encaixa muito bem na distinção entre infinito atual e potencial: "quanto ao passado, o que é infinito não é nem em potência nem em ato". De todo modo, não há, talvez por não vir ao caso, menção do infinito de perfeição da tradição neoplatônica. E Avicena não parece considerar a infinitude um dos atributos divinos. Cf. W. N. Clark, *The Limitation of Act by Potency: Aristotelianism or Neoplatonism. The New Scholasticism*, Washington, vol. XXVI, pp. 167-94, 1952.

A propósito do segundo princípio, Avicena toca na questão da existência de diferentes ordens de infinitos (infinitos maiores e menores no domínio do número). Este problema será reencontrado em Roberto Grosseteste no ocidente latino. Cf. De Luce – Tradução brasileira em *O tratado sobre a luz* de Roberto Grosseteste, TRANS/FORM/AÇÃO, Marília, vol. I, pp. 227-37, 1974.

2. Deles: refere-se aos "MU'ĀṬILA".

3. A palavra usada é 'A'DĀD", plural de "'ADAD", ou seja, número, para indicar a maneira de ser das coisas numeradas.

4. Refere-se aos "MU'ĀṬILA".

CAPÍTULO XXXVI[1]

SOBRE A SOLUÇÃO DO EQUÍVOCO DELES[2] DE QUE, OU É NECESSÁRIA A CONFIRMAÇÃO DA NEGAÇÃO DE TODO ATRIBUTO DIVINO, OU A AFIRMAÇÃO DA IGUALDADE ENTRE DEUS E A CRIATURA

Entre as coisas que aqueles que negam todo atributo divino sustentaram sobre esta questão está seu dito de que se o criador é eternamente criador e sempre motor, então sua essência não existirá senão junto com seus causados, pois, se seus causados são supressos, é necessário, então, que se suprima a sua essência. E isto é um absurdo.

O equívoco aqui está no termo "supressão", e nós não nos estenderemos no detalhamento de seus significados; porém indicaremos a resposta de uma maneira satisfatória para as duas posições. Então, dizemos: a supressão do universo é um absurdo, porém não é absurdo por si mesmo mas porque não se pode suprimir (a não ser que) se suprima a ação do criador e se suprima o criador. Sua impossibilidade segue da impossibilidade de suprimir o criador. Então, se suprimirmos o universo, não é necessário que o criador seja supresso, senão, que suprimir o criador primeiramente não se dá por nossa supressão do universo, mas por uma posição absurda, que é a supressão do criador que deve ser anterior a esta posição absurda.

Quanto ao criador, se o suprimirmos, fica supresso, e nenhum vivente do universo existirá em função de sua supressão, porque não é necessário que o universo seja supresso primeiramente para que o criador seja supresso. Se o universo existir, é necessário que a própria essência do criador exista; e, se o criador existir, é necessário que a essência do universo exista a partir dele e não por si mesma. Se for supresso o criador, o que é um absurdo, segue-se disso que o universo seja supresso em função de sua supressão; e, se o universo for supresso, o que também é um absurdo, não segue disso que se suprima o criador em função disto, mas que o criador deve ser supresso primeiramente por si mesmo.

Nós nos afastamos do nosso propósito nos delongando na exposição que levou à saturação, mas a sua verificação, sem dúvida, auxilia na verificação do que pretendemos. Com efeito, fica rejeitada esta parte referente às partes que rejeitam o movimento. Sob esses aspectos, é possível que se rejeitem as demais partes. É necessário, então, que o movimento seja perpétuo.

Notas

1. Neste capítulo continua a exposição da solução do equívoco dos "MU'ĀṬILA" no sentido de que ou é necessária a confirmação da negação de todo atributo divino, ou a afirmação da igualdade entre Deus e a criatura, conforme consta do título. Esta igualdade é expressa por Avicena nos termos de uma ligação necessária entre os efeitos de Deus e ele próprio.

Avicena afirma que o equívoco dos MU'ĀṬILA está no termo "supressão". Porque a supressão do universo é um absurdo, mas não é um absurdo por si mesmo, e sim porque não se pode suprimir os causados sem que se suprima a ação do criador e, também, se suprima o criador. Assim, suprimir o universo não implica suprimir o criador. O nosso filósofo reconhece que na exposição feita (cap. XXXII s.) no texto, se afastou do propósito em questão (perpetuidade do movimento), porém crê que isto auxilia no esclarecimento do pretendido.

2. Deles: refere-se aos "MU'ĀṬILA".

CAPÍTULO XXXVII[1]

QUE O MOVIMENTO É LOCAL, E SE PERPETUA SOMENTE PELA CONTINUIDADE E NÃO PELA MEDIAÇÃO

Posto que este movimento se dá necessariamente por via de aproximação e afastamento, então, sem dúvida, ele é local. Como já esclarecemos na *Física*[2] que o movimento local é o mais antigo dos movimentos, vamos agora investigar para saber se a perpetuidade deste movimento se dá por via de sucessão[3] ou de mediação; ou se é por via da continuidade do único e o mesmo.

Então, digo: não é possível que a perpetuidade seja por via de sucessão e mediação. Pois não é possível que seja assim na medida em que não pode haver interrupção neste movimento.

O esclarecimento disto está num dos (seguintes) casos: ou se imagina um corpo movendo outro corpo, e este movendo um outro e este outro movendo um quarto e assim até o infinito; ou (o movimento) é em círculo[4], por exemplo: que "A" move "B", pois chega[5] até ele, e "B" move "D", pois chega até ele, e "J" move "D", pois chega até ele, e, logo, "D" volta e chega até "A" e o move.

A primeira parte é absurda porque não está isenta de um dos dois aspectos seguintes: ou os primeiros permanecem ou se eliminam. Se se eliminam, necessitarão, como já estabelecemos, que sua eliminação tenha outros movimentos distintos, e o discurso sobre eles se repetiria. E, se permanecem, seriam, então, corpos infinitos e aspectos infinitos do movimento, e isto é impossível. Então, os dois aspectos desta parte são absurdos.

Quanto à parte (do movimento) em círculo, a sua impossibilidade também é evidente, porque, se os movimentos de "A", ou "B", ou "J", ou "D" forem (movimentos) por violência, então eles teriam outros movimentos naturais. Já esclarecemos isto na *Física*[6], e esclarecemos também que (o movimento) por violência não prevalece sobre o natural e que aquele é posterior a este.

Se você refletir agora, encontrará que os movimentos naturais se opõem a esta ordem e a interrompem, e não estão com eles (os movimentos por violências) ao retornar ao primeiro movimento. Se todos estes movimentos ou partes deles forem naturais, repousarão, sem dúvida, em seus fins e param; e não haverá retornos distintos para aspectos distintos pelos quais seja possível que o círculo possa interromper-se. Isto se evidencia com o mínimo de reflexão.

Se todos estes movimentos ou partes deles fossem voluntários e procedessem de uma vontade inalterável, então cada um deles ou algumas partes destes movimentos serão contínuos pelo número[7] e não descontínuos e não serão interrompidos. Se a vontade não é permanente, porém, sendo possível que (ocorra) nela distinção e modificação, então, não há necessidade da perpetuação deste movimento, segundo sua ordem, pois ficaria interrompido um certo momento de sua mediação e sucessão. Portanto, ficou esclarecido e é correto que este movimento é o único e o mesmo por continuidade.

Notas

1. Avicena retoma a argumentação sobre a perpetuidade do movimento, especificamente o movimento local. No título já temos a afirmação de que este movimento se perpetua pela continuidade* e não pela mediação. Na sequência, Avicena anuncia que irá expor se este movimento se dá por via da sucessão de instantes, de mediação, ou por continuidade do único e o mesmo**. Rejeita-se a perpetuidade por via da sucessão e mediação porquanto não pode haver interrupção neste movimento. Esta razão geral é, em seguida, detalhada para cada uma das duas hipóteses.

Conclui-se que o movimento local é único e o mesmo por continuidade, como havia anunciado o título.

* A respeito deste tema, ver também Aristóteles, *Física*, V, 3, p. 227a.

** Idem, *Física*, VIII, 260a ss.

2. Ver *Šifā', Ṭabi'iyyāt* (Física), edição citada, p. 300, l. 2 e 3, em que Avicena afirma: "o movimento local ou posicional é o mais antigo dos movimentos, isto porque o desenvolvimento não abandona todo movimento local junto com o movimento quantitativo".

3. Sucessão: entenda-se como sendo sucessão de instante, conforme o exposto no cap. XVIII.

4. Ver observação a respeito disto no cap. XVII.

5. Chega até ele: termina nele.

6. A respeito deste movimento ver o cap. XXII. Ver, também, *Šifā', Ṭabi'iyyāt* (Física), edição citada, pp. 324-8.

7. Serão contínuos pelo número: não haverá divisão, não haverá descontinuidade no movimento.

CAPÍTULO XXXVIII[1]

QUE O MOVIMENTO PRIMEIRO[2] NÃO É RETILÍNEO MAS É CIRCULAR

Dizemos não ser possível que seja retilíneo, nem composto de (movimentos) retilíneos com ângulos, nem tampouco (composto) de arcos com ângulos.

Primeiro, porque não é possível que um movimento como este seja violento, mas sim natural. Se fosse retilíneo natural, seria necessário que requeira um aspecto para nele repousar.

Segundo, porque o movimento retilíneo não pode seguir em seus aspectos até o infinito. Já ficou esclarecido na *Física* que as dimensões do todo[3] são limitadas. Também, não é possível, absolutamente, que dois movimentos sejam contínuos em ângulo nem numa só linha. É necessário que a demonstração a respeito disto seja assim. Então, dizemos: se for suposto que há no ângulo e na extremidade da linha um limite em ato, então, o corpo móvel é descrito como tendo chegado a este limite em ato. Também a potência que move até o que há aqui, é descrita como a que faz chegar ao ato. Esta não permanece no movimento do móvel até o outro lado; (ao contrário), cessa a descrição do corpo como o que chega a esse limite e a descrição do que faz chegar, como o que faz chegar.

Quanto ao corpo, é possível que a sua não chegada a este limite desapareça pouco a pouco e (também) é possível que desapareça de uma vez, (que) seja descrito como não levado (não chegado), se voltar à sua linha.

Quanto à potência de violência ou natural, que o faz chegar, a sua não chegada é descrita como sendo de uma só vez por falta deste atributo. Isto é, que entre seu ser que faz chegar ao limite em ato e a falta deste atributo não há intermediário; (ao contrário), é descrita por seu ser que determina ao corpo, nele, e que o faz chegar em um instante, porém este atributo desaparece da potência em um instante. Então, certamente, a chegada do corpo se produzirá e será descrita como que chegando a ele em um instante; este atributo desaparece da potência em um instante. Não é possível que os dois instantes sejam um só instante, porque não é possível que seu ser que faz chegar e seu converter-se em não fazer chegar se deem de uma só vez. Então eles estão em dois instantes.

É correto (que há) entre cada dois instantes um tempo, que é o tempo de repouso. A causa deste repouso, ou está na potência de violência, e, então, a permanência deste movimento não perdura até que volte a ele (a situação) natural. Não é possível, também, que a causa (deste repouso) nos movimentos por violência seja a potência natural, pois (esta) impede a violência, pois ambas se impedem e se opõem; e de suas ações diferentes começa a ser o repouso. Ou pode estar em uma potência que não seja de violência, então a causa é a natureza ou a vontade. É evidente, pois, que nem os movimentos retilíneos, nem os movimentos circulares com ângulos permanecem idênticos continuamente. O único movimento permanente e contínuo não é retilíneo nem angular <nem circular a partir de ângulos>, mas apenas o circular cujo círculo é perfeito.

Notas

1. Avicena pretende mostrar que o movimento primeiro, ou seja, o movimento da primeira esfera celeste é um movimento circular e que não pode ser nem retilíneo*, nem composto de movimentos retilíneos com ângulos nem composto de arcos com ângulos. A razão fundamental para isso é que apenas o movimento perfeitamente circular é permanente e contínuo.

Se o movimento primeiro fosse retilíneo natural, exigiria necessariamente um repouso. Além do mais, o movimento retilíneo não pode seguir até o infinito, pois as dimensões do universo são finitas.

Em síntese, Avicena elimina também a possibilidade de um movimento com ângulos ser contínuo. E que, na realidade, tal movimento é um composto de vários movimentos, como Avicena procura mostrar pelo exame tanto pelo próprio movimento com ângulos como pela potência motora.

* Ver também Aristóteles, *Física*, VIII, 8-9, 261b-266a.

2. Movimento Primeiro: é uma referência ao movimento da primeira esfera celeste.

3. Do todo: equivalente a "mundo".

CAPÍTULO XXXIX[1, 2]

QUE O AGENTE PRÓXIMO DO MOVIMENTO PRIMEIRO É UMA ALMA E QUE O CÉU É UM ANIMAL OBEDIENTE A DEUS, LOUVADO SEJA SEU NOME

Se esclarecemos que há para cada movimento um motor, então este movimento (primeiro) também terá um motor. Não é possível que o motor deste movimento seja uma potência natural. Já esclarecemos na *Física*, e, também, aludimos a isto neste livro[3], que não é possível que o movimento seja natural, pois todo movimento é, por natureza, uma certa separação natural de um estado; e o estado do qual se separa por natureza é, sem dúvida, um estado não natural.

É evidente, então, que todo movimento se dá a partir de um estado não natural. Se a natureza de uma coisa exige certos movimentos, então nada dos movimentos perde a essência com a permanência da natureza; mas a natureza só exige o movimento pela existência de um estado não natural; seja na qualidade, como quando a água for aquecida por violência, seja pela quantidade como a debilidade de um corpo saudável por debilidade através de enfermidade, seja no lugar como quando um pedaço de argila é lançado no espaço ao ar, e assim será se o movimento se dá em outra categoria.

A causa para a renovação de um movimento depois de outro movimento é a renovação do estado não natural e a medida da distância com relação ao termo. Ora, se a questão se apresentar deste modo, nenhum movimento circular procederia de uma natureza, senão (passaria) de um estado não natural a um estado natural, e, quando chegasse a este, repousaria. Não é possível que haja na própria natureza uma tendência para este estado não natural, porque a natureza não age por escolha, mas por via de sujeição e segundo o que a segue essencialmente[4].

Se a natureza move de maneira circular, então, ela, sem dúvida, ou move a partir de um onde não natural, ou a partir de uma posição não natural, fugindo dele[5] naturalmente; ora, é impossível que toda fuga natural de uma coisa seja ela mesma uma tendência natural para ela. Ora, o movimento circular se separa de cada ponto e o abandona e tem como propósito a tendência para cada ponto. Pois não foge de nenhuma coisa a não ser para tender até ela posteriormente. Portanto, o movimento circular não é natural.

Notas

1. Este capítulo corresponde ao cap. XXVII, pp. 294-5, da *Najāt*, com o seguinte título: "que o agente próximo do movimento primeiro é alma"; com diferenças no texto. Carame, pp. 151-2.

2. Se excetuarmos a invocação do começo e do final da introdução, é no título deste capítulo que Avicena usa pela primeira vez a palavra Deus.

Retomando o esclarecimento sobre o movimento primeiro, Avicena reitera que, se para cada movimento há um motor, então, o movimento primeiro também deve ter um motor. No entanto, o motor deste movimento não pode ser uma potência natural, pois todo movimento é, por natureza, uma certa separação natural de um estado, e o estado do qual se separa por natureza é um estado não natural.

Se a natureza move de maneira circular, então, ela ou move a partir de um onde não natural ou a partir de uma posição não natural, evitando esta posição naturalmente. Ora, no movimento circular, qualquer ponto é abandonado, para ser em seguida buscado. Portanto, conclui Avicena, o movimento circular não pode ser natural*.

No que precede, Avicena mostrou a necessidade de uma causa de todos os movimentos; que o movimento primeiro é perpétuo, celeste e circular, tendo sua origem na causa primeira. Começa agora a tratar da causa próxima deste movimento**.

* A respeito disto ver, também, Aristóteles, *Física*, VIII, 9, 265b, l-15-16.

** Cf. Carame, p. 151, nº 1.

3. Cf. caps. XXI e XXV.

4. Essencialmente: pela essência; o que acompanha a sua essência.

5. Dele: corresponde a "onde".

CAPÍTULO XL[1, 2]

EMBORA O MOVIMENTO DO CÉU SEJA PRÓPRIO DA ALMA, COMO SE DIZ QUE É NATURAL

Saiba que o movimento do céu é próprio da alma, porém é por natureza, quer dizer, sua existência em um corpo não é contrária à exigência de uma outra natureza inerente a seu corpo. A coisa que o move, mesmo não sendo uma potência natural, é uma coisa natural para este corpo, não lhe é alheia, é como se fosse natural.

Ainda, toda potência somente move por intermédio de uma inclinação[3]; e a inclinação é a intenção que é sentida no corpo movido. Se está em repouso por violência, sente nele esta inclinação como se se opusesse ao que o faz repousar e ao seu repouso, buscando o movimento. Sem dúvida, (a inclinação) é outra coisa que o movimento e outra coisa que a potência que move, porque a potência que move existe mesmo quando completa o movimento, porém a inclinação não existe.

Assim também é o movimento primeiro, pois seu motor não deixa de produzir em seu corpo uma inclinação após outra, e não está vedado que esta inclinação seja denominada natural, porque não é uma alma nem é proveniente do exterior nem tem vontade ou escolha; nem lhe é possível não mover ou mover para outra direção senão para a direção determinada; nem, ademais, é contrária à exigência da natureza deste corpo estranho[4].

Se você denominar natureza esta intenção, então, você pode dizer: a esfera celeste se move por natureza. A natureza (da intenção) é uma emanação procedente de uma alma, que se renova segundo a imaginação da alma. Então, ficou esclarecido que a esfera celeste não tem um princípio natural de seu movimento; também, ficou esclarecido que este não é violento. Portanto, sem dúvida, procede de uma vontade.

Notas

1. Este capítulo é o cap. XXVIII da *Najāt*, pp. 295-6, com o mesmo título. A única diferença no texto é a primeira frase, que não existe na *Najāt*. Carame, pp. 152-4.

2. Novamente neste capítulo a argumentação é a respeito do movimento primeiro. O motor deste movimento não deixa de produzir no corpo que se move uma inclinação após outra, e esta inclinação pode ser tida como natural porque ela não é uma alma, nem é proveniente do exterior; tampouco possui vontade ou escolha.

Avicena acrescenta que, se denominarmos natureza esta intenção, então a esfera celeste move-se por natureza. Esta natureza é uma emanação procedente de uma alma, que se renova segundo a imaginação desta alma.

Esta parte fica esclarecida se levarmos em conta o que Avicena afirmou no cap. XXI a respeito da alma, ou seja: "e você sabe que o intelecto puro não é princípio próximo de um movimento, mas necessita de uma outra faculdade tal que se renove nela a vontade e que imagine os lugares particulares; e esta (faculdade) chama-se alma".

3. Inclinação: "MAYL". A inclinação é a intenção que é sentida dentro de um corpo que se move. *Šifā'*, II, 605; *Najāt*, p. 424. Cf. Goichon, *Lexique*, p. 389, nº 684. Cf. síntese do cap. XXII.

4. Na *Najāt*, em vez de "estranho" (ġarīb), lê-se "próximo" (qarīb).

CAPÍTULO XLI[1, 2]

EVIDENTEMENTE NÃO É POSSÍVEL QUE O MOTOR MAIS PRÓXIMO DOS CORPOS CELESTES SEJA UM INTELECTO SEPARADO DA MATÉRIA

Dizemos: não é possível que o princípio próximo de seu movimento seja uma potência intelectual pura que não varia e que não imagina os particulares, absolutamente. Já aludimos nos capítulos anteriores deste livro[3] a proposições que auxiliam no conhecimento desta noção e, então, esclarecemos que o movimento é uma noção que se renova e cada uma de suas partes passadas não tem permanência.

Não é possível que provenha de uma só intenção permanente, em absoluto. Se fosse uma intenção permanente, então teria que ser seguida por uma certa classe de alterações de estados.

Mas, se o movimento de um corpo procede de uma natureza, então é necessário que cada movimento que se renove nele tenha renovação por uma proximidade e um distanciamento com relação ao fim. Do permanente, enquanto permanente, só pode proceder o permanente.

Se procede de uma vontade, é necessário que provenha de uma vontade particular renovada. A relação da vontade universal para com cada parte do movimento é uma só e a mesma. Não é necessário, então, que este movimento seja determinado por ela com exclusão deste (outro movimento). Com efeito, (se esta vontade universal) fosse por si mesma causa deste movimento, então, este movimento não poderia cessar.

Se fosse causa deste movimento, em razão de um movimento anterior ou posterior a ele que, porém, deixa de ser, então o inexistente tornaria necessário o existente; mas o inexistente não pode tornar necessário o existente; embora as privações possam ser causa das privações. Que o inexistente torne necessário uma coisa, isto não é possível. Se (a vontade universal) fosse causa (do movimento) por coisas que se renovam, então, a questão sobre sua renovação persiste. Se fosse uma renovação natural, segue daí, então, o absurdo que já mencionamos[4]; se fosse voluntária, então as questões sobre sua voluntariedade persistiriam. E, se fosse voluntária, porém, que varia segundo imaginações renovadas, então se confirma o que queremos.

Com efeito, ficou então esclarecido que a vontade intelectual única não torna necessário, em absoluto, um movimento. Entretanto, o intelecto pode passar de um inteligível a outro inteligível, se não é intelecto em ato sob todos os aspectos, e pode entender o particular sob a espécie comum e determinada por acidente, com uma intelecção por modo universal, segundo o que já indicamos[5].

É possível, então, supor a existência de um intelecto que intelija e queira o movimento universal; logo, intelige o passar de um termo de um movimento a um outro termo, e que apreenda estes particulares de um modo inteligível, conforme o que já esclarecemos[6] e conforme o que nos incumbe demonstrar sobre isto nos escritos; a saber, que há um movimento daqui até ali e, logo, dali até aqui, quer dizer, desde um certo início universal a outro extremo universal, por uma medida universal determinada e assim até que o círculo esteja completo. Não está afastado que se suponha que a renovação do movimento siga a renovação deste inteligível.

Dizemos: nem por esta via é possível completar-se o que se refere ao movimento circular. Esta impressão, segundo este modo, procede da vontade universal, ainda que seja por via da renovação e translação. Ora, vontade universal, seja como for, é certamente em relação a uma natureza comum que há nela.

Quanto a este movimento que se dá por si daqui até ali, não é mais digno que preceda daquela vontade que este movimento que se dá dali a um terceiro termo.

Pois a relação de todas as partes do movimento que são iguais na particularidade a cada uma destas vontades[7] intelectuais discursivas é uma e a mesma. A relação e não relação de qualquer coisa relativamente a seu princípio é uma e a mesma, se afastou de seu princípio por possibilidade.

Não há distinção entre a preferência de sua existência e de sua não existência. E tudo que não é necessário a partir de uma causa, não existe, porque a sua própria possibilidade existe antes da existência dele; então necessitará da renovação de uma preferência para sua existência que o faça sair da possibilidade que havia anteriormente.

Como seria correto dizer: o movimento de "A" para "B" segue de uma vontade intelectual, e o movimento de "B" para "J" (segue) de uma outra vontade intelectual, sem que siga de cada uma destas vontades algo distinto do que segue da outra. Nada das vontades pode determinar nem o "A", nem o "B", nem o "J", a não ser que se converta em (vontade) anímica particular.

Pois, se estes termos não são determinados no intelecto, mas permanecem apenas termos universais, não poderá existir com mais prioridade o movimento de "A" para "B" do que o de "B" para "J".

Além de tudo isto, não se pode supor no intelecto esta translação a não ser com participação do sentido e da imaginação. E, se voltarmos ao intelecto puro, não poderemos entender a totalidade do movimento e as partes da translação enquanto o entendemos girando conjuntamente.

Então, em todos os casos é imprescindível uma potência anímica que seja o princípio próximo do movimento, embora não proibamos que haja aqui uma potência intelectual que realize esta translação intelectual como que baseado numa imaginação. Quanto, porém, à potência intelectual, despojada de todos os tipos de variação, tem sempre presente o inteligível.

Se as coisas se apresentam deste modo, então, a esfera celeste é movida pela alma, e a alma é o princípio próximo de seu movimento particular. Nesta alma há uma imaginação e uma vontade que se renovam e há nela também uma estimativa, isto é, tem percepção das coisas que mudam e dos particulares, e tem uma vontade para com as coisas particulares em si mesmas. Ela é a perfeição do corpo da esfera celeste e sua própria forma. Se não fosse assim, mas subsistisse por si mesma sob todos os aspectos, então, seria um intelecto puro que não varia e não é discursivo e não se mescla com o que está em potência[8].

Notas

1. Este capítulo é parte do cap. XXVIII, pp. 296-300, da *Najāt*. Carame, pp. 154-9.

2. Trata-se aqui de mostrar que o movimento da primeira esfera celeste não procede imediatamente do intelecto mas mediatamente. Isto porque a translação que o movimento local supõe, requer sentido e imaginação e isto só existe numa potência anímica, ou seja, uma alma. Por isso, a alma é princípio do movimento da primeira esfera celeste, sendo perfeição e forma desta esfera.

Quando a primeira inteligência pensa a Deus, cria uma inteligência, quando pensa a si, cria um corpo e uma alma, ou seja, uma esfera celeste. O movimento desta esfera se produz porque lhe apetece o intelecto. Ver esquema na página seguinte.

3. Cf. caps. XX a XXII.

4. Cf. § 3º deste capítulo.

5. Cf. cap. VII.

6. Cf. cap. XIV.

A EMANAÇÃO DOS SERES

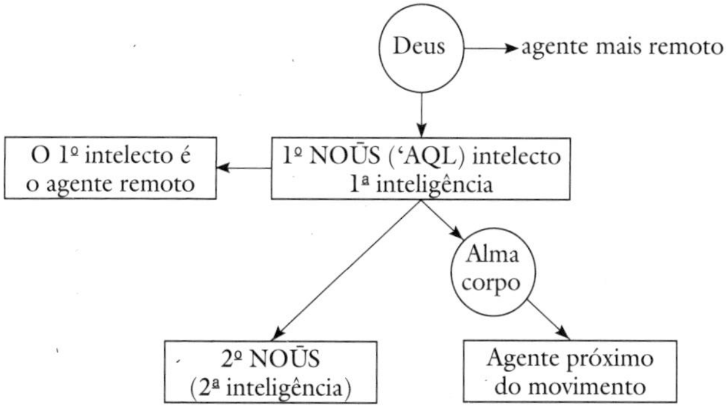

Obs.: as inteligências são separadas da matéria

7. Neste texto, "vontade" está no singular. Na *Najāt*, está no plural, o que parece mais de acordo com o sentido distributivo de "Wāḥidin, Wāḥidin": um a um.

8. Estas são as características do intelecto agente de Aristóteles em *De anima*, III, 5.

CAPÍTULO XLII[1]

SOBRE QUAIS CORPOS ESTÃO DISPOSTOS PARA A VIDA E QUAIS NÃO ESTÃO DISPOSTOS

É correto sob este aspecto que a esfera celeste é um animal. Parece que a natureza de todos os corpos está preparada para a vida, salvo se o corpo tiver uma oposição por sua própria forma para (ser) um outro corpo[2]; então, esta oposição é um impedimento para a recepção da alma. Por isto, os elementos[3] não têm absolutamente vida. Mas, se se mesclam e começam a se distanciar da oposição, então começam a adquirir a vida. O primeiro que adquirem é a vida da nutrição, do crescimento e da geração. Depois, se aumentar a ruptura da oposição pela proporção da mescla, gera-se a vida da razão. De acordo com esta ideia, o primeiro dos corpos é o corpo que não tem contrário em absoluto. É necessário que seu agente seja racional, isto é, dotado de uma alma caracterizada pelo racional.

Não está afastado que seja um corpo sensível para que possa exercer a estimativa; e sua sensação não se dá da maneira da nossa sensação passiva, mas está mais próxima da natureza da estimativa sem a qual não poderia pretender o movimento.

Além disso, é impossível que os corpos corruptíveis recebam a vida e que os corpos divinos[4] sejam substâncias inanimadas.

Notas

1. Aqui, Avicena mostra que, tendo em vista que a alma é princípio de vida*, a esfera celeste dotada de alma tem vida e por isto afirma que a esfera celeste é um animal.

* Ver Aristóteles, *De anima*, II, 2, 414a 13-14.

2. Para ser um outro corpo: no sentido de um corpo que não está apto para receber a vida, e tem oposição à alma.

3. A palavra usada é "'USṬUQUSĀT", que é plural de "'USṬUQŪS", por oposição a "RUKN" e "'UNṢUR" (estas três palavras significam elemento). A primeira é uma transcrição do termo grego "τοῖχεῖον", que designa o elemento que entra nos corpos compostos a título de parte. "RUKN" (elemento) é um corpo simples que é parte essencial do universo, como a esfera celeste e os elementos dos corpos compostos "'ANĀṢIR". Uma mesma coisa, portanto, é, em relação ao universo, RUKN; em relação à composição onde entra é "'USṬUQŪS" e em relação àquilo que é engendrado, "'UNṢUR". Cf. Goichon, *Lexique*, p. 8, nº 15, p. 144, nº 279, e p. 251, nº 466 ('UNṢUR, elemento dos corpos compostos, refere-se aos quatro elementos).

4. É uma referência aos corpos celestes.

CAPÍTULO XLIII[1]

QUE ANTES DA ALMA A ESFERA CELESTE TEM UM MOTOR CUJA POTÊNCIA É INFINITA. ELE ESTÁ ISENTO DE MATÉRIA CORPÓREA E DE DIVISÃO.
É IMPOSSÍVEL QUE O ORGANIZADOR DO CÉU SEJA UMA POTÊNCIA FINITA, TAMPOUCO UMA POTÊNCIA INFINITA QUE ESTÁ NUM CORPO FINITO

Porque o movimento circular é perpétuo, é impossível que se realize a perpetuidade do movimento circular por intermédio desta potência anímica sozinha. Para isto, apresentaremos duas premissas: uma das quais é que não é possível que haja para um corpo uma potência infinita; a outra premissa é que não é possível que de uma potência finita proceda uma ação infinita.

Quanto à primeira exigência, é necessário que sua demonstração seja averiguada por esta via; então dizemos: toda potência que está num corpo, pode receber a dualidade e a divisão, de acordo com o corpo. Se supõe-se que é divisível, então: ou pode dividir-se segundo tudo o que pode fazer nele a totalidade das coisas infinitas segundo a ordem proveniente de um momento determinado; então, qualquer potência serviria <igualmente para a perfeição da potência relativa à ação que procede dela; isto é um absurdo, ou pode fazer em qualquer ordem, e então esta seria, sem dúvida, finita. E assim também é o que pode fazer na segunda divisão. Então, a soma das duas potências pode fazer a soma do que nele pode fazer cada uma delas. E isto é finito, porque é a soma de duas coisas finitas. Porém, a potência> suposta era infinita. E isto é contradição. É necessário que entendamos, pois não se disse: "se cada uma das duas partes tem poder sobre o que é infinito, então o infinito se multiplicaria. E não há impedimento para a multiplicação do que é infinito no futuro".

Quanto à segunda exigência, é evidente porque de uma potência se diz que é finita ou infinita, não por si mesma nem pela quantidade mas por analogia com a extensão da qual procede <ou da disposição da qual procede, ou da intensidade da qual procede>. Se a noção de potência finita é tal que sua ação, segundo os aspectos mencionados, é finita, sendo assim que sua ação é finita sob estes aspectos, então é uma potência finita porque a potência tem poder em ato e vice-versa. Assim será para aquele cuja ação é infinita: está dotado de potência infinita. Se fosse finita, sua relação ao finito seria menor que a relação de sua ação à sua própria ação.

Com efeito, revelou-se e esclareceu-se que há para este movimento um motor cuja potência é infinita e que é distinto da essência de cada corpo. Este motor, por conseguinte, não é a alma que é a perfeição da esfera celeste e recebe a variação porque é uma potência corpórea. Este motor não pode ser perfeição de um corpo nem potência em um corpo.

Notas

1. O propósito deste capítulo é mostrar que a esfera celeste tem um motor de potência infinita anterior à sua alma. Isto é uma exigência do movimento circular perpétuo. Avicena o mostra através de duas exigências: 1) um corpo não pode ter uma potência infinita; 2) uma ação infinita não pode provir de uma potência finita.

Ver esquema da síntese ao cap. XLI.

CAPÍTULO XLIV[1, 2]

SOBRE COMO O PRIMEIRO MOTOR MOVE, E QUE MOVE POR VIA DO DESEJO PARA QUE SE SIGA SEU EXEMPLO, NÃO PARA QUE SE ADQUIRA O DESEJADO EM ATO

Não é possível que (o primeiro motor) mova a esfera celeste pelo modo como a potência agente produz o movimento pela vontade. Já conhecemos o estado desta potência. Então, resta que o seu mover seja por um outro modo. E como é uma potência infinita, não é possível de modo algum que mova para mover-se, pois, caso contrário, esta potência teria de certa maneira uma matéria que seria receptiva à variação e seria corpórea; seu mover é tal qual move o amado, sem mover-se. Ela é uma potência que é um bem puro por sua essência, eterna por sua essência, amável por sua essência. O todo obtém dela a eternidade e a permanência por imitação.

Adotemos para este propósito um outro princípio; dizemos: é correto que o movimento das esferas celestes é voluntário e animal. Todo movimento que não é violento se dá por uma coisa qualquer e apetece uma coisa qualquer; inclusive, até a natureza. O desejado por natureza é uma coisa natural, pois é a perfeição essencial do corpo, seja em sua forma, ou em seu lugar e em sua situação.

O desejado pela vontade é uma coisa voluntária; é a vontade de algo sensível como o deleite, ou algo estimativo e imaginativo, tal como a vitória ou algo opinável, que é o bem opinado, ou é intelectual que é o bem verdadeiro. O que busca o deleite é a concupiscência, o que busca a vitória é a ira, o que busca o bem opinado, a opinião, o que busca o bem verdadeiro é o intelecto. Esta busca chama-se escolha. A concupiscência e a ira não são adequadas para a substância do corpo que não se modifica e não padece. Certamente, ele não se transporta a um estado não apropriado e logo retorna a um estado apropriado para deleitar-se, nem quer vingar-se por uma imaginação que tem e se torna irado. Ademais, todo movimento para um deleite ou vitória é finito; também, a maior parte do que é opinado não permanece opinado eternamente.

Torna-se, pois, necessário que o princípio deste movimento seja por escolha e uma vontade para o bem verdadeiro. Este bem, ou é obtido pelo movimento e, então, pode-se chegar a ele, ou é um bem cuja substância não é obtida de nenhuma maneira, mas é algo distinto.

Não é possível que este bem seja uma das perfeições da substância que se move, e que pode ser obtido pelo movimento; em caso contrário, o movimento cessa. Tampouco é possível que se mova para praticar uma ação e que por essa ação adquira uma perfeição, tal como quando nos mostramos generosos para receber elogios e como quando fazemos boas ações para que comece a ser em nós um hábito virtuoso ou para que nos tornemos bons.

Isto se dá porque o efeito adquire sua perfeição a partir de seu agente; é um absurdo que reciprocamente aperfeiçoe a substância de seu agente. A perfeição do causado é inferior à perfeição da causa agente e o que é inferior não comunica uma perfeição mais nobre e completa, mas quiçá o que é inferior pode preparar ao mais excelente e nobre seu instrumento e sua matéria para que a perfeição se encontre em algumas coisas a partir de outra causa.

Quanto a nós, o elogio que buscamos e apetecemos é uma perfeição não verdadeira, mas é opinativa; o hábito virtuoso que adquirimos pela ação, não tem como causa essa ação mas a ação impede seu contrário e lhe prepara (a matéria). Este hábito começa a ser a partir da substância que aperfeiçoa as almas dos homens, e que é o intelecto agente ou uma outra substância análoga.

Sendo assim, o calor moderado não é causa da existência da potência anímica, mas só lhe prepara a matéria, pois não a faz existir. Nosso discurso versa sobre o que faz existir. Em suma, se a ação está preparada para fazer existir uma perfeição, então o movimento termina quando a perfeição se realiza.

Resta, portanto, que o bem procurado pelo movimento é um bem que subsiste por si mesmo, cuja natureza consiste em não ser alcançado. Todo bem cuja natureza é assim, o intelecto não busca senão assemelhar-se com ele na medida do possível. Assemelhar-se a ele é inteligir sua essência em sua perfeição eterna, para ser semelhante a ele na medida em que lhe advém a perfeição possível para ele em sua essência tal como adveio a seu amado. Então, é necessária a permanência eterna da maneira mais perfeita, para que a substância da coisa em seus estados e seus concomitantes seja perfeita por isto.

Aquilo cuja perfeição suprema pode produzir-se de início, seu assemelhar-se com ele se completa pela permanência, enquanto aquilo cuja perfeição suprema não pode produzir-se de início, seu assemelhar-se com ele se completa pelo movimento.

E a verificação disto é que o corpo celeste recebe a potência infinita pelo fato de que intelige o primeiro e se lhe apresenta sua luz e sua potência sempre; mas aquele (corpo celeste) não tem potência infinita, mas o inteligido é o que lhe apresenta sua luz e sua potência. Ele, quero dizer, o corpo celeste, em sua substância está em sua perfeição suprema, porque não lhe resta em sua substância nada em potência, como tampouco em sua quantidade e em sua qualidade, mas sim em sua posição ou em seu lugar. Que esteja numa posição ou num lugar não é mais apto à sua substância do que estar em outra posição ou em outro lugar em seu espaço. Nenhuma das partes do ciclo da esfera celeste ou da estrela é mais digna de encontrar-se em uma parte que em outra. Quando está em ato numa parte, está em outra parte em potência. Sucede, portanto, à substância da esfera celeste algo que é estar em potência relativamente à sua posição e a seu lugar.

Assemelhar-se com o bem supremo exige necessariamente a permanência sob a mais completa perfeição, que uma coisa tenha sempre. Isto não é possível para o corpo celeste pelo número; portanto, sua conservação se dá pela espécie e pela sucessão. O movimento se converte no que conserva o que é possível (conservar) desta perfeição. Seu princípio é o desejo de assemelhar-se com o bem supremo para permanecer segundo a mais completa perfeição na medida do possível. O princípio deste desejo é o que se intelige dele. Sob este aspecto, a causa primeira move o corpo celeste.

A partir disto ficou esclarecido o dizer do Filósofo[3]: "a esfera celeste se move por sua natureza", e é o que queria dizer; ou ao dizer: "se move pela alma", e é o que queria dizer; ou ao dizer: "se move por uma potência infinita que move, tal como move o amado", e é o que queria dizer. Não há em suas palavras contradição ou divergência.

Notas

1. Este capítulo é parte do cap. XXIX, pp. 299-302, da *Najāt*, porém com várias diferenças no texto. Carame, pp. 160-9.

2. Neste capítulo, Avicena quer expor como o primeiro motor move. Seu mover não se dá porque ele se move mas, sendo imóvel, só pode atrair e atrai porque é amado e desejado*. Isto é apresentado no final do capítulo como uma explicação das palavras de Aristóteles.

De acordo com uma observação de Carame (p. 160, nota 3), Avicena encerra no capítulo anterior o tratamento da causa eficiente próxima do movimento celeste e inicia aqui o tratamento de sua causa final.

Observemos, ainda, neste capítulo a posição característica de Avicena quanto à aquisição dos hábitos pela alma humana.

* Ver Aristóteles, *Metafísica*, XII, 7, 1072a, 19-b4.

3. Aristóteles, *Metafísica*, XII, 7, 1072a, 19-b4.

CAPÍTULO XLV[1, 2]

QUE PARA CADA ESFERA CELESTE PARTICULAR HÁ UM PRIMEIRO MOTOR SEPARADO, ANTERIOR À SUA ALMA, QUE MOVE NA MEDIDA EM QUE É AMÁVEL. O PRIMEIRO MOTOR DE TODAS AS COISAS É PRINCÍPIO DE TUDO ISSO

A substância deste bem[3] amável é una e não é possível que este motor, que é motor do conjunto do céu, seja mais que um, embora cada um dos orbes[4] do céu tenha um motor próximo que lhe seja próprio e um desejado amado que lhe seja próprio, segundo o que acreditavam o Filósofo[5], Alexandre[6], Temístio[7] e outros sábios peripatéticos. Certamente eles negam a pluralidade no motor do universo, mas afirmam a pluralidade nos motores separados e não separados que são próprios de cada um deles (dos orbes).

Eles estabelecem como primeiro dos motores separados o motor do primeiro orbe; para aqueles que foram anteriores a Ptolomeu, (este) é o orbe das estrelas fixas, embora, para quem seguiu o exemplo[8] das ciências que foram dadas a conhecer por Ptolomeu, (este) é o orbe exterior àquele, que o circunda e não é estrelado; vem depois o motor do orbe que segue ao primeiro, segundo a distinção das duas opiniões, e assim por diante.

Estes pensam que o motor do universo é uma coisa só, e além disso que cada orbe tem um motor próprio.

E o Filósofo estabelece o número de motores dos orbes segundo o que havia sido dado a conhecer em seu tempo; seu número seguia o número dos princípios separados.

Alexandre declara e diz em sua epístola sobre "Os Princípios do Universo"[9] que "o motor do conjunto do céu é um e que é impossível que sejam muitos em número e que cada orbe tem um motor e um amado que lhe é próprio".

E Temístio[10] declara e diz o que isto significa: que o mais provável e o mais verossímil é a existência de um princípio de movimento, próprio de cada esfera na medida em que está nela, e a existência de um princípio de um movimento próprio dela, na medida em que é o amado separado.

Depois, a demonstração necessita disso. Pois evidenciam-se pela doutrina do *Almagesto* que os movimentos dos orbes celestes são numerosos e distintos quanto à direção, quanto à velocidade e lentidão. É necessário, então, que cada movimento tenha um motor distinto do que é (motor) do outro e um amado distinto do que é amado do outro; caso contrário, não haveria diversidade na velocidade e na lentidão.

Já mostramos[11] que estes amados são bens puros separados da matéria. Se todos os movimentos e os orbes concordam entre si em desejar o primeiro princípio, então concordam entre si na perpetuidade e circularidade do movimento.

Notas

1. Este capítulo é o cap. XXX, pp. 302-3, da *Najāt*. O texto é praticamente o mesmo. Carame, pp. 169-72.

2. Aqui Avicena expõe sobre o movimento das esferas celestes admitindo que para cada esfera celeste há um primeiro motor separado dela e anterior à sua alma. O motor desta esfera move porque é amável. No entanto, o motor primeiro do universo é o princípio de tudo isto.

Rechaça a possibilidade de que o motor do conjunto do céu seja mais de um, mesmo que cada um dos orbes, de acordo com o Filósofo, Alexandre de Afrodísia e Temístio, tenha um motor próprio e um desejado amado próprio, para movê-lo.

Avicena afirma ainda que o Filósofo*, Alexandre e Temístio adotam como primeiro dos motores separados o primeiro motor do orbe primeiro. Entretanto, para os anteriores a Ptolomeu, este é o orbe das estrelas fixas, enquanto para os seguidores de Ptolomeu é o orbe exterior a este e que o circunda, e não é estrelado.

Continuando os argumentos, faz alusão à doutrina do *Almagesto* segundo a qual os movimentos dos orbes celestes são numerosos e distintos quanto à direção, velocidade e lentidão. Por isto, é necessário que cada movimento tenha um motor distinto e um amado distinto. Para Avicena, estes amados são bens puros separados da matéria pois são intelectos.

A conclusão do exposto no capítulo é que, se todos os movimentos e orbes são comuns entre si em desejar o primeiro princípio, então são comuns entre si na perpetuidade e circularidade do movimento.

* Ver Aristóteles, *Metafísica*, XII, 8.

3. Na *Najāt*, p. 302, lê-se: "e você sabe que a substância deste primeiro motor".

4. A palavra usada em árabe é "KURĀ", ou seja, "esfera". Usamos orbe para diferenciar de "Falak", isto é, "esfera celeste".

5. Na *Najāt*, p. 303, lê-se: "o primeiro mestre, e depois dele alguns filósofos peripatéticos". Avicena exclui, portanto, nesta obra os nomes de Alexandre e de Temístio.

6. Alexandre: trata-se de Alexandre de Afrodísia.

7. Temístio: comentador de Aristóteles.

8. Na *Najāt*, p. 303, lê-se: "YA'LAMŪ", ou seja: para quem "sabe", "conhece" as ciências...

9. Esta obra foi editada por A. Badawi em *'ARISṬU 'IND AL-'ARAB* (Aristóteles entre os árabes), Cairo, ed. Al-Nahda, 1947, pp. 253-77, em que afirma que tal obra foi traduzida do siríaco para o árabe por Ibrahim ben 'Abd Allāh al-Naṣrāni. A publicação foi feita a partir do manuscrito nº geral 4871, da Biblioteca al-Zahirīya de Damasco. O livro de Badawi está traduzido em francês: Abdurrahman Badawi, *La transmission de la philosophie greque au monde arabe*, 2ª ed. Revue et augmentée, Paris, Vrin, 1987.

10. Na *Najāt*, p. 203, não cita o nome de Temístio. Avicena se refere a ele como "um dos comentadores do Primeiro Mestre". No entanto, há uma nota do editor dizendo que "trata-se de Temístio" na referência anterior à que se faz a Alexandre de Afrodísia; Avicena cita a epístola "sobre os princípios do universo", mas não o nome de Alexandre.

11. Cf. cap. XLVII.

CAPÍTULO XLVI[1, 2]

SOBRE A REJEIÇÃO DA OPINIÃO DOS QUE CREEM QUE A DIVERSIDADE DOS MOVIMENTOS DO CÉU SE DÁ POR CAUSA DO QUE ESTÁ ABAIXO DO CÉU

Podemos comprovar esta ideia com mais averiguação. Então dizemos: quando alguns ouviram se evidenciar as palavras de Alexandre ao dizer que a diversidade nestes movimentos e em suas direções parece que se dá em atenção às coisas geráveis e corruptíveis que estão abaixo da esfera da Lua – e (quando eles) também ouviram e apreenderam por argumentação que os movimentos celestes não podem ser em razão de outra coisa distinta deles mesmos, nem podem ser em razão de seus efeitos – pretenderam colocar de acordo as duas (sentenças); então, disseram: o próprio movimento não se dá em razão do que está abaixo da esfera da Lua, mas para assemelhar-se ao bem puro e por desejar o mesmo bem. Quanto à diversidade dos movimentos, distinguiam-se estes na medida em que, com relação a cada um deles, no mundo da geração e da corrupção há uma diversidade pela qual se ordena a permanência das espécies. É como se um homem bom quisesse ir a algum lugar em vista de um assunto seu, e se lhe apresentam dois caminhos: um dos quais é o apropriado para conduzi-lo ao lugar no qual logre seu objetivo, enquanto o outro acrescenta a isto a obtenção de benefício para quem o mereça; então, em virtude de sua bondade, teria que seguir o segundo caminho, embora seu movimento não fosse em razão do benefício de outro, mas sim em razão de si mesmo. Assim, disseram: o movimento de cada esfera celeste só se dá para que ela permaneça sempre segundo a sua perfeição última; no entanto, o movimento em tal direção e com tal velocidade se dá para benefício de outro.

O primeiro que dizemos a estes é que, se fosse possível começar a ser no movimento dos corpos celestes uma certa intenção em razão de uma coisa causada, e que esta intenção se desse para escolher a direção, então, isto poderia suceder e no próprio movimento, de modo que alguém poderia dizer: pelo repouso se lhes completa (às esferas celestes) uma bondade que lhes é própria; o movimento não lhes prejudicaria com relação à existência e beneficiaria a outros distintos; nenhum dos dois seria mais fácil ou mais difícil para elas que o outro; consequentemente escolhem o mais benéfico.

Se a causa que impede que seu movimento seja para benefício de outro fosse a impossibilidade de sua intenção em função de outro entre os efeitos, então esta causa existe na própria intenção de escolher a direção. Se esta causa não impede a intenção de escolher a direção, tampouco impede a intenção do movimento. Da mesma maneira é a situação na intenção da velocidade e lentidão. Isto não se dá segundo o grau da potência e da impotência nas esferas celestes, por causa da preeminência de umas sobre outras com relação ao alto e ao baixo, de modo que isto (a preeminência) lhe seja atribuído. Mas isto é algo diferente.

Dizemos de um modo geral. Não é possível proceder delas (das esferas celestes) algo em razão das coisas geráveis, nem a intenção de um movimento, nem a intenção de uma direção de um movimento, nem mensuração de uma velocidade e de uma lentidão, nem a intenção de uma ação, absolutamente. Porque toda intenção é em razão do pretendido e é menos perfeita quanto à existência que o pretendido; porque tudo aquilo por cuja razão se dá outra coisa, é mais perfeito quanto à existência do que a outra coisa.

Não é possível que a existência mais perfeita seja obtida da coisa mais vil, nem pode haver, em absoluto, em função de um causado, uma intenção verdadeira não opinável, pois, do contrário, a intenção seria a que dá e atribui a existência ao que é mais perfeito que ela quanto à existência.

Somente se intenciona por necessidade aquilo para o qual a intenção prepara, mas outra coisa lhe dá sua existência; como, por exemplo, o médico em relação à saúde. O médico não dá a saúde, mas prepara a matéria e o instrumento; entretanto, quem confere a saúde é somente um princípio mais excelso que o médico; pois o que dá à matéria todas as suas formas e sua essência é mais nobre do que a matéria. Às vezes, o que tem uma intenção se equivoca em sua intenção quando tende àquilo que não é mais nobre que a intenção; portanto, a intenção não se dá por razão disto, de maneira natural; mas sim por erro.

Tendo em vista que este esclarecimento necessita de mais extensão e verificação, e tendo em vista que há nele incertezas e dúvidas que só podem ser resolvidas por um longo discurso, então voltemos ao caminho mais evidente. Dizemos: toda intenção tem um intencionado; o intencionado racional é aquele cuja existência, a partir de quem tem a intenção, é mais digna para ele que sua não existência a partir dele. Caso contrário, seria incoerência.

A coisa que é mais digna para alguma outra coisa confere-lhe uma certa perfeição; se se dá pela realidade, então será real; se se dá pela opinião, então será opinativa como, por exemplo, o merecimento do elogio, a manifestação do poder e a permanência da recordação; estas e outras semelhantes são perfeições opinativas. O ganho, o bem-estar, o agrado de Deus e a beleza do retorno à outra vida; estas e outras semelhantes são perfeições reais que não se completam só por quem tem a intenção.

Então, toda intenção que não é inútil proporciona uma certa perfeição a quem tem esta intenção; se não a intencionasse, não existiria tal perfeição. A que é inútil, também parece que é como isto, pois há nela um certo deleite e um certo descanso e outras coisas distintas.

É um absurdo que o causado, cuja existência se aperfeiçoa pela causa, proporcione à causa uma perfeição que não existe. Pois os casos nos quais se crê que o causado proporciona à sua causa uma perfeição são casos falsos ou mal interpretados. Já mostramos isto e já o esclarecemos e resolvemos as dúvidas a respeito.

Se alguém disser: a bondade torna isto[3] necessário, pois o bem proporciona o bem; dir-se-á a ele: em primeiro lugar, isto foi tornado necessário pela imperfeição e pela busca da perfeição, pois a imperfeição e a busca da perfeição para o que não a tem é mal, não é bondade.

Em segundo lugar, a bondade ou bem é verídica e existente sem esta intenção e sem entrar a existência desta intenção em sua existência; então, o ser desta intenção e seu não ser em função desta bondade, dá na mesma. Portanto, a bondade não a torna necessária, e sua disposição seria igual ao restante dos concomitantes da bondade que a acompanham por sua essência, e não por intenção. Ou bem a bondade se aperfeiçoa e subsiste por esta intenção; então, esta intenção é uma causa da perfeição e subsistência da bondade, mas não causada por ela.

Se alguém disser: isto[4] se dá em vista de assemelhar com a causa primeira porque a bondade desta é transitiva.

Dizemos: isto pela aparência das coisas é aceitável, mas na realidade é duvidoso. Pois assemelhar-se com ela está em que não se intencione algo, mas sim que se seja independente em sua essência. Sobre esta descrição há concordância entre os sábios. Quanto à aquisição da perfeição pela intenção, é diferente da assemelhação com ela (a causa primeira).

E se alguém disser: como é possível que o corpo celeste adquira um bem e uma perfeição pelo movimento sendo o movimento sua ação intencionada; o mesmo (ocorrendo) com suas restantes ações?

A resposta: o movimento não adquire uma perfeição e um bem, pois do contrário se interromperia nele, mas ele é a perfeição mesma que indicamos. Ele é a permanência de uma certa espécie daquilo que pode competir ao corpo celeste em ato. Este movimento não se assemelha aos demais movimentos que buscam uma perfeição exterior a eles, mas este movimento aperfeiçoa por si mesmo o que se move em função dele, porque é a conservação mesma das posições e dos lugares por sucessão. Este movimento é quase permanente.

E se alguém disser: este enunciado impede a existência da providência acerca dos seres engendrados e a sábia organização que há neles. Mencionaremos posteriormente o que afasta esta dificuldade. Dar-se-á a conhecer como a providência do criador[5] (se estende) ao todo; como a providência de cada causa (se estende) àquilo que a segue; e como aos seres engendrados que há entre nós (se estende) a providência, a partir do princípio primeiro e das causas segundas.

Ficou esclarecido, pelo que expusemos, que nenhuma das causas pode ser aperfeiçoada, pelo causado, por essência e sim por acidente; ou que intencione uma certa ação que tenha sido feita para seu causado, mesmo que se compraza com isto e o conheça. É como a água que se esfria por si em ato para conservar sua espécie, não para esfriar a outro; sucede, porém, que ela esfria a outro. E o fogo que se aquece por si em ato para conservar sua espécie, não para aquecer outra coisa; mas disto se segue que aquece outra coisa. E a faculdade da concupiscência deseja o deleite e a relação sexual para desfazer-se do supérfluo e para que se complete o deleite, não para que a partir disto se engendre um filho, embora disto se siga um filho. E a saúde, ela é saúde por sua própria substância e essência, não para beneficiar um enfermo, porém segue-se dela um benefício para o enfermo. E isto é assim nas causas precedentes.

Se assim for, então, os corpos celestes só participam no movimento circular por desejo de um amado comum; distinguem-se entre si porque seus princípios, desejados e amados por eles, se diferenciam depois daquele primeiro.

Se resta alguma dúvida de como resulta necessariamente de cada (desejo) tal movimento com tal disposição, então não é necessário que isto influa no que soubemos com relação aos movimentos; de que eles são distintos pela distinção dos desejados.

Notas

1. Este capítulo corresponde ao cap. XXXI, pp. 304-8, da *Najāt*, porém com diferenças no texto.

2. Neste capítulo, Avicena rejeita por vários argumentos a opinião dos que sustentam que a diversidade dos movimentos celestes é produzida pelo que está abaixo da esfera da Lua.

O argumento fundamental é que não é possível que proceda das esferas celestes alguma coisa em função das coisas geráveis, quer seja a intenção de uma direção de um movimento, quer a mensuração de uma celeridade e de uma lentidão, quer a intenção de uma ação, pois caso isto se desse o menos perfeito determinaria o mais perfeito.

Assim sendo, os movimentos celestes não se assemelham aos demais movimentos que buscam uma perfeição exterior a eles. Os movimentos celestes constituem a perfeição própria dos corpos celestes.

No entanto, os movimentos celestes têm como efeito secundário e como que acidental a ordenação do mundo sublunar.

Avicena deixa para um tratamento ulterior a conciliação desta ordenação sublunar pelos movimentos astrais com a providência de Deus.

Ponhamos em relevo dois axiomas que adquiriram grande importância na escolástica latina e que são utilizados neste capítulo: "tudo aquilo por cuja razão se dá outra coisa, é mais perfeito quanto à existência do que esta outra coisa" – "Propter quod unumquodque et illud magis"; "o bem proporciona o bem", "A bondade da causa primeira é transitiva" – "bonum diffusivum sui".

Relembramos ainda a ação do intelecto agente (dator formarum – Wāhib al Ṣūwar).

E ainda a formulação de Avicena acerca das finalidades do ato sexual, que parece, pelo menos neste texto, dizer o contrário da tradição judaico-cristã.

Por último, considere-se neste capítulo toda a análise da intenção que preludia as análises dos medievais e através destes, pelo menos, o vocabulário da fenomenologia (toda intenção tem um intencionado).

3. Isto é, que a diversidade dos movimentos celestes se dá em função do que está sob o céu, visando aí difundir o bem. Cf. Carame, p. 176, nº 1.

4. Isto é, que os céus se movem de modo diversificado por causa do que está abaixo do céu. Cf. Carame, p. 177, § 6.

5. A palavra usada é "AL-BĀRI", ou seja: Deus Criador.

CAPÍTULO XLVII[1, 2]

QUE OS DESEJADOS QUE MENCIONAMOS NÃO SÃO CORPOS NEM ALMAS DE CORPOS

Mas resta-nos uma coisa: que é possível supor que os diversos desejados sejam corpos e não intelectos separados, de modo que, por exemplo, o corpo que é mais vil assemelhe-se ao que é anterior e mais nobre.

Dizemos: isto é um absurdo, porque assemelhar-se a ele exige necessariamente um movimento parecido a seu movimento, à sua direção e ao fim ao qual se dirige. Se a insuficiência de seu grau exige como necessária uma coisa, esta será necessária somente como debilidade na ação, não como diversidade na ação, de modo que uma seja numa direção e outra em outra. Nem se pode dizer que a causa desta diversidade seja que a natureza deste corpo se opõe a que se mova de "A" para "B" e não se opõe que se mova de "B" para "A". Isto é um absurdo, porque o corpo, enquanto corpo, não exige isto, e a sua natureza, enquanto natureza do corpo, busca o lugar natural sem posição determinada. Se buscasse uma posição determinada, então o translado a partir dela seria violento, e então entraria no movimento da esfera celeste a noção de violência.

Além disto, a existência de cada uma das partes da esfera celeste, segundo toda relação, é possível na natureza da esfera celeste. Não é necessário que, se uma parte se separa de uma região, (isto) seja possível segundo a natureza, e que, se se separa de outra, não seja possível, a não ser que haja uma (outra) natureza que produza o movimento; então, tornar-se-á necessário (ir) para esta região e não se tornará necessário (ir) para outra região, se lhe for impedido (ir) para sua região. Ora, já dissemos[3] que o princípio deste movimento não é uma natureza nem há uma natureza que exija necessariamente uma posição por si mesma; portanto, na substância da esfera celeste não há nenhuma natureza que impeça o mover-se proveniente da alma para qualquer região.

Tampouco é possível que isto suceda por parte da alma, de modo que sua natureza seja tal que queira, sem dúvida alguma, esta região, a não ser que o objetivo no movimento seja pertencente a esta região; porque a vontade segue o objetivo, mas o objetivo não segue a vontade. Se assim for, a causa seria a diversidade do objetivo. Então, não há impedimento por parte da corporeidade nem por parte da natureza, nem por parte da alma, somente (por parte da) diversidade do objetivo. Haver aí violência é o mais afastado da possibilidade.

Portanto, se o objetivo fosse assemelhar-se, depois do primeiro, a um dos corpos celestes, então o movimento seria da espécie do movimento deste corpo. Não seria diverso nem mais veloz que ele em muitos lugares. Assim também seria, se o propósito do motor desta esfera celeste fora assemelhar-se ao motor daquela esfera celeste.

Resta, pois, que o propósito de cada esfera celeste é assemelhar-se a uma coisa distinta das matérias e almas das substâncias das esferas celestes. É contraditório que seja (assemelhar-se) aos elementos e ao que se engendra a partir deles. Não há, pois, corpos nem almas distintos destes mencionados. Resta que cada uma delas (das esferas celestes) tenha um desejo de assemelhar-se a uma substância intelectual separada que lhe é própria. A causa primeira é desejada por todos em comum. Este é o sentido do enunciado dos Antigos[4]: <há para todos os motores um só motor – desejado e há para cada orbe celeste um motor que lhe é próprio e um desejado que lhe é próprio>. Portanto, cada esfera celeste tem uma alma motriz que intelige o bem; por causa do corpo tem imaginação; ou seja, uma formação de imagens dos particulares e uma vontade dos particulares. E o que (a esfera celeste) intelige do primeiro e o que intelige do princípio próximo, que lhe é próprio, é o princípio que a impele ao movimento. Toda esfera celeste tem um intelecto separado, cuja relação com sua alma é a mesma relação do intelecto agente para com as nossas almas; e é um modelo universal e intelectual para a espécie de sua ação. E se assemelha a ele.

Então, o número de intelectos separados, depois do princípio primeiro, é igual ao número de movimentos. Se se trata das esferas dos planetas e o propósito nos orbes de cada um dos planetas é o movimento dos planetas, então (os intelectos) separados são iguais em número ao dos planetas, não ao dos orbes celestes. Seu número, segundo os anteriores[5], é dez, além do primeiro. O primeiro deles é o intelecto motor imóvel, ao qual cabe mover o orbe do corpo extremo; depois, o que lhe é semelhante, ao qual cabe (mover) o orbe das estrelas fixas; depois, o que lhe é semelhante, ao qual cabe mover o orbe de Saturno; e assim até que se chegue ao intelecto que flui sobre nossas almas que é o intelecto do mundo terrestre, ao qual chamamos intelecto agente.

Se não for assim, mas todo orbe que se move tiver conhecimento de seu próprio movimento, então estes (intelectos) separados seriam mais numerosos; segundo a doutrina do Filósofo, seriam cerca de cinquenta e até mais, e o último deles seria o intelecto agente. E já se sabe pelo nosso discurso nas matemáticas[6] o número que pudemos obter.

E, se houver para cada movimento um intelecto separado, seria necessário, então, que se enumerassem os movimentos.

Quanto à opinião de Ptolomeu sobre o tema, o orbe da circulação[7] atravessa o orbe que sustenta[8]; o planeta atravessa a circulação quando está no orbe da circulação; o próprio planeta atravessa a esfera celeste[9] quando não se lhe estabelecem esferas da circulação, como o sol, segundo a opinião prevalecente de Ptolomeu.

Mas, quanto à opinião do Filósofo, cada astro tem uma esfera celeste que lhe é própria em seu movimento, sem que o astro atravesse sua esfera, mas, ao contrário, permanece nela. A esfera o translada porque a esfera da circulação gira em torno de si mesma e faz girar o astro que está fixo nela, mas a esfera da circulação não é transladada em absoluto, porém o que a sustenta é transladado. Esta doutrina não é incorreta nem a disposição (dos astros) se anula por ela, embora com ela aumente o número de seus movimentos.

Se se enumeram os movimentos, segundo as duas doutrinas, o número de intelectos separados será o mesmo que o número destes.

Segundo a primeira doutrina, o número de intelectos separados seria um número muito diferente deste número. E (o número) mais próximo ao argumento é a doutrina do Filósofo, mas permanece a dúvida nas estrelas fixas e inclusive aumenta, mas não se afasta (possibilidade) que passa a ser resolvida. Nós não exporemos isto, pois o discurso ficaria muito longo.

Notas

1. Este capítulo é o cap. XXXII, p. 308, da *Najāt*, porém com diferenças acentuadas no final do texto. Carame, pp. 181-5.

2. O título deste capítulo é uma continuidade do que foi abordado no capítulo anterior, ou seja: que os desejados que foram mencionados, não são corpos nem almas de corpos. Isto é uma referência a que os corpos celestes só participam nos movimentos circulares por um desejo de amados e desejados que não podem ser nem corpos nem alma de corpos, isto é, que são intelectos separados.

De acordo com os argumentos do texto, as ideias principais são:

Toda esfera tem um intelecto separado, cuja relação com ela mesma é a mesma relação do intelecto agente para com as nossas almas, e é um modelo universal e intelectual para a espécie de sua ação.

O número de intelectos separados é igual ao número dos movimentos das esferas celestes. Avicena afirma que, de acordo com seus predecessores árabes, (al-Fārābī) são dez intelectos além do primeiro.

O primeiro deles é o intelecto motor imóvel que move o orbe do corpo extremo, ou seja, da esfera mais distante da Terra ou "primeiro móvel".

Se todo orbe tiver conhecimento de seus movimentos, os intelectos separados seriam muito mais numerosos. Então, Avicena afirma que seriam em torno de cinquenta, de acordo com a doutrina de Aristóteles.

3. Cf. caps. XXXIX e XL.

4. É uma referência aos filósofos gregos antigos.

5. A tradução literal da palavra "al-MUTA'AḤIRŪN" é "os anteriores". No entanto, Avicena refere-se aos filósofos árabes que o precederam como al-Fārābī, que diante dos antigos gregos poderiam ser chamados de modernos.

6. Cf. *Šifā, Ila'iyyāt*, tratado 9, caps. II-III.

7. Epiciclo.

8. Deferente.

9. Deferente.

CAPÍTULO XLVIII[1]
QUE O MOVIMENTO DAS ESFERAS CELESTES É POSICIONAL E NÃO LOCAL. O MOVIMENTO DAS ESTRELAS SERIA LOCAL SE SE MOVESSEM POR SI MESMAS

O que nos convém estabelecer sobre isto é mostrar que o movimento celeste se dá sob algum predicamento e que é o movimento que está acima da esfera interna, é concomitante a ela em qualquer aspecto. Dizemos: os movimentos celestes são de duas classes: movimento de um corpo relativo a um centro externo a ele e o movimento de um corpo relativo a um centro que está nele. É sabido que o movimento do corpo relativo a um centro externo a ele se dá segundo a mudança dos lugares e é um movimento próprio de um "onde"[2]. No predicamento "posição", é possível ocorrer um movimento, como o que sucede na quantidade e qualidade, mas que os Antigos não mencionam. Quando o Filósofo enumera na *Audição natural*[3] os predicamentos nos quais sucede o movimento, não se ocupa da "posição".

Ocorre-me, no que concerne à minha opinião, que este movimento não é próprio do "onde", mas sim é próprio da "posição".

Que não é próprio do "onde", é porque o "onde" é a relação de uma coisa com o seu lugar, e o movimento no "onde" é a mudança desta relação. É possível que o corpo se mova circularmente em torno de si mesmo, embora não seja num lugar. É certo que o corpo supremo é desta condição; então, como é possível que se mova com um movimento local o que não está num lugar? E se estiver num lugar não se separaria de seu lugar.

Que é próprio da "posição", é porque o que se move assim, embora esteja num certo "onde" e em um lugar, não se separa de seu "onde" nem de seu lugar; e não varia por isto; ao contrário, varia a relação das partes para com as partes de seu "onde", se tivesse "onde".

Ou (variam) seus aspectos se não tiver "onde" e sim aspectos. Neste caso, o que varia é esta relação e não o "onde".

Esta relação denomina-se "posição". Então, este movimento se dá numa "posição" e não no "onde".

Quanto a que na "posição" se dá a relação de uma das partes do corpo a outras em seus aspectos, ou a relação de suas partes para (com) as partes de seu lugar, esta é uma coisa que ficou aclarada na lógica. Esta é a questão e sua resolução.

Notas

1. Neste capítulo Avicena pretende mostrar que o movimento das esferas celestes é "posicional", isto é, próprio da posição, pois não muda de lugar, mas muda de posição.

O movimento das esferas é próprio da posição porque não se separa de seu "onde", isto é, de seu lugar e não varia por causa disto, mas varia a relação das partes para com as partes de seu "onde", caso tivesse "onde".

Ou variam seus aspectos, ou seja, aquilo que se nos manifesta e vemos, se não tem "onde" e tiver aspectos. Sendo assim, o que varia é esta relação e não o "onde".

2. Estamos usando "onde" para a palavra "'AIN", a fim de diferenciar de "makān", isto é, "lugar"; embora "'AIN" também possa significar lugar.

3. Isto é, na *Física*, II, 1, 200b, 32-201a 8.

CAPÍTULO XLIX[1]

SOBRE COMO AS ESFERAS CELESTES, QUE ENTRAM NO MOVIMENTO PRIMEIRO, O SEGUEM

Quanto à segunda questão, as pessoas cogitam que na esfera celeste interna se produz um movimento de fora por uma potência que penetra nela de fora e, apesar disso, conserva seu próprio movimento. Seu movimento de fora não é violento porque ela permanece em seu lugar, nem tampouco é natural, porque não procede dela.

Isto é um erro deles; ao contrário, a esfera interna não se move em absoluto de fora por um movimento que se produza nela, mas sim por acidente; é como o movimento de um passageiro de uma embarcação. Ele é movido pela embarcação e ele próprio está em repouso; e o movimento do passageiro da embarcação, por si mesmo, é distinto da direção dela, mesmo estando sujeito ao movimento da embarcação. Ele está sujeito ao movimento da embarcação e não a um movimento que se produz nele a partir da embarcação, mas a um movimento local. Entretanto, o verdadeiro movimento que se produz nele só é um outro movimento seu por acidente, isto é, em razão do movimento de seu lugar. Ou é como o movimento de um orbe ajustado em outro orbe que o move de fora. O (orbe) interno não muda de lugar, mas só de posição.

Esta mesma situação se dá nos movimentos das esferas internas por causa das externas. Isto só é possível das duas maneiras, que já foram encontradas. São: ou bem que seus centros são distintos, pois a interna está situada num lado da externa; se este lado se translada, sua mudança é por acidente, pois é verdade que estava em repouso nela. Pode conceber-se esta ideia a partir de um ladrilho com uma parte recortada oca com o oco mais inclinado sobre um lado e em círculo. Pega-se o ladrilho pelo meio e imagina-se que o ladrilho gira sobre seu próprio centro; então, o oco deixa um corpo ajustado nele que gira sobre outro centro. Isto é o que sucede aos planetas.

Ou bem seus eixos são distintos; então, seguem (necessariamente) dois eixos, estando o da (esfera) interna em dois pontos da externa. E disto segue-se a inseparabilidade em todas as partes, salvo que a interna mova-se com seu movimento próprio. E isto ocorre ao orbe das estrelas fixas.

Notas

1. Aqui Avicena pretende mostrar como as esferas celestes que participam do movimento primeiro o seguem.

Para tanto se utiliza dos seguintes argumentos principais:

A esfera interna não se move de fora por um movimento que se produz nela, mas se move por acidente. A título de exemplo, Avicena faz alusão ao movimento de um passageiro que se encontra numa embarcação em movimento. A embarcação está em movimento e ele é movido por ela. Apesar disso, ele mesmo está em repouso. O passageiro está submetido ao movimento da embarcação e não a um movimento que se produz nele pela embarcação. Na realidade, o movimento dele por causa da embarcação acontece por acidente.

Aplica em seguida este modelo (da embarcação) ao movimento das esferas celestes. Examina então a hipótese dos excêntricos. Introduz aqui um outro modelo – o do ladrilho com um círculo excêntrico recortado nele. É considerada também a hipótese das esferas homocêntricas, mas com eixos distintos.

É conhecida a importância que terá para Galileu o paradigma do passageiro no navio.

CAPÍTULO L[1]

COMO O FOGO SEGUE A ESFERA CELESTE NO MOVIMENTO, EM TODAS AS PARTES, PARA QUE SE MOVA A (ESFERA) INTERIOR

Quanto ao movimento do éter, quero dizer, a esfera do fogo na esfera da Lua, não se dá porque a esfera da Lua a translada consigo até ela e não a impulsiona; o que gira move-se por contato com aquilo em que está, e não tem impulsor, porque o impulsor necessita buscar uma força de execução no corpo que gira. Não obstante, a superfície da esfera da Lua por dentro é um lugar natural que o ar deseja por natureza. Cada uma das partes do fogo deseja dela uma coisa determinada (para a) qual se move e lhe está determinada pela proximidade e lhe é concomitante pelo desejo; pois, se desaparece e lhe é concomitante por natureza, desaparece com ela. Este movimento não é violento, nem é natural, em absoluto, porque este movimento não procede só da natureza do fogo, mas de sua natureza e da natureza de seu lugar.

Este capítulo é estranho ao nosso propósito, mas é benéfico e estimulante para aplicá-lo em função do movimento da posição; isto segundo a relação de alguns corpos celestes com outros na concomitância do movimento.

Voltemos ao nosso propósito; dizemos: gente ilustre estabelece que o astro está para seu orbe universal como o coração; estabeleceu que a alma emana dele nos orbes particulares e provoca movimentos distintos como os movimentos do animal, salvo na esfera das estrelas fixas. Afirmaram que, neste caso, a potência motora apresenta-se às estrelas a partir de seu orbe. É como se o orbe fosse um coração e os astros que estão nele fossem órgãos.

Segundo eles, cada orbe universal que tem uma posição tem uma só alma. Desta via segue-se também que os objetos desejados são iguais em número aos orbes particulares, mas também iguais em número aos orbes universais. E por "orbe universal" quero dizer semelhante ao orbe de Saturno que move Saturno. E, se está dividido em orbes, o animal está dividido em seus órgãos.

Notas

1. Avicena segue expondo doutrinas referentes ao eventual movimento da esfera dos elementos abaixo da esfera da Lua. Examina sobretudo o eventual movimento da esfera do fogo. Trata-se de tema que extrapola do assunto, pois diz respeito ao mundo terrestre e não ao celeste. Voltando a este, Avicena aborda a comparação do orbe com o coração e os astros (planetas) com os órgãos.

CAPÍTULO LI[1]

QUE OS CORPOS DAS ESFERAS CELESTES SÃO DISTINTOS NAS ESPÉCIES. CADA ALMA DIFERE DA OUTRA NA ESPÉCIE. QUE CADA INTELECTO DIFERE DO OUTRO NA ESPÉCIE

Apresentou-se aos Antigos divergência sobre a natureza do corpo celeste. Alguns acreditavam que esta natureza é única na espécie em que está e difere pelos indivíduos. (Outros) são os que deduziram que a quinta natureza é genérica e possui espécies; e que cada uma das espécies constitui um só indivíduo para sua perfeição; então, cada orbe é uma espécie e cada astro é uma espécie; se não fora assim, não se dispersariam em seus lugares, em seus movimentos ou em suas posições.

Também se lhes apresentou uma distinção semelhante quanto às almas que as movem. Há quem as considera como da mesma espécie que as almas racionais que temos; porém isto está muito longe do objetivo. Há quem as considerou como uma outra espécie, mas que se diferenciam pela nobreza e pela vileza. Assim, estabeleceram que todos os intelectos separados são uma só espécie mas diferindo pela nobreza e pela vileza, e alegaram que não é necessário que cada imperfeição se dê pela entrada do contrário, recorrendo para isto a exemplos particulares. Foram induzidos ao erro nisto pelo discurso de Alexandre, de que se distinguem na espécie; porém não com uma grande distinção; no início deste discurso há evidência para sua distinção, mas em seu final não há distorção por isto. Algumas das coisas que diferem na espécie estão próximas entre si, como o vermelho e o verde, enquanto outras estão distantes entre si, como o vermelho e o negro.

Mas a verdade é que isto são noções, e as noções não diferem por serem dignas de que isto seja causa e aquilo seja causado; isto seja causa de alguma coisa por si e aquilo seja causa de alguma coisa distinta daquela, pois cada um dos quais é causa por si mesmo e por sua substância, segundo o que já esclarecemos. Sem dúvida, há nelas uma distinção ideal, que é a distinção própria da espécie. As coisas que coincidem na noção e não na matéria, nem na ação, nem na recepção, não diferem tampouco na nobreza nem na vileza por causa daquela noção na qual coincidem; mas diferem por uma outra causa em sua essência. Não é possível que seja uma causa por um acidente, pois algumas destas (coisas) não têm matéria nem sofrem ação. Ademais, se fosse causa por acidente em alguma das partes na totalidade, então as essências coincidiriam na nobreza e na vileza e difeririam pelos concomitantes e pelos acidentes e uns predominam sobre outros. Nosso discurso aceita esta espécie de distinção, mas a situa no que é essencial.

Se a distinção se der em suas substâncias, e suas substâncias forem noções, então a distinção se dará por noções substanciais e isto torna necessária a diferença entre as espécies. A afirmação deles de que "elas se assemelham na espécie, porém, diferem na eminência e na vileza" é uma contradição. Mas a verdade é que cada uma delas tem uma espécie por si só, universal e intelectual de uma existência separada própria.

Se estes seres não coincidirem em que são nos corpos, é necessário que sua coincidência se dê na espécie, e hajam coincidido em que não são corpos e que são intelectos separados dos corpos. Igualmente, os acidentes coincidem também em que são nos corpos e não é necessário que coincidam na espécie, e hajam coincidido em que são nos corpos, em que são sensíveis e não estão separados. Entretanto, assim como os seres corpóreos, não separados, são distintos quanto à espécie, assim também os seres não corpóreos separados podem ser distintos quanto à espécie; e os inteligíveis não são a não ser enquanto estão separados, tal como os sensíveis enquanto são não separados.

<É necessário que saibas que o princípio primeiro, embora seja intelecto, não tem associado em sua espécie. O mesmo ocorre a cada um dos princípios separados depois dele>. É necessário que saibas que a substancialidade e a intelectualidade não são ditas por via do gênero, mas por via do posterior e anterior; e a diferença entre as

duas coisas já foi explicada nos livros de lógica; é necessário, também, que saibas que a geração da coisa não torna necessária que outra coisa se predique dela como o enunciado do gênero, enquanto a substância não é gênero de outra coisa. A coisa é gênero em relação a umas coisas e não é gênero em relação a outras.

Notas

1. Avicena se ocupa de algumas opiniões divergentes dos Antigos a respeito da natureza dos corpos celestes.

Estas divergências versam sobre se os corpos são únicos na espécie na qual pode haver vários indivíduos ou ela sozinha constitui um só indivíduo. Versam também sobre as almas que movem os corpos celestes, e Avicena trata de resolver estas divergências por meio de diferenças lógicas, tal como afirma no final do capítulo.

CAPÍTULO LII[1]

SOBRE O CONHECIMENTO DO CORPO DO UNIVERSO, DA ALMA DO UNIVERSO, QUE ESTÃO SEMPRE EM POTÊNCIA SOB ALGUM ASPECTO; E (SOBRE O CONHECIMENTO) DO INTELECTO DO UNIVERSO, QUE SEMPRE ESTÁ EM ATO

Saiba que o nome do céu, o nome do universo e o nome do mundo são para eles sinônimos[2], como se não se interessassem pela substância corruptível que o orbe da Lua contém[3], porque é mais vil em relação ao mundo celeste que o cálculo[4] que se produz no corpo de um animal (em relação) a seu corpo. Pois, se se diz "animal", este cálculo não entra em sua totalidade, pois sua existência não impede a vida, enquanto o corpo que o contém está vivo. Para eles, o universo é, em comparação com o primeiro princípio, como uma só coisa viva, que tem uma alma intelectiva e um intelecto separado do qual emana.

Talvez digam: "Universo" ao céu primeiro, pois muitos filósofos têm por costume chamá-lo corpo do universo e seu movimento, movimento do universo. De acordo com a distinção destes dois usos, umas vezes dizem que é o intelecto do universo querendo dizer com isso a totalidade dos intelectos separados, como se fossem uma só coisa, e alma do universo, querendo dizer com isso a totalidade das almas que movem os (corpos) celestes, como se fossem uma só coisa; e outras vezes dizem que é o intelecto do universo, querendo dizer com isso o intelecto que move por desejo a esfera extrema, que é a mais digna de desejo, depois do bem puro; e alma do universo, querendo com isso dizer a alma que tem a ver com o mover-se deste corpo.

O mais nobre dos seres, depois do Primeiro Altíssimo, corresponde ao intelecto do universo e logo segue-lhe a alma do universo.

O intelecto do universo está sempre em ato e não se assemelha ao que está em potência, enquanto (ocorre de modo distinto) à alma do universo, porque é um motor ao qual sucede que está sempre em potência. Já sabes como é isto. É verdade para nós, pelo que mostraremos depois, que a natureza dos corpos corruptíveis e seus sujeitos procedem do corpo do universo; eles chamam a isto natureza do universo. Ademais, cada corpo dos seres corruptíveis engendrados têm uma natureza que lhes é própria.

Então, os graus das formas são: o intelecto do universo, alma do universo e a natureza do universo. E os graus dos corpos são: o corpo etéreo celeste, o corpo elementar terrestre e os corpos engendrados (a partir dos elementos). Ficará esclarecido para nós pelo que virá, que o primeiro dos seres existentes a partir do ser verdadeiro, é o intelecto do universo, segundo o seu grau; logo a alma do universo, logo o corpo do universo e logo a natureza do universo.

Notas

1. Avicena começa assinalando como para os Antigos que os nomes do "céu", "universo" e "mundo" são sinônimos e novamente reconhece que o compararam a um organismo vivo.

Tenta aclarar algumas dificuldades no uso destes sinônimos. Posteriormente, expõe a sua opinião a respeito da hierarquia dos seres, depois do primeiro, dividindo-os em formas e corpos. As formas são o intelecto, alma e natureza. Os corpos são corpos celestes, primeiros elementos (os quatro elementos) e os corpos gerados a partir destes quatro elementos.

2. Eles: os Antigos.
3. Isto é: que estão contidas dentro da esfera da Lua.
4. Cálculo no sentido de "cálculo num órgão", por exemplo: cálculo renal.

TRATADO II

Sobre a indicação do grau da emanação da existência a partir de sua[1] existência, iniciando com a primeira existência a partir dele até a última existência após a primeira

[1] Sua existência. Relativo à existência do ser necessário.

CAPÍTULO I[1]

SOBRE COMO AS EXISTÊNCIAS SE DÃO A PARTIR DO PRIMEIRO E SOBRE O CONHECIMENTO DE SUA AÇÃO[2]

É verdadeiro para nós, pelo enunciado que apresentamos[3], que o ser necessário é uno por sua própria essência, que não é corpóreo, não está num corpo e não é divisível sob nenhum aspecto. Então, a existência de todas as existências se dá a partir dele. Não é possível que ele tenha um princípio ou uma causa, sob nenhum aspecto, nem mesmo aquilo que existe a partir dele ou nele ou por intermédio dele. E, também, ele não existe em função de alguma coisa. Por isso, não é possível que a existência do universo[4] a partir dele seja por meio de sua intenção, igual à nossa intenção para produzir o universo e dar-lhe uma existência, pois, assim, ele intencionaria em razão de alguma outra coisa[5].

Já nos dedicamos ao estabelecimento do conteúdo deste capítulo em outro capítulo e por isso lá está mais claro[6]. É próprio do ser necessário a impossibilidade de intencionar a existência do universo a partir do próprio universo porque isso levaria à multiplicidade de sua essência e haveria nele uma coisa por causa da qual intuiria. O seu conhecimento e sua ciência sobre a necessidade de intuir ou o seu querer ou sua bondade para com a intuição faz com que ela seja necessária. É impossível atribuir ao ser necessário uma determinada intuição e um determinado benefício que beneficia esta intuição, como já esclarecemos anteriormente.

A existência do universo a partir dele não se dá naturalmente, de modo que a existência do universo a partir dele não seja de seu conhecimento e de sua satisfação. Como isso pode ser correto? Ele é intelecto puro, intelige a sua própria essência. É necessário que intelija que a existência do universo a partir dele é seu concomitante; não intelige a sua própria essência a não ser como intelecto puro e princípio primeiro. Ele intelige o universo a partir de si como sendo o seu princípio; sua própria essência é princípio e não uma outra essência. O intelecto, aquele que intelige, e o inteligido nele são um. Sem dúvida, sua essência está satisfeita com o que há nela. O primeiro é inteligido por primeiro e através de sua própria essência intelige-se a sua essência a qual por si mesma é princípio da ordem do bem na existência. Então, ele intelige como deve ser a ordem do bem na existência, porém não é um intelecto que vai da potência ao ato nem é um intelecto que passa de um inteligido a outro; sua essência é isenta de tudo que está em potência, sob qualquer aspecto, como esclarecemos anteriormente, mas ele é um só intelecto. E segue daquilo que intelige da ordem do bem na existência o como é possível e o como deve ser a existência do universo de acordo com aquilo que sua intelecção exige. A verdade inteligida por ele é por si mesma, de acordo com o que tu soubeste, ciência, poder e vontade. No entanto, nós, para realizar e fazer existir aquilo que concebemos, necessitamos de intenção, de movimento e de vontade. Para isentá-lo da dualidade, não é conveniente atribuir-lhe isto, nem é correto, pelo que já estabelecemos a seu respeito. A intelecção da causa da existência é tal como ele a intelige. E a existência que existe a partir dele é concomitante de sua existência e segue a sua existência; sua existência não o é em função da existência de uma outra coisa. Ele é o agente do universo no sentido de que é o existente a partir do qual emana toda existência e sua existência se dá a partir de sua própria essência e distingue-se de cada existência.

O significado de nossa afirmação "é agente do universo" não é no sentido de que concede ao universo uma nova existência após a prevalência da não existência do universo, mesmo que geralmente entre as pessoas este seja o significado de agente do universo. Sob um aspecto reivindicam que este agente é agente no sentido de que alguma existência é proveniente dele e, sob outro aspecto, que a existência não provém dele ou, ainda, sob um outro aspecto, o agrupamento dos dois casos.

Se for sob o aspecto de que uma existência procedeu dele, não considerando a situação do não ser desta existência, então, o agente mais ilustre é aquele a partir do qual a existência é mais permanente. Se for agente porque não concedeu a existência, então ele se torna não agente se concede a existência sob o aspecto de que a existência não provém dele.

Se for agente porque concedeu a existência a quem não a tinha e não lhe concedia esta existência, então, o benefício para o não ser anterior à existência não provém dele. Este não ser não necessita de uma causa, mas da ausência de causa. No entanto, o benefício que provém dele é a existência de outro a partir dele; ele é merecedor deste atributo que se chama ação. Se este nome, para este caso, surge pela condição de não ser, então o nome é agente. Se a ação ocorreu sobre algo que foi precedido pelo não ser, nós, então, não denominamos ação à relação do Primeiro Altíssimo com o universo, mas reivindicamos-lhe um nome que sobrepuje este e que indique uma noção mais excelsa do que a (palavra) ação.

Tendo em vista que estas noções não têm nomes entre as pessoas, então é imprescindível que atribuamos nomes a partir dos indicativos célebres. É preciso atribuir um nome que indique a noção exigida. É necessário exigir um nome magnífico entre os nomes que estão no âmbito da palavra ação.

Notas

1. Os caps. I, II, III e IV deste artigo formam um só capítulo na *Najāt*, com o seguinte título: "sobre o grau da existência dos intelectos, das almas celestes e dos corpos superiores". Somente os caps. I, II e III têm o texto igual ao da *Najāt*, pp. 310-6.

2. Neste capítulo Avicena reitera sua argumentação sobre os atributos do ser necessário apresentados no cap. XXIII, tratado I, em que expõe sobre a totalidade dos atributos dele para indicar o nome mais adequado à concessão da existência do universo a partir do Primeiro Altíssimo. Inicialmente apresenta dois nomes: agente e ação. No entanto, refuta a ambos porque, de acordo com os argumentos apresentados, há restrição quanto ao uso destes, pois podem suscitar uma situação de não ser antes da concessão da existência. Assim sendo, Avicena afirma que quer um nome mais apropriado. Isto ocorre no capítulo seguinte.

3. É uma referência ao apresentado no tratado I sobre os atributos do ser necessário.

4. Tradução da palavra Kull, que também pode significar o todo, tudo.

5. Em razão de uma outra coisa que não ele próprio.

6. Cf. cap. XXIII do tratado I.

CAPÍTULO II[1]

SOBRE A NOÇÃO DE ’IBDĀ‘ ENTRE OS FILÓSOFOS[2]

Este nome é ’ibdā‘[3]. Os filósofos estão de acordo em denominar ’ibdā‘ a uma certa relação que existe com o universo. Mas comumente ’ibdā‘ tem uma outra noção, ou seja: é uma invenção nova, porém não a partir de uma matéria. Entretanto, os filósofos querem dizer com ’ibdā‘ a permanência atribuída àquilo que não existe por sua própria essência; uma permanência que não tem relação com outra essência que não a do Primeiro. Não tem relação com uma matéria, ou com um órgão, ou com uma noção, ou com alguma intermediação. É evidente que esta noção é mais excelsa do que a palavra ação.

Quanto à investigação a respeito da essência, é porque o benefício adveniente da palavra ação é a existência de uma coisa não permanente e o benefício adveniente desta noção é uma existência permanente, mas a não existência do efeito não é adveniente do agente. Se a dignidade do agente está em que seu não ser cessa após existir, a dignidade do Criador é maior porque a princípio proíbe o não ser. As duas noções, quero dizer, al-’ibdā‘ e al-fi‘l[4], têm influência sobre o não ser e sobre a existência. A ação (al-fi‘l) é a concessão da existência provisoriamente e a supressão do não ser também é provisória e não permanente. A criação sem intermediário (’ibdā‘) é a concessão da existência permanente e a proibição do não ser permanente. Então, esta noção é mais excelsa e mais digna para a investigação quanto à essência.

Quanto à investigação a respeito dos concomitantes, já esclarecemos que o agente, após não ter agido, sem dúvida, age sobre uma matéria por intermédio de um movimento e um tempo[5]. O Criador verdadeiro é princípio de cada matéria, de cada movimento, de cada tempo e de cada totalidade.

Se a relação da causa primeira com o universo for uma relação com um conjunto, então ele é o Criador. Se a relação for por separação[6], então não será Criador de todas as coisas, mas será para aquela que não tem intermediação entre ele e esta (coisa).

Notas

1. Considerando o exposto no capítulo anterior, Avicena afirma que o nome adequado à concessão da existência a partir do Primeiro Altíssimo, é 'ibdā'. Esta palavra significa criação sem intermediário e a concessão da existência e a exclusão da não existência de modo permanente. O conceito fundamental que este capítulo apresenta é que, em função de sua peculiar essência, o Criador concede todas as existências sem nenhum tipo de intermediação entre Ele e a coisa que recebe a existência. Também justifica a refutação da palavra ação por esta ser um termo que indica a concessão da existência de modo provisório.
2. Filósofos. Tradução da palavra ḤUKAMĀ'. Pode significar tanto filósofos como sábios.
3. No capítulo anterior, Avicena anunciou que irá indicar um nome magnífico e mais nobre do que a palavra ação. Assim sendo, ele inicia este capítulo afirmando que este nome é 'ibdā'.
4. Al-fi'l. A ação.
5. Cf. caps. XXVII e XXVIII do tratado I.
6. Por separação. No sentido de excluir alguma coisa.

CAPÍTULO III[1]

SOBRE QUE O PRIMEIRO CAUSADO É UNO E ELE É INTELECTO

Posto que a existência que procede do primeiro por via da concomitância – se é correto que o ser necessário é ser necessário por sua própria essência sob todos os seus aspectos, e já nos dedicamos ao esclarecimento desta questão anteriormente[2] – então, dizemos: não é possível que uma das primeiras existências a partir dele[3] sejam muitas criaturas, tanto no número ou quanto à divisão em matéria e forma porque, de acordo com o que determina sua essência, só será um concomitante aquilo que segue dele. Então, o aspecto a partir do qual seguiria dele esta coisa não é o aspecto que segue para esta coisa mesma mas para uma outra.

Se seguem a partir dele duas quantidades[4] ou duas coisas, somente uma coisa é igual à matéria e à forma; então, seguem sob dois aspectos distintos de sua essência[5], mesmo que estes dois aspectos não estejam em sua essência mas sendo concomitantes dela. Portanto, a questão sobre a concomitância das duas coisas é clara. Se pertencem à sua essência, então, sua essência é divisível enunciativamente. Já proibimos isto anteriormente e mostramos sua corrupção[6].

Ficou esclarecido que a primeira das existências que procede da causa primeira é una quanto ao número; sua essência e sua quididade são unas, não estão numa matéria. Nenhuma coisa dos corpos ou das formas que são perfeições dos corpos por intermédio de causas está próxima dele[7]; ele é intelecto puro porque é forma que não está numa matéria. Ele é o primeiro dos intelectos separados que já enumeramos e parece ser o motor do corpo extremo por via do desejo

Notas

1. Este capítulo quer mostrar que, tendo em vista a essência da causa primeira, a primeira existência procedente dela só poderá ser una quanto ao número, quanto à essência e quanto à quididade e, também, que esta existência é intelecto puro.

2. Cf. cap. VI tratado I.

3. Dele. Do ser necessário.

4. Tradução da palavra 'adadain que também pode ser traduzida por "dois números".

5. Sua essência. A essência do ser necessário.

6. Cf. cap. V tratado I.

7. Dele. Do primeiro causado.

CAPÍTULO IV[1]

SOBRE COMO SÃO OS OUTROS EXISTENTES A PARTIR DO PRIMEIRO CAUSADO[2]

Uma multiplicidade segue sua essência; também segue do primeiro causado um intelecto, uma esfera celeste, uma alma e assim por diante até cessar no intelecto agente e começarem a ser os elementos e os quatro temperamentos humanos[3].

Tendo em vista que há corpos entre os existentes que procedem do primeiro e que não há como ter corpos a partir dele sem intermediação, tampouco é possível a partir de uma intermediação una e pura ou que haja nela dualidade sob um certo aspecto. É necessário, então, que os corpos sejam a partir das primeiras criaturas, tendo como causa uma dualidade, que haja nela uma necessidade ou uma multiplicidade, seja como for. Não é possível haver nos intelectos separados alguma coisa de multiplicidade, a não ser como digo: o causado é ser possível por sua própria essência e, em função do primeiro, ele é ser necessário; intelige a sua própria essência e necessáriamente intelige o primeiro. Então, é necessário que comece a ser nele a multiplicidade, ou seja: a noção da possibilidade de existir e a noção pela qual intelige a sua essência e por ela torne-se substância e a noção pela qual intelige o primeiro.

A multiplicidade não lhe advém do primeiro. A sua possibilidade de existir é uma questão própria sua, não é causada pelo primeiro; do primeiro ele tem a sua necessidade de existir. Ademais, inteligir o primeiro é uma multiplicidade; também é multiplicidade inteligir a sua própria essência, mas isto[4] é necessário para a existência de sua unidade. Nós não proibimos que a partir de uma só coisa haja uma só essência que seja seguida por uma multiplicidade acrescida posteriormente, que não fazia parte no início de sua existência nem fazia parte do princípio que a constituiu. É necessário, então, que esta multiplicidade seja a causa da possibilidade de existir desta multiplicidade conjuntamente a partir dos primeiros causados[5]. Se não fosse esta multiplicidade, não haveria, a partir dos primeiros causados, a não ser a unidade e não seria possível haver corpo. Não há multiplicidade a não ser apenas sob este aspecto.

Ficou esclarecido para nós, pelo que precedeu, que os intelectos separados são muitos pelo número, porém não existem conjuntamente a partir do primeiro, é necessário que o mais elevado dentre os intelectos separados seja o primeiro existente a partir do primeiro e posteriormente seja seguido de intelecto em intelecto. Tendo em vista que abaixo de cada intelecto há uma esfera celeste que tem matéria e forma, sendo a forma a alma dela; também, abaixo de cada intelecto existem três coisas. É necessário que a possibilidade de existir destas três coisas a partir do primeiro intelecto proceda dele na criação em razão das três coisas citadas que há nele[6].

O mais ilustre segue o mais ilustre sob muitos aspectos. Do primeiro intelecto segue, pelo que intelige do primeiro, a existência de um outro intelecto e pelo que intelige de sua própria essência segue a existência da forma da esfera celeste extrema e sua perfeição, e isto constitui a alma da esfera celeste. Tendo em vista que por si mesmo ele é um ser possível, então, segue disto a corporeidade da esfera celeste extrema que é uma noção comum associada à força, ou seja, o corpo da esfera. Então, pelo que intelige do primeiro, segue um intelecto e do que é próprio de sua essência intelige, sob seu aspecto, a primeira esfera e suas duas partes, quero dizer, a matéria e a forma. Intelige a matéria por intermédio da forma tal como a possibilidade de existir vai ao ato pela ação. Esta é a situação de intelecto para intelecto e de esfera celeste para esfera celeste, até acabar[7] no intelecto agente que governa nossas almas.

Não é necessário que esta noção seja infinita de modo que deva haver abaixo de cada intelecto separado um outro intelecto separado. E dizemos: se a existência é acompanhada de multiplicidade advinda dos intelectos, isto ocorre em função das noções que estão nos intelectos, porém advenientes da multiplicidade. E isto não se inverte, de modo que cada intelecto que possua esta multiplicidade faz os causados serem acompanhados desta multiplicidade, nem estes intelectos são iguais quanto à espécie para que aquilo que é exigido por suas noções seja igual.

Iniciando outra vez o esclarecimento sobre esta noção, dizemos: as esferas celestes são muitas; são mais que o número de esferas que fazem parte do primeiro causado conforme a multiplicidade mencionada; principalmente se cada esfera for dividida em sua forma e sua matéria. Não é possível que o princípio das esferas seja um, isto é, o primeiro causado. Não é possível, também, que cada corpo anterior seja causa do corpo posterior, porque não é possível que um corpo, enquanto corpo, seja princípio de um corpo. E o que tem uma faculdade anímica não é possível que seja princípio de um corpo cuja alma é outra.

Já esclarecemos que a alma de cada esfera é sua perfeição e sua forma; não é uma substância separada, pois, caso contrário, seria intelecto e não alma e não moveria, absolutamente, e não começaria a ser nele movimento de corpo e, pelo que tem de comum com o corpo, não começaria a ser nele nem imaginação nem estimação. No entanto, a argumentação nos conduziu a confirmar estas noções para a alma das esferas celestes.

Se assim for, não é possível que proceda das almas das esferas celestes ações sobre outros corpos que não os seus, a não ser por intermediação de seus próprios corpos, pois as formas dos corpos e suas perfeições são de duas classes: ou as formas de suas substâncias se dão através das matérias dos corpos, e assim, tendo em vista que suas subsistências se dão através dos corpos, também, tudo que proceder de suas subsistências, procederá por intermediação das matérias desses corpos. É por este motivo que a temperatura do fogo não aquece alguma coisa que seja igual a ele mas aquece o que é receptivo a seu corpo ou que corresponde a seu corpo numa certa situação. O sol não aquece qualquer coisa mas aquece o que corresponde a seu corpo. Ou as formas de suas subsistências se dão por sua própria essência e não pelas matérias de seus corpos, tal como o são as subsistências das almas. Cada alma pertence particularmente a um corpo, de modo que sua ação é por intermédio deste corpo e sobre ele. Se a sua essência e sua ação estiverem juntas mas separadas deste corpo, então, seria alma de qualquer corpo e não alma deste corpo específico.

Ficou esclarecido sob todos os aspectos que as faculdades celestes não agem a não ser por intermédio de seus corpos; é impossível que ajam por intermédio do corpo como se fosse alma porque o corpo não pode ser intermediário entre uma alma e outra. Se agisse como se fosse alma, sem intermediação do corpo, então, ela subsiste isoladamente, sem o corpo e lhe é própria uma ação isolada de sua essência e da essência do corpo. Esta não é a questão à qual estamos nos referindo. Se não houver a ação de uma alma celeste, não haverá a ação de um corpo celeste porque a alma é anterior ao corpo no grau e na perfeição. Se se admitir uma causa para cada intelecto, procederá dele, em sua esfera celeste, uma coisa e também uma certa influência, sem, porém, se envolver profundamente em se ocupar com este corpo. Entretanto, sua essência é distinta deste corpo quanto à subsistência e quanto à ação. Nós não proibimos isto; e é a isto que chamamos "intelecto"[8] puro e consideramos aquilo que é posterior a ele como procedente dele. Todavia, isto se distingue da ação exercida por um corpo e o que lhe é comum e daquilo que tem uma forma que lhe é própria.

Então, ficou esclarecido que os princípios das esferas celestes não são corpos e que os corpos não têm forma e que toda esfera tem um princípio próprio e todas as esferas têm um só princípio comum.

Para esta noção há muitos argumentos e provas. Entretanto, neste livro optaremos pelos argumentos que não nos façam necessitar a utilização de muitas premissas e longas análises, porém optaremos pelo que é mais próximo para o entendimento. Esclarecendo isto, dizemos: não há dúvida que aqui há intelectos simples e separados que começam a ser nos corpos das pessoas. Isto ficou esclarecido para você na *Física*[9] e o esclareceremos em breve. Estes intelectos não começam a ser por intermédio de causas primeiras porque são muitos apesar de terem uma mesma espécie e porque começam a ser tal como lá[10] ficou esclarecido. Também não começam a ser por intermédio de causados próximos para esta noção porque a multiplicidade no número de causados próximos é impossível. Então, os intelectos são causados[11] do primeiro, por intermediação.

Não é possível que as causas agentes que intermediam entre as primeiras inteligências e eles[12] sejam inferiores quanto ao grau pois não seriam intelectos simples e separados. As causas que concedem a existência são mais perfeitas quanto à existência. O que é receptivo à existência é inferior quanto à existência. Então, é necessário que o primeiro causado seja intelecto uno por sua própria essência.

Não é possível que proceda dele uma multiplicidade cujos componentes sejam iguais na espécie. Considerando as múltiplas noções que estão nele e a partir das quais é possível a existência da multiplicidade nele: se estas noções diferem em suas verdades, então o que cada uma destas noções exige em sua espécie será distinto do que a outra exige e os concomitantes de uma não serão os mesmos da outra, serão de naturezas distintas. Se forem iguais em suas verdades, pelo que então diferem e se tornam uma multiplicidade sem haver matéria nelas? Portanto, não é possível haver a partir do primeiro causado uma multiplicidade, a não ser que seja distinta na espécie. Ademais, esta multiplicidade não é gerada a partir do primeiro causado sem intermediação de uma outra causa já existente. E assim acontece a partir de cada causado até acabar em um causado cuja geração seja igual à geração dos elementos[13] receptivos à geração e à corrupção e sejam múltiplos pelo número e pela espécie conjuntamente. Então, a multiplicidade do receptivo é causa para a multiplicidade da ação de um princípio cuja essência é una. Após o completamento da existência de todos os corpos celestes, segue sempre um intelecto após o outro até que seja gerada a esfera da Lua e posteriormente todos os elementos, preparando-se para ser uno quanto à espécie e múltiplo quanto ao número. Se a causa não estiver no agente, necessariamente deverá estar em quem recebe.

É necessário, então, que comece a ser a partir de cada intelecto um intelecto abaixo dele e que isto cesse quando as faculdades intelectuais sejam divisíveis e múltiplas, terminando aí este processo. Neste capítulo, este é um argumento demonstrativo. Se for levado ao extremo, será muito forte.

Portanto, ficou evidenciado e esclarecido que todo intelecto que é superior quanto ao grau, o é por uma noção que está nele; quando intelige o intelecto primeiro, torna-se necessária a existência de outro intelecto separado; ao inteligir a sua própria essência, torna-se necessária a existência de uma alma da esfera celeste e, como possuidor de matéria, torna-se necessário a partir dele o corpo da esfera celeste. O corpo da esfera é gerado por ele e permanece por intermediação da alma da esfera celeste. Toda forma é causa para que sua matéria seja em ato porque a matéria em si mesma não tem subsistência. Quem se expressa contrário a respeito disto, terá um longo esclarecimento.

Notas

1. Excetuando-se as duas linhas iniciais deste capítulo, o seu texto praticamente é o mesmo na *Najāt*. Apontamos, porém, algumas diferenças: após o sétimo parágrafo deste capítulo, apesar de o texto ser igual, na *Najāt* este é dividido em um novo capítulo com o seguinte título: "Sobre uma outra demonstração a respeito da confirmação do intelecto separado". No oitavo parágrafo, onde se lê: "já esclarecemos que a alma de cada esfera é sua perfeição e sua forma; não é uma substância separada, pois, caso contrário, seria intelecto e não alma e não moveria, absolutamente, e não começaria a ser nele movimento de corpo..." Na *Najāt*, p. 314, lê-se: "já esclarecemos que a alma de cada esfera é sua perfeição e sua forma; não é uma substância separada, pois, caso contrário, seria intelecto e não alma e não moveria, absolutamente, a não ser por via do desejo e não começaria a ser alteração nele em função do movimento do corpo". No nono parágrafo, onde se lê: "... nos conduziu a confirmar estas noções para as almas das esferas celestes". Na *Najāt*, p. 314, lê-se: "... nos conduziu a confirmar estas noções para as almas das esferas celestes, como você soube. No décimo parágrafo, onde se lê: "ficou esclarecido sob todos os aspectos que as faculdades celestes não agem a não ser por intermédio de seus corpos..." Na *Najāt*, p. 315, lê-se: "ficou esclarecido sob todos os aspectos que as faculdades celestes que têm relação com seus corpos, não agem a não ser por intermédio de seus corpos". No décimo quarto parágrafo, onde se lê: "se forem iguais em suas verdades, pelo que, então, diferem e se tornam uma multiplicidade, sem haver matéria?" Na *Najāt*, p. 316, lê-se: "se forem iguais em suas verdades, pelo que, então, diferem e se tornam uma multiplicidade, sem haver divisão através da matéria?" A última frase do último parágrafo deste capítulo: "quem se expressar contrário a respeito disto, terá um longo esclarecimento", não existe na *Najāt*.

2. Os esclarecimentos deste capítulo querem mostrar o seguinte: que os intelectos separados não passam à existência todos de uma só vez a partir do primeiro intelecto. A ordem de suas respectivas existências é proporcional ao grau de cada intelecto, de modo que o mais elevado é o primeiro a existir, seguido por um outro de grau menor. Que as faculdades celestes agem por meio de suas almas e nunca por intermédio dos corpos porque a alma é anterior ao corpo tanto quanto ao grau e à perfeição e as esferas celestes não podem ter os corpos como princípios.

3. É uma referência aos quatro sentidos: visão, audição, olfato e tato.

4. Isto. Inteligir a sua própria essência.

5. O texto original traz a palavra ma'lumāt, que significa conhecimentos. Corrigimos para ma'lulāt, que significa causados, o que faz mais sentido.

6. Nele. No primeiro intelecto.

7. Acabar. No sentido de ter como fundamento.

8. Aspas do original.

9. Cf. *Šifā', Ṯabi'iyyāt* (Física), edição do Cairo, 1983, pp. 440-50.

10. Lá. Na *Física*.

11. No original está ma'lumāt, que significa conhecimentos. Corrigimos para ma'lulāt, que significa causados, o que faz mais sentido. Na *Najāt*, p. 316, consta a palavra ma'lulāt.

12. Eles. Os intelectos simples separados.

13. Elementos. Elementos que entram nos corpos compostos a título de parte, tradução de 'usṭuqus.

CAPÍTULO V[1]

SOBRE COMO SE DÁ O ENGENDRAMENTO DAQUILO QUE ESTÁ ABAIXO DA ESFERA CELESTE MAS A PARTIR DA ESFERA CELESTE[2]

Se se verificar[3] um certo número de esferas celestes, então segue a partir delas a existência de elementos. Pois os corpos dos elementos[4] são engendrados e corruptíveis. É necessário que seus princípios próximos sejam coisas que aceitem uma certa espécie de modificação e movimento. Ademais, o que é intelecto puro não pode ser sozinho a causa de suas existências[5]. Isto precisa ser verificado a partir de vários princípios. Já repetimos muitas vezes a explicação a respeito e nos dedicamos à sua determinação[6].

Estes elementos têm uma matéria em comum e uma forma pela qual são distintos. É necessário que a distinção entre suas formas siga a distinção das faculdades das esferas celestes; é necessário que a igualdade de suas matérias siga aquilo em que as esferas celestes são iguais. As esferas celestes são iguais na natureza do que é exigido pelo movimento circular. É necessário que o que é exigido por esta natureza seja princípio da matéria e aquilo em que esta é distinta seja um princípio que prepare estes elementos para a distinção nas formas.

Tendo em vista que a matéria não permanece sem a forma, então, sua subsistência não se dá apenas pela natureza da esfera celeste mas se dá pela natureza da esfera e pela forma. E, tendo em vista que a forma na qual subsiste esta matéria agora, ela, a matéria, já subsistiu sem esta; então a sua subsistência não se dá apenas pela forma mas pela forma e pela natureza da esfera celeste. Se subsistisse apenas pela natureza da esfera celeste, não prescindiria da forma e, se subsistisse apenas pela forma, não seria anterior à forma. Assim como o movimento circular segue uma natureza e subsiste pelas naturezas particulares de cada esfera celeste, também a matéria aqui neste caso subsiste pela natureza comum e pelo que existe a partir das naturezas particulares, que é a forma.

Assim como o movimento naquele caso é mais vil em suas situações, também, neste caso a matéria é mais vil em sua essência. Assim como naquele caso o movimento segue uma certa natureza em potência, neste caso a matéria está de acordo com o que está em potência. Assim como as naturezas particulares e as naturezas comuns naquele caso são princípio para a natureza particular e comum neste caso, também, o que acompanha as naturezas particulares e comuns naquele caso no que diz respeito às relações distintas que se modificam e que estão nelas[7] por causa do movimento, também é princípio para a mudança das situações e suas modificações neste caso. Também a mescla de suas relações naquele caso é causa da mescla destes elementos. Os corpos celestes, pelo seu modo particular de se dar[8] e vir a este mundo, exercem uma influência sobre os corpos deste mundo e, também, suas almas exercem influência sobre as almas deste mundo. Por estas noções, sabe-se que a natureza que governa estes corpos quanto à perfeição e quanto à forma, começa a ser a partir da alma dispersa na esfera celeste. Sabe-se isto com o mínimo de esforço.

Notas

1. O conteúdo deste capítulo está contido na *Naǧāt*, p. 316. Nesta, porém, o texto é mais longo e tem o seguinte título: "sobre a situação da geração dos elementos a partir das causas primeiras".

2. A exposição neste capítulo é no sentido de mostrar que a subsistência da matéria acontece pela forma e pela natureza da esfera celeste tendo em vista que somente a natureza da esfera não é suficiente para a subsistência da matéria.

3. Se se verificar. No sentido de se houver um número suficiente de esferas.

4. Ver a nota do capítulo anterior sobre a palavra elementos.

5. Suas existências. A existência dos corpos engendrados.

6. Ver, por exemplo, *Šifā', Ṭabīʿiyyāt*, tratado I, cap. III, pp. 21-5, edição do Cairo, 1983.

7. Nelas. Nas naturezas.

8. De se dar. Significa o modo como se dá o começo de uma coisa.

CAPÍTULO VI[1]

SOBRE A GERAÇÃO DOS ELEMENTOS[2]

Gente de conhecimento disse: tendo em vista que a esfera celeste gira, é necessário que gire em torno de alguma coisa fixa em seu interior. Por fricção da parte fixa com a parte que gira, a esfera começa a se aquecer até converter-se em fogo. O que está longe dele[3] permanece em repouso e começa a se esfriar e condensar-se até se transformar em terra. O que está próximo ao fogo, encontra-se quente, porém menos quente que o fogo; o que está próximo à terra se condensará menos. Pouca temperatura e pouca condensação exigem necessariamente a umidade; a aridez provém ou do calor ou do frio e da condensação, mas a umidade que está próxima à terra fria e ao fogo quente é a causa da geração dos elementos.

Notas

1. O texto deste capítulo é o mesmo da *Najāt*, pp. 318-9, e encontra-se no capítulo com o título "Sobre a situação da geração dos elementos ('usṭuqusāt) a partir das causas primeiras".

2. A exposição aqui é para afirmar que a causa da geração dos elementos é a umidade que se encontra próxima à terra fria e ao fogo, ou seja: os dois opostos, o frio e o quente, na presença da umidade, são fundamentais para a formação dos elementos compostos.

3. Dele. Do fogo.

CAPÍTULO VII[1]

SOBRE A PROVIDÊNCIA E O GOVERNO[2]

Quanto à existência da providência que procede das causas superiores nas causas inferiores, consiste em que cada causa superior intelige a ordem do bem que deve existir a partir dela em qualquer coisa que seja e o seu inteligido segue a existência desta ordem.

Não nos é possível negar o governo nos órgãos do animal e do vegetal e o grau natural; nem nos é possível fazer as faculdades superiores serem amantes de uma ação a partir da qual existam estes corruptíveis ou aquilo que é inferior a eles. Nós já explicamos isto.

Entretanto, a face sincera quanto a estes dois efêmeros[3] é que cada um deles tem sua essência inteligida e estas intelecções são o princípio da ordem que deve haver neles. Esta é a forma de sua essência; é possível que isto[4], para uma totalidade, seja do princípio primeiro. No entanto, para as coisas particulares e para as que sofrem alteração, não se pode atribuir ao princípio primeiro.

Se assim for, a intelecção de uma forma por cada um é ordem do bem a partir do qual é possível haver um princípio para a existência daquilo que existe a partir dele[5] segundo sua ordem. Há para as formas inteligidas pelos princípios um princípio para as formas existentes nos segundos princípios.

Parece que Platão quer dizer com forma, esta forma. Porém é evidente que seu discurso pode ser criticado e está corrompido. O Filósofo[6] dedicou algo de seu discurso (seu esclarecimento)[7] a respeito disto em vários escritos[8]. Se a forma for assim, então a providência de Deus abrange a todos. No entanto, nas coisas eternas, a providência é tanto na espécie quanto no número. Porém, nas coisas corruptíveis, é apenas na espécie.

Notas

1. Este capítulo e os caps. VIII, IX, X e XI não têm paralelo na *Najāt*.
2. Apesar de o título anunciar "Sobre a providência e o governo", aqui aborda somente a questão da providência, deixando a questão do governo das coisas para o capítulo seguinte. Sobre a providência, afirma que ela é a ordem que é inteligida pelas causas superiores e o inteligido por estas causas segue a existência desta ordem.
3. Dois efêmeros. O animal e o vegetal.
4. Isto. Refere-se a estas intelecções.
5. A partir dele. A partir do princípio.
6. O Filósofo. Refere-se a Aristóteles.
7. Os parênteses são do original.
8. Cf., por exemplo, Aristóteles, *Metafísica*, I, 6-9.

CAPÍTULO VIII
SOBRE O PRINCÍPIO DO GOVERNO DAS COISAS TERRESTRES ENGENDRADAS E AS ESPÉCIES NÃO PRESERVADAS[1]

Tendo em vista que as espécies não são preservadas, procriam-se, então, a partir de bolores e mesclas distintas, animais desconhecidos e vegetais novos, mas não a partir de seus semelhantes como ocorre com o ser humano que é gerado a partir de seu semelhante. É sabido que a providência não se dá a partir do primeiro nem a partir dos intelectos puros[2]. Então, é necessário que a providência seja a partir de um outro princípio. E este princípio ou é a alma difundida no mundo da geração e corrupção ou é uma alma celeste.

Parece que a opinião dominante é que seja uma alma gerada a partir dos intelectos e das almas celestes e, principalmente, da alma do Sol e da esfera celeste inclinada que faz girar o que está abaixo da Lua com a ajuda dos corpos celestes e com o brilho da luz do intelecto agente.

Em qualquer situação, é necessário que esta noção, nestas coisas que começaram a ser, seja percebida[3] para as coisas particulares. Por isto, presumo que o mais provável é que esta noção seja de uma alma celeste para que em função de sua particularidade possa imaginar e sentir as coisas que começaram a ser por uma sensação que lhe é adequada. Se uma coisa começou a ser, então, já foi inteligida a perfeição que lhe pertence e o caminho que leva a esta perfeição. Então, este inteligido segue a existência desta forma nesta matéria.

Diz-se da alma dos suplicantes e da alma que se dedica à benevolência, entre outras coisas: se a súplica destes for aceita, a causa desta aceitação será igual a esta substância; e parece que isto é verdadeiro. Tendo em vista que esta causa vê as alterações da matéria, então, esta causa intelige a forma da ordem do bem e a perfeição que devem existir aí e, assim, concretiza-se aquilo que intelige. Do mesmo modo, é possível que, ao ver as alterações das situações dos habitantes deste mundo, começa a ser nesta causa a intelecção que é necessária para evitar a imperfeição e o mal e trazer o bem. Deste modo, esta intelecção segue a existência da coisa que foi inteligida. E uma providência igual a esta [substância deve estar em cada imperfeição e mal que faz parte deste][4] mundo e suas coisas particulares, para que siga desta providência o que a acompanha de bem e de ordem. Não é necessário que isto seja próprio de uma coisa com exclusão de outra. E, se for uma súplica não atendida, ou um mal que não pode ser evitado, há aqui, então, um mistério que não está sendo examinado. Quiçá a providência o faça necessário. E a noção de providência é a que já esclarecemos[5].

Notas

1. Dando continuidade ao anunciado no capítulo anterior, Avicena afirma neste capítulo que o mais provável é que o governo das coisas terrestres seja devido a uma alma celeste que imagina e sente as coisas que começaram a ser.

2. Puros. Tradução da palavra ṣarīḥa, que tanto pode significar puro como limpo. É a primeira vez neste escrito que Avicena utiliza esta palavra. Normalmente ele utiliza a palavra maḥḍ para puro.

3. Percebida. Tradução da mudrikann, de idrāk, ou seja, percepção tanto intelectual como sensível.

4. Os colchetes são do original.

5. Ver capítulo anterior.

CAPÍTULO IX
SOBRE A POSSIBILIDADE DA EXISTÊNCIA DE COISAS INUSITADAS A PARTIR DESTA ALMA[1] QUE ALTERA A NATUREZA[2]

Quando esta alma intelige algo igual a esta substância[3], as formas materiais seguem esta substância na matéria e não está descartada a destruição de algo maligno ou que se dê ânimo a um bem ou comece a ser um fogo ou um tremor ou uma outra causa das causas não consideradas, porque começa a ser nas matérias naturais o que é inteligido por esta substância. É possível que aqueça as matérias frias e esfrie as quentes, que mova as que estão em repouso e pare as que estão em movimento. Começam a ser, então, coisas, porém não a partir de causas naturais passadas mas, subitamente, a partir desta causa natural que começou a ser. Também classes de animal e vegetal cuja condição é serem gerados, são geradas não por via da geração a partir de causas naturais semelhantes a elas – mas por via da geração – e começa a ser nelas formas novas que não existiam em seus princípios. Isto acontece por intermédio da intelecção feita por esta substância. Não é necessário negar das situações de governo coisas não conhecidas; há aqui coisas raras e milagres cujas causas são iguais às que foram descritas.

Notas

1. Desta alma. Relativo à alma mencionada no capítulo anterior.
2. Aqui a intenção é reiterar que, se a alma que governa as coisas terrestres inteligir uma substância igual à substância mencionada no capítulo anterior, começa a ser nas matérias naturais aquilo que é inteligido por esta substância que governa as coisas terrestres.
3. É a substância mencionada no final do capítulo anterior.

CAPÍTULO X

SOBRE COMO ESTE PRINCÍPIO[1] INTELIGE O QUE HÁ AQUI NO PRESENTE E O QUE HAVERÁ NO FUTURO E SOBRE SUA INFLUÊNCIA[2]

Uma vez que as almas dos corpos celestes têm ciência de suas ações, ciência tanto do geral como do particular e, também, têm ciência do que segue de suas ações, é necessário que as situações que se renovam neste mundo e no mundo futuro sigam do que há no presente, assim como as conclusões são conhecidas necessariamente através das premissas. No entanto, elas[3] não necessitam nem se aperfeiçoam com isto. Não há admoestação quanto às benevolências e à revelação[4]. Estas coisas raras[5] são atribuídas a princípios iguais a estes princípios[6].

Pode-se dizer, e não é necessário assombrar-se: como pode proceder acidentalmente a partir destes princípios anímicos uma coisa, porém não pelo curso natural? Aquele que levar em consideração a situação de seu próprio corpo e sua alma, fica-lhe fácil a supressão do assombro de sua presunção. É do estado do nosso corpo que suceda nele calor e frio, movimento e repouso de acordo com o conduzido por aquilo que exigem as coisas naturais. E isto é gerado por causas umas anteriores às outras e com duração limitada e não procede acidentalmente através de causas naturais mas se dá através de estimativas anímicas, como, exemplo, a ira que faz começar a ser um calor nos órgãos cuja causa não é natural. Também, a imaginação da concupiscência move os órgãos, mesmo que não seja natural, e faz começar a ser ventosidade mesmo que isto não exista a partir de causas naturais anteriores. O argumento para tal é que isto começa a ser, conforme mencionamos, num determinado tempo. Se porém não fosse o que mencionamos, não começaria a ser. Também o medo faz começar a ser pânico, febre e calafrios fortes. Esta é a situação da alma do mundo com relação a seu corpo.

Ouvi dizer que um médico esteve presente a uma audiência com um rei dos samânidas[7]. Ao chegar, o médico foi comunicado que era digno de fazer a refeição junto à mesa do rei a qual ficava num lugar onde apenas as mulheres tinham acesso e no qual nenhum outro varão podia entrar. Algumas escravas estavam encarregadas de trabalhar no recinto. Enquanto uma delas servia a mesa, foi tomada por uma ventosidade que a impediu de ficar em pé. Esta escrava era preferida do rei, que disse ao médico: trata-a de imediato e de qualquer modo. O médico não tinha algo natural[8] que a curasse rapidamente. Optou, então, por socorrê-la utilizando-se da psicologia. O médico ordenou que se descobrisse o cabelo dela[9], mas não houve resultado. Ordenou que se descobrisse o ventre dela, também não houve resultado. Ordenou, então, que se descobrisse a genitália dela. Quando as escravas tentaram fazê-lo, elevou-se nela um forte calor que dissolveu a ventosidade. A escrava levantou-se em bom estado e curada.

Notas

1. É uma referência ao que foi afirmado no final do capítulo anterior: "começa a ser nelas formas novas que não existiam em seus princípios", isto é, nos princípios que geraram as classes de animal e vegetal.

2. Este capítulo quer mostrar que, acidentalmente, pode proceder através de princípios anímicos uma coisa, porém não pelo curso natural mas por estimativas anímicas.

3. Elas. As almas.

4. Revelação. Tradução da palavra waḥy, isto é: revelação percebida através da audição.

5. São as coisas raras mencionadas no capítulo anterior.

6. Estes princípios: os princípios que não eram das classes do animal e do vegetal, mencionados no capítulo anterior.

7. Era a dinastia que reinava na época.

8. Algo natural. Remédio natural.

9. Lembremo-nos que se tratava de uma mulher muçulmana que tinha os cabelos cobertos por questão religiosa.

CAPÍTULO XI

SOBRE A INDICAÇÃO DA PROVIDÊNCIA DO ARTÍFICE, SUA JUSTIÇA E AS INFLUÊNCIAS DE SUA SABEDORIA SOBRE OS CÉUS E A TERRA[1]

Voltando ao principal, dizemos: tendo em vista que a verdade primeira teve ciência da ordem do bem na existência, ciência sem imperfeição, esta ciência, sendo a causa da existência daquilo que a verdade primeira teve como ciência, deu-se[2] então o universo no máximo da perfeição. Não é possível que o bem esteja no universo a não ser como está nela[3] e não é possível que nenhuma das coisas que possam pertencer ao universo, não lhe pertença.

E cada coisa do universo existe de acordo com a substância que lhe é necessária. Se esta coisa é passiva, sua passividade será como deve ser; se for uma questão de lugar, estará no lugar que lhe é devido e, se o bem nesta coisa está para que seja passiva e receptiva aos seus contrários, sua matéria subsiste entre os dois contrários com equidade: se um dos dois contrários está em ato, o outro estará em potência. E o que está em potência, é correto que por uma vez esteja em ato. Para tudo isto há causas que se repetem. Não se apresentou em vista disto que esta coisa devesse separar-se de sua perfeição violentamente; e esta coisa tem potência que a faz retornar à perfeição. Os elementos[4] foram formados como receptivos à violência para possibilitar a mescla e a permanência das coisas engendradas a partir deles quanto à espécie. E aquilo que tem possibilidade de permanecer quanto ao número, a causa de sua permanência foi dada para este fim. A parte intelectual[5] exige necessariamente a permanência tanto quanto ao número como quanto à espécie. Cumpriu-se então a existência do universo e os foram ordenados. O fogo ficou na mais alta localidade, nas proximidades da esfera celeste. Se não fosse isto[6], seu lugar seria outro. Próximo à esfera celeste há também lugar de um outro corpo, acompanhado pelo calor devido ao acentuado movimento; assim, o calor se duplica e junto com este corpo vence o restante dos elementos, cessando a equidade.

Tendo em vista que foi necessário que fossem vencidos os elementos engendrados nos quais as espécies permanecem, vencer, também, a providência da substância seca, o sólido, e vencer o lugar de cada elemento engendrado para que o vencedor ocupasse este lugar, foi, então, necessário que a Terra fosse maior na dimensão em torno dos animais e dos vegetais. É necessário existir o lugar dos animais e dos vegetais para que a Terra exista. Além disso, é necessário que o seu lugar[7] esteja distante dos movimentos celestes porque, se estes movimentos comunicarem a sua influência sobre os corpos, alterarão e corromperão estes.

A Terra foi posta no lugar mais distante em relação às esferas celestes, ou seja: no centro. E, se a água está sempre junto à Terra segundo esta noção e há lugar para muitos elementos engendrados e, ainda, a água tem em comum com a Terra a sua forma fria, então a água foi feita para acompanhar a Terra. Também o ar acompanha a Terra por este mesmo motivo e porque o ar tem em comum com o fogo e a água a sua natureza.

Tendo em vista que a grande influência sobre os astros se dá por meio das dispersões que os penetram, principalmente do Sol e da Lua, os quais governam este mundo, então os elementos que estão acima da Terra encontram-se nos extremos para que permaneça nela a dispersão. A água não penetra a Terra para que os elementos engendrados permaneçam sobre ela. A causa natural disto é a aridez da Terra e a conservação de seu formato estranho. Se a Terra ficar privada deste formato, não terá mais o movimento circular e passará a ter um movimento desordenado e a água se dirigiria de suas diversas partes para as profundezas.

Os corpos celestes não são luminosos em todas as suas partes, senão as ações deles seriam semelhantes tanto nos lugares como nos tempos. Nem todas as suas partes estão nos extremos, caso contrário não seriam penetradas pela dispersão, mas se criariam astros nos corpos celestes. Os astros não foram abandonados em repouso, pois as suas ações, por si mesmas, excederiam num determinado lugar, corrompendo este lugar, e não exerceriam influência em um outro lugar e este também se corromperia. Os astros foram feitos para estar em movimento para que suas influências mudem de um lugar para outro, para não ficarem num só lugar e corrompê-lo. Se o movimento em questão não fosse rápido, sua ação, quanto ao exceder e à insuficiência, seria igual à sua ação de repouso; e, se o verdadeiro movimento dos astros tivesse essa velocidade[8] por si mesmo, seguiria apenas uma volta e sua ação excederia e não seria transmitida às outras direções, mas este movimento foi feito como um movimento que abrange o universo e tem por si mesmo um movimento pelo qual se inclina para as direções do mundo; para o sul e para o norte.

Se o Sol tivesse um movimento igual a este, não haveria inverno nem verão e nem estações; há distinção entre a zona dos dois movimentos; o primeiro[9] foi feito veloz e este[10], lento. O Sol se inclina para o sul no inverno para que o frio alcance o norte e a umidade se retenha no interior da Terra. Posteriormente, se inclina para o norte no verão para que o calor alcance a superfície da Terra e a umidade seja utilizada na alimentação do vegetal e do animal. Se o interior da Terra secar, então o inverno chegou e o Sol já se inclinou. Uma vez a Terra se enche de alimentos e outra, de nutrientes.

Considerando que a Lua pode agir de modo semelhante ao do Sol quanto ao aquecimento e à dissolução; se a Lua estiver na fase cheia, com luz intensa, seu curso será distinto do curso do Sol. No inverno, o Sol está no sul e a Lua cheia está no norte para que não faltem juntas as duas causas que aquecem.

No verão, o Sol está no norte e a Lua cheia no sul, para que não se reúnam as duas causas que aquecem.

Se no verão o Sol está na direção das cabeças dos moradores de Al-Ma'mura[11], então seu começo[12] se deu aí, para que não se reúnam conjuntamente pouca inclinação e pouca distância e para que não seja acentuada a influência do Sol. Quando no inverno o Sol está longe da direção das cabeças dos moradores desta cidade, seu perigeu estará lá para que não se reúnam o excesso de inclinação e o excesso da distância e cesse, assim, a influência do Sol. Se o Sol não tivesse esta proximidade e estivesse acima deste afastamento, não haveria equilíbrio de sua influência, como o equilíbrio que há agora.

E assim também deve-se crer para cada astro e para cada coisa e deve-se ter ciência que isto é assim porque as coisas devem ser como estão e não estão assim em função do que procede posteriormente a elas; estão como são em função da ordem do bem no universo e seguem a ciência do Criador de como deve ser o bem no universo. Se esta noção foi denominada intenção, não há nenhum temor quanto a este nome e não será a intenção que acompanha as coisas impossíveis que já citamos. É a isto que os primeiros[13] denominam providência, quero dizer, aquilo que segue a ciência de Deus Altíssimo no sentido de como é possível haver a partir Dele todas as existências e cada parte desta com sua essência própria, sua ação e sua passividade e como deverá ser a procedência do bem através Dele, o qual segue a sua bondade. Deus não existe em função de Sua ação e nenhuma substância O intenciona para isto, Deus Altíssimo prescinde de todas as coisas.

Notas

1. Iniciando com conceitos básicos de geografia e de astronomia para indicar a influência do Sol e da Lua na mudança das estações na Terra e o seu equilíbrio que possibilita a vida tanto dos animais como dos vegetais, este capítulo quer explicar que todas as coisas estão no mundo, tal como se encontram, por influência da ciência do Criador, isto é, Deus, e sob a Sua providência.
2. Deu-se. Concretizou-se, veio ao ato.
3. Nela. Na verdade primeira.
4. Elementos. Tradução da palavra usṭuqusāt, plural de usṭuqus, que designa o elemento que entra nos corpos compostos a título de parte.
5. Parte intelectual ou divisão intelectual.
6. Se não fosse isto. Se não fosse o ordenamento.
7. O seu lugar. O lugar da Terra.
8. Essa velocidade. É uma referência ao movimento não rápido.
9. O primeiro: o movimento dos astros.
10. Este: o movimento do Sol.
11. Al-Ma'mura. Trata-se de uma localidade fictícia, utilizada aqui a título de exemplo.
12. Seu começo: começo do Sol.
13. Os primeiros. É uma referência aos filósofos antigos.

TRATADO III[1]

[Indicação sobre a permanência da alma humana, a felicidade última e verdadeira, que é uma certa felicidade] [e outra felicidade não verdadeira; sobre o infortúnio verdadeiro e último, que é um certo infortúnio, e outro infortúnio não verdadeiro][2]

---

[1] Os capítulos deste tratado não têm paralelo na *Najāt*. Nesta há quatro capítulos que expõem sobre o retorno cujos textos são distintos dos deste tratado.

[2] Os colchetes são do original. Como pode-se constatar, este capítulo apenas anuncia aquilo que será abordado no tratado III, ou seja: a questão do retorno da alma humana ao seu Criador.

CAPÍTULO I

SOBRE O CONHECIMENTO DA ESPECULAÇÃO PRÓPRIA DA ORIGEM E A ESPECULAÇÃO PRÓPRIA DO RETORNO

Os dois tratados anteriores a este são sobre a origem, cujas noções versam sobre a indicação do grau das existências, de acordo com suas anterioridades e posterioridades, iniciando pelo mais anterior para chegar ao mais posterior, sob a condição de que o mais anterior o seja por sua natureza o mais anterior na perfeição e na natureza.

Este tratado é sobre o retorno, cuja noção é a indicação do grau das existências de acordo com suas anterioridades e posterioridades e sob a condição de que o mais anterior o seja por sua natureza o mais anterior na perfeição; porém os outros devem ser, quanto à existência, os mais anteriores na perfeição. Estes graus giram em torno do grau primeiro. Lá[1] iniciou-se com o mais nobre para o mais vil, até parar nos elementos, e aqui se inicia retroagindo do mais vil ao mais nobre; portanto ao contrário dos dois anteriores. O que segue do grau primeiro para os elementos é o grau tomado segundo o grau dos princípios. O que segue dos elementos para a pessoa humana é o grau que retroage segundo o grau dos princípios. O retorno se completa na pessoa humana e tem sua verdade e sua semelhança com os princípios intelectuais. É como se esses princípios girassem em torno de si mesmos: o princípio era intelecto, depois tornou-se alma; depois corpo, depois alma, depois intelecto que retorna para o grau dos princípios.

Nota

1. Lá. Nos dois tratados anteriores.

CAPÍTULO II

SOBRE COMO SE DÁ A GERAÇÃO DOS ELEMENTOS QUE SEGUEM[1] DO MAIS VIL AO MAIS NOBRE E COMO SE DÁ O INÍCIO DOS VEGETAIS[2]

Dizemos: Os elementos se mesclam e a partir disto passam a existir os elementos engendrados. Já falamos sobre a noção de mescla na *Física*[3]. As primeiras coisas que começam a ser são os vestígios superiores[4] e as matérias inertes minerais. Se ocorrer uma mescla próxima do equilíbrio, começa a ser o vegetal. O corpo celeste lhe concede a disposição para a recepção da alma vegetal que é recebida ou do corpo celeste ou do intelecto agente e, então, começa a ser a faculdade da nutrição. É da condição desta faculdade prover o corpo de algo semelhante à nutrição pela alteração de algo não semelhante à nutrição, que adere ao corpo a fim de permitir a influência da dissolução, assegurando com isto a permanência da pessoa.

A faculdade da nutrição é servida pela faculdade da absorção nesta coisa que recebe, semelhante (à nutrição), ou seja, o alimento. A úvula o recolhe para ser dissolvido rapidamente a fim de ser receptivo à ação de alimentar. A faculdade de retenção o incorpora para que se complete a ação da úvula. E também começa a ser a faculdade que desfaz o supérfluo[5], que não tem semelhante nem pode sofrer digestão.

Servem estas quatro faculdades as quatro qualidades seguintes: o calor auxilia o que necessita de dissolução e movimento. O frio auxilia o que necessita de retenção e repouso. A umidade auxilia o que necessita ser terno e ter formato. A dureza auxilia o que necessita de subsistência e conservação do formato.

Inferior à faculdade da alimentação dos vegetais, há uma outra faculdade servida por esta: é a faculdade do crescimento cuja condição é conduzir o alimento que de fato se tornou alimento, para ser utilizado no crescimento do corpo vegetal, tanto no comprimento como na profundidade, de modo proporcional para que o vegetal alcance sua completude quanto ao desenvolvimento, cessando ao findar a sua ação[6].

Há uma outra faculdade que surge quando da debilitação da faculdade de crescimento e chama-se faculdade da geração cuja condição é separar uma parte que excede do alimento; e esta parte se move para engendrar um semelhante à primeira pessoa. Para isto é servida pela faculdade que dá a forma para que sua ação se complete, caso isto ocorra no útero.

As duas primeiras faculdades[7] existem em qualquer alma vegetal. Esta, porém, só existe nos vegetais completos e, talvez, esta faculdade exista de modo completo em apenas uma pessoa e talvez esteja dividida entre duas pessoas. Numa das quais estará o princípio da faculdade da ação e, na outra, o princípio da faculdade que recebe a ação. Se se unirem, dá-se então a geração; isto acontece, em sua maioria, no animal.

Notas

1. Tradução da palavra 'a'idāt, isto é: as que voltam. A sua tradução neste capítulo obedeceu ao que Avicena expôs no capítulo anterior.
2. Neste capítulo, a exposição é no sentido de mostrar como ocorre a geração dos elementos minerais, até a formação das faculdades da nutrição, da absorção, da retenção, faculdade de concupiscência, faculdade do crescimento e a faculdade da geração. É importante observar que, segundo o texto, todo o processo se inicia a partir da mescla (imtizāj) de qualidades contrárias em corpos que estão próximos uns dos outros.
3. Na *Šifā', Ṭabi'iyyāt* (Física), edição do Cairo, 1983, p. 36, linha 11, Avicena afirma: a mescla (mizāj) é uma qualidade que ocorre através da influência de qualidades contrárias em corpos que estão próximos um do outro.
4. Superiores. É uma referência ao que está nas alturas, na esfera celeste.
5. É uma alusão à faculdade de concupiscência que deseja o deleite e a relação sexual para desfazer-se do supérfluo. A respeito disso ver o cap. XLVI do tratado I.
6. Sua ação. A ação da faculdade de crescimento.
7. A faculdade de nutrição e a faculdade de absorção.

CAPÍTULO III

SOBRE A GERAÇÃO DOS ANIMAIS E AS FACULDADES DA ALMA ANIMAL[1]

Se os elementos se mesclarem de maneira acentuada quanto à proporção, estarão preparados para receber a alma animal, porém depois de cumprir a etapa da alma vegetal[2]. A alma animal é perfeição primeira de um corpo natural dotado de órgãos cuja condição é sentir[3] e se movimentar pela vontade.

As faculdades desta alma se dividem em faculdade da apreensão e faculdade motriz. A faculdade da apreensão se divide em externa e interna. O princípio do movimento se divide em aquilo que traz o útil, ou seja, a concupiscência para o deleite, e em o que rejeita o prejudicial, ou seja, a ira, que deseja a vingança. Suas ações se completam uma pelo desejo e outra pela relação sexual.

Quanto às apreensões externas, correspondem aos cinco sentidos externos, porém na verdade são mais que cinco porque o tato não é apenas uma só faculdade mas quatro faculdades que se referem a um só tipo de contrários. Há um julgamento para o frio e o quente, um julgamento para o terno e o sólido, um julgamento para o seco e o úmido e um julgamento para o rugoso e o liso. No entanto, como estas faculdades estão dispersas conjuntamente num só órgão exterior, presume-se que seja apenas uma faculdade.

Quanto à faculdade interna: as faculdades dos animais completos são cinco ou seis. A primeira delas é a faculdade da fantasia, chamada de sentido comum e recebe dos sentidos os sensíveis. Esta faculdade é o verdadeiro sentido.

E a faculdade da imaginação, que conserva aquilo que recebe dos sentidos no que diz respeito às formas sentidas. A diferença entre esta e a primeira (a faculdade de fantasia) é que a primeira é uma faculdade receptiva e a faculdade da imaginação é a que conserva. A faculdade que recebe e a que conserva não são uma só faculdade.

Acompanha a faculdade da imaginação uma outra faculdade quando está nas pessoas e é empregada pelo intelecto: chama-se faculdade cogitativa; se estiver nos animais ou nas pessoas e for empregada pela estimativa, será chamada faculdade imaginativa. A diferença entre elas e a imaginação é que o que há no imaginado[4] é obtido dos sentidos e a faculdade imaginativa é composta, se distingue e começa a ser a partir das formas não sentidas e que não serão sentidas absolutamente, como, por exemplo, um homem voando ou uma pessoa metade homem metade árvore.

Acompanha esta faculdade, a faculdade estimativa que apreende dos sentidos noções não sentidas. A indicação para isto é que há no animal uma faculdade igual a esta. Ao ver o lobo, a ovelha fica com medo e foge, pois, sem dúvida, apreendeu a forma dele e seu vulto e apreendeu a sua inimizade e que (o lobo) é o seu oposto. Ao ver o ubre grande[5] que lhe gerou sendo afetuoso com ela, vê, então, o vulto dele e apreende que lhe é adequado. O animal também distingue quem lhe é amistoso e bondoso e propositalmente o segue; além disso, apreende seu oponente e o nocivo por parte das pessoas, fugindo delas, e tem um propósito mal em relação a elas. É impossível apreender dos sentidos aquilo que não pode ser sentido ou imaginado. Resta, então, que há no animal uma faculdade que apreende estas noções, além daquelas sentidas que existem nos sentidos; esta faculdade chama-se faculdade estimativa.

Segue esta faculdade uma outra faculdade que lhe é um depósito, chamada faculdade que recorda e conserva. A relação de conservar e recordar para o que é apreendido pela estimativa é a mesma relação da imaginação apreendida pelos sentidos. A imaginação e a fantasia situam-se na parte dianteira do cérebro e seu princípio é o coração; a que recorda e a que conserva situam-se na parte posterior do cérebro e seu princípio é o coração.

A primeira coisa que é engendrada no animal é o coração, onde está o seu espírito[6] e o princípio de todas as faculdades anímicas e a partir do qual emanam faculdades para os órgãos por meio dos quais completam-se as ações das faculdades anímicas.

Quando o cérebro é engendrado, emanam para ele as faculdades dos sentidos e do movimento e, assim, completa-se o engendramento de sua primeira ação porque o espírito adquire mais equilíbrio com o resfriamento do cérebro. As faculdades dos sentidos e dos movimentos emanam do cérebro para os órgãos particulares, completando-se assim o engendramento de sua segunda ação.

Tendo em vista que o cérebro sozinho não é a visão, mesmo sendo o princípio dela, a visão se completa por um outro órgão além do cérebro. Assim ocorre também com o coração. Sozinho ele não é o órgão dos sentidos para o corpo todo, mesmo sendo o princípio dos sentidos. O mesmo acontece com o movimento. O cérebro é o órgão prioritário do movimento, e os nervos são seus órgãos secundários e o órgão do cérebro é o órgão prioritário.

Assim como o cérebro transmite por um só nervo faculdades distintas, sendo algumas sensíveis e outras motrizes; as sensíveis, algumas relacionadas ao paladar e outras ao tato, também são transmitidas do coração ao cérebro, por uma só artéria, uma faculdade de sentir e de movimento e, também, é transmitida uma faculdade para o fígado, se houver carência na faculdade da nutrição.

Não se proíbe que sejam transmitidas por um só princípio faculdades distintas por meio de um órgão apenas e, posteriormente, se distribuam nos órgãos e se separem de modo que cada órgão passe a pertencer a uma faculdade de acordo com a definição dele. Assim, então, a artéria, mesmo sendo uma, transmite o espírito que sustenta os princípios de todas as faculdades.

Se a artéria for dividida, eleva-se até o cérebro uma ramificação e, se descer uma ramificação até o fígado, será penetrada por uma outra faculdade, pois as ramificações dos nervos têm estas situações. Para cada órgão há uma faculdade nutritiva distinta quanto à espécie em relação ao outro órgão. No entanto, o princípio de todas elas é o fígado, além do coração, e o seu órgão é a jugular. Quem conhece anatomia não considera isto improvável.

O coração é o princípio de todas as faculdades porque a alma é una quanto à essência e ocupa este coração. Logo, ele é princípio de muitas faculdades.

Entre o corpo e as faculdades, há um corpo delicado e quente, que é o primeiro a sustentar todas estas faculdades e chama-se espírito, que começa a ser por meio de uma delicada mescla de componentes e de acordo com o plano destas e segundo uma proporção determinada.

No entanto, os órgãos começam a ser por uma mescla de componentes bastos. Se esta faculdade fosse transmitida por intermédio de um corpo, a obstrução não impediria a sensação e o movimento. Se este corpo não fosse acentuadamente delicado, não transmitiria, por causa do entrelaçamento deste nervo.

Este espírito, enquanto está no coração, chama-se espírito animalesco. Se, porém, se efetivasse no cérebro e fosse passivo, não seria chamado espírito anímico e seu lugar seria nas profundezas[7] e no interior do cérebro. Se se efetivasse no fígado, seria chamado de espírito natural e o seu lugar seria no interior das jugulares.

Este espírito se efetiva no coração segundo duas mesclas[8] na maioria dos animais: com uma mescla de proporção quente que é própria do masculino, a natureza faz os órgão masculinos. Com uma outra mescla de proporção menos quente que é própria do feminino, a natureza faz os órgãos femininos.

Voltando à faculdade dos sentidos, dizemos: a audição e a visão foram criadas para a apreensão do que está distante; o tato para o que está próximo; o olfato e o paladar, para distinguir os alimentos; a faculdade da fantasia, para deduzir de algo sentido o que é este algo sentido. Se, por exemplo, o olfato e o paladar forem insuficientes para indicar um alimento, será indicado por intermédio da cor porque a primeira sensação sabe que tal cor pertence a tal comida, se se reunirem a forma[9] da cor e a da comida conjuntamente. No entanto, a imaginação não necessita a cada momento de experiência para conservar isto; nem a estimativa necessita disso para apreender o que é imprescindível quanto às noções sentidas. O recordo[10] não necessita constantemente da estimativa como experiência. A imaginativa não necessita da estimativa para recuperar o que desapareceu do recordo ou para revelar o que não se recorda pela representação de uma forma imaginada, composta e separada em partes para realização da noção exigida por esta forma; efetiva-se para o recordo a noção exigida.

Notas

1. Este capítulo inicialmente conceitua alma animal como sendo uma perfeição superior de um corpo dotado de órgãos e vontade. Em seguida há uma divisão das faculdades desta alma racional. Há, ainda, uma exposição sobre os cinco sentidos humanos. Avicena afirma que os sentidos serão mais que cinco ao se considerar que o tato se subdivide em quatro faculdades. Posteriormente apresenta-se os sentidos internos na concepção do nosso filósofo, compostos pela faculdade da fantasia, faculdade da imaginação, faculdade cogitativa, faculdade estimativa e a faculdade responsável pela recordação e pela conservação daquilo que esta apreende e as funções de cada uma destas faculdades. Apresenta, também, a função de alguns órgãos dos animais, como o coração e o cérebro. Nesta parte percebe-se que este pensador utiliza-se de seus conhecimentos médicos ao explicar detalhadamente as funções e ligações destes órgãos com outros.

2. Depois de cumprir a etapa da alma vegetal. De acordo com o exposto no capítulo anterior, isto significa que é depois de adquirir as faculdades de nutrição, de absorção, de crescimento, entre outras. Para mais detalhes, ver capítulo anterior.

3. Sentir. Relativo às sensações.

4. No imaginado. O conteúdo da imaginação.

5. Ubre grande. É uma referência à ovelha mãe.

6. Espírito. Tradução da palavra rūḥ. Normalmente Avicena a utiliza como sinônimo de ‘aql, isto é, intelecto ou faculdade.

7. Nas profundezas. Na parte baixa do cérebro.

8. Mesclas. Tradução de mizāj, a mescla que forma os elementos do corpo de um animal e mais especificamente o corpo humano, como, por exemplo, o seu temperamento.

9. Forma. Deve ser entendida como a afeição exterior de uma coisa.

10. Recordo. Também pode ser memória.

CAPÍTULO IV

SOBRE A GERAÇÃO DO HOMEM E DAS FACULDADES DE SUA ALMA E SOBRE O CONHECIMENTO DO INTELECTO MATERIAL[1]

Se os elementos se mesclarem, porém, de modo verdadeiramente próximo do equilíbrio da mescla, então, começa a ser o homem e se juntam a ele todas as faculdades nobres e animalescas com o acréscimo de uma alma chamada racional que, por sua vez, tem duas faculdades: uma da apreensão e de conhecer e outra motriz prática.

A faculdade da apreensão e de conhecer é própria de todas as coisas simples e a faculdade motriz, que age, é própria daquilo que compete ao homem fazer. Assim, pois, ele revela os ofícios humanos, julga o abominável e o belo naquilo que faz e deixa de fazer, tal como a especulativa julga a verdade e a falsidade daquilo que vê. E para cada uma das duas faculdades há presunção e julgamento. A presunção é fraqueza de ação e o julgamento é força de ação.

A faculdade de agir é comparada aos hábitos e dedicada às habilidades, opta pelo bem ou por aquilo que presume que seja bem relativamente ao trabalho. Ela[2] contém[3] o engano, o oculto e a sabedoria prática que serve de intermediária entre elas[4]. Geralmente, todas as ações humanas se apoiam muito na faculdade especulativa. Pertence à faculdade especulativa a opinião geral e pertence à faculdade prática a opinião particular que se volta para o que é feito.

Quanto à faculdade especulativa, ela tem graus. O primeiro de seus graus é ter uma disposição para a alma e não para o corpo, nem para a mescla do corpo, e esta disposição está de acordo com as noções inteligíveis e universais. Isto ficou evidente nos textos de lógica e nos textos da *Física*[5], de acordo com dois pontos de vista e duas considerações distintas sobre o que é a forma inteligida e o que é a forma sensível; o que é a forma universal e particular e como começam a ser nesta faculdade os inteligíveis universais.

Essa disposição é uma faculdade da alma que se chama intelecto material e intelecto em potência. Chama-se material porque há matéria primeira nos corpos, mas os corpos não têm forma, absolutamente, porém é da condição dos corpos receber toda forma sensível. Do mesmo modo, há nas almas matéria primeira que não tem absolutamente formas mas recebe toda forma inteligível. Se fosse própria de uma só forma sensível, não seria capaz de receber as formas inteligíveis, como mostraremos em breve. E, se fosse própria de uma só forma inteligível, receberia uma outra forma corretamente, como, por exemplo, a lousa que tem algo escrito nela. Porém há aptidão pura por parte da alma para receber todas as formas.

Notas

1. Intelecto material. Tradução da palavra hayulāni, derivada de hayula, isto é, matéria primeira. Este capítulo quer mostrar que o homem é gerado quando os elementos se mesclam numa proporção muito equilibrada. A geração do homem se dá seguida de faculdades que lhe são peculiares e da alma racional. Mostra, ainda, a função de algumas faculdades, como a faculdade da apreensão, a faculdade de agir, a faculdade especulativa e uma breve exposição sobre o intelecto material.

2. Ela. A faculdade de agir.

3. Contém. No sentido de que esta faculdade reconhece o engano, o oculto e conhece a sabedoria prática.

4. Elas. Entre as coisas citadas na observação anterior.

5. Na *Šifā', Ṭabi'iyyāt* (Física), edição do Cairo, 1983, tratado I, cap. VI, p. 34, Avicena afirma: título do capítulo: "Sobre a relação da natureza com a matéria e com o movimento". Há para cada corpo uma natureza, matéria, forma e acidentes. A sua natureza é a faculdade a partir da qual procede o seu mover ou sua alteração que existem a partir de sua essência, bem como seu repouso e sua permanência. A sua forma é a sua quididade e pela qual é o que é. A sua matéria é a noção que sustenta sua quididade. Os acidentes são as coisas que, ao se conceber sua matéria através de sua forma e se manifestar a sua espécie, esta segue ou se apresenta para o corpo do exterior. Talvez a natureza de uma coisa seja por si mesma a sua forma e talvez não seja. Mas, nas (coisas) simples, a natureza é a forma por si mesma. A natureza da água é por si mesma a quididade

pela qual a água é o que é, mas (a água) é natureza por certa consideração e forma (por outra) consideração. Se os movimentos forem comparados às ações procedentes deles, será chamada natureza e se forem comparados à subsistência da espécie da água, será chamada forma, mesmo que não se considere o que procede dela de influência e de movimentos. A forma da água é igual a uma faculdade que faz subsistir a matéria primeira da água (como) espécie...

CAPÍTULO V

SOBRE QUE O INTELECTO MATERIAL É UM MUNDO INTELECTUAL EM POTÊNCIA. COMO ELE INTELIGE OS INTELIGÍVEIS PUROS E OS SENSÍVEIS QUE SÃO INTELIGIDOS EM POTÊNCIA QUE SOMENTE PASSAM AO ATO POR INTERMÉDIO DO INTELECTO AGENTE. PRIMEIRAMENTE SÃO INTELECTO EM HÁBITO, DEPOIS EM ATO E POSTERIORMENTE INTELECTO ADQUIRIDO[1]

É da condição deles[2] tornarem-se um mundo intelectual, ou seja, que se dê neles a forma de cada existente, isto é, aquilo que é inteligido por meio de sua própria essência, para ficar isento de matéria ou aquilo que não é inteligido por meio de sua própria essência mas é uma forma que está numa matéria. Entretanto, a faculdade intelectual abstrai esta forma da matéria, como esclareceremos em breve. Então, essa faculdade é ao mesmo tempo criadora[3], agente das formas inteligíveis e as recebe.

O mundo, ou é um mundo intelectual ou é um mundo sensível. Cada mundo é o que é em função de sua forma. Se a sua forma se efetiva em alguma coisa, tal como este mundo é, então, esta coisa por si mesma é um mundo. O intelecto material tem aptidão para ser o mundo do universo porque se compara ao mundo intelectual e é por si mesmo semelhante ao mundo sensível. Há nele, portanto, a quididade e a forma de cada coisa que existe. Se, porém, alguma coisa lhe for adversa: ou porque ele é em si débil quanto à existência; uma debilidade semelhante ao não ser, e isso é igual à matéria primeira, ao movimento, ao tempo e ao infinito. Ou porque se manifesta de maneira muito intensa ofuscando a faculdade como, por exemplo, a luz forte ofusca a visão e isto é igual ao princípio do universo e às coisas intelectuais puras. A existência da alma humana na matéria lhe transmite uma fraqueza em função da intelecção destas formas abundantes na natureza. Presume-se, então, que, se ela[4] ficar abstraída da matéria, poderá ser examinada de modo verdadeiro e aperfeiçoará sua comparação com o mundo intelectual, que é a forma do universo no Criador Altíssimo, e é de Sua ciência a anterioridade de cada existência de acordo com a essência e não de acordo com o tempo. Esta faculdade que é chamada material, é um mundo intelectual em potência cuja condição é ser comparado ao princípio primeiro. Tendo em vista que cada coisa que passa[5] da potência, passa por uma causa benéfica ao ato e esculpe uma forma de cera em quem não tem esta forma e dá perfeição a alguma coisa além da perfeição que esta coisa tem, então é necessário que essa faculdade passe ao ato por intermédio de alguma coisa dos intelectos separados já mencionados. Esta passagem, ou se dá por qualquer um desses intelectos ou pelo mais próximo deles quanto ao grau, ou seja, o intelecto agente; cada um dos intelectos separados é intelecto agente. Entretanto, o mais próximo de nós é intelecto agente, comparativamente a nós.

A noção de ser agente é que ele é por si mesmo intelecto em ato, nenhuma coisa nele é receptiva à forma inteligida, tal como nós inteligimos alguma coisa que seja perfeição; sua própria essência é forma intelectual que subsiste por si mesma e não há nela, em absoluto, alguma coisa em potência ou matéria. Ela é intelecto e intelige a sua própria essência porque sua essência é uma das existências. Ela é intelecto por si e inteligível porque é uma das existências separadas da matéria e sua existência não se separa de um intelecto, sua existência é inteligível e sua existência não é este intelecto, sua existência é este inteligível. Nossos intelectos diferem quanto a isto porque têm o que é em potência. Esta é uma das noções de um intelecto agente.

Ele também é intelecto agente por causa de sua ação em nossas almas e a passagem delas da potência ao ato. A comparação do intelecto agente com as nossas almas é como a comparação do Sol para a nossa visão e também a comparação com a luz que faz os sentidos passarem da potência ao ato e com aquilo que é sentido em potência e passa a ser sentido em ato.

O primeiro que começa a ser a partir do intelecto agente no intelecto material é o intelecto em hábito. Este intelecto é a forma dos primeiros inteligíveis, dentre os quais alguns não chegaram ao ato por meio da experiência nem por comparação nem por dedução, em absoluto, como, por exemplo, que o todo é maior que a parte. Outros inteligíveis se concretizam através da experiência, como, por exemplo, que toda terra é pesada. E esta forma é acompanhada por uma faculdade, porém para adquirir outra faculdade; e ela seria como a luz para a visão.

Se se efetivar o intelecto em hábito, a alma terá aptidão para o intelecto em ato e para o intelecto adquirido e todos eles são um quanto à essência; são distintos apenas quanto à consideração que se faz. Se se efetivar o intelecto em hábito, a alma terá possibilidade de utilizar o silogismo e o termo (do silogismo) e chegará à efetivação e ao aperfeiçoamento de si através de aplicação[6].

A crença[7] e a recepção, bem como a subsistência do silogismo e do termo (deste), existem pela emanação da luz do intelecto agente cuja situação será a mesma dos intelectos primeiros. Assim, a afirmação que o todo é maior que a parte é certa através da luz do intelecto agente sem necessitar de argumentação. Também, o que é correto no silogismo e no termo, devem ser aceitos, além de sua subsistência pela luz do intelecto agente, sem necessitar de argumentação. Na realidade, a conclusão é um consequente entre os elementos que são inseparáveis do silogismo quando este é completo. Assim como quando alguém faz uma pergunta e se lhe responde: "não era assim". Esta frase não é uma resposta[8]. O mesmo ocorre se alguém der a seguinte resposta a uma pergunta: "o silogismo correto e o termo correto não exigem necessariamente conhecimento". Esta frase também não é uma resposta, contudo, o princípio de tudo isto é o intelecto agente.

Se se efetivarem na alma os inteligíveis adquiridos, convertem-se pelo aspecto da realização destes inteligíveis – mesmo não subsistindo na alma em ato – em intelecto agente porque pode inteligir quando quer sem recorrer à aplicação intelectual. Se estes inteligíveis forem considerados como existentes, subsistentes em ato nele, serão chamados de intelecto adquirido do exterior, ou seja: do intelecto agente, por aplicação intelectual e grande poder. Talvez seja dito intelecto agente em comparação com sua própria essência e intelecto adquirido em comparação com o seu agente.

O propósito da perfeição do mundo do retorno é que comece a ser a partir dele um homem. Os outros animais e vegetais começam a ser ou em função do homem ou para não desperdiçar matéria, como acontece com um marceneiro hábil. Ele utiliza a madeira para o seu propósito, e o que resta, não desperdiça mas conserva guardada seca, isolada, entre outros cuidados. E o propósito da perfeição do homem é concretizar em sua faculdade especulativa o intelecto adquirido e em sua faculdade de agir, a justiça. Aqui está contido o nobre no mundo do retorno.

Notas

1. Este capítulo dá continuidade à explicação iniciada no capítulo anterior sobre o intelecto material. No início da argumentação afirma-se que pode haver no intelecto material a quididade e a forma de cada coisa que existe. A faculdade material é um mundo intelectual em potência que passa ao ato somente por intermédio do intelecto agente porque o intelecto agente é, por si, intelecto já em ato, não há nada nele em potência ou matéria. Avicena compara a ação do intelecto agente sobre nossas almas com o Sol relativamente à nossa visão. Depois, afirma que o primeiro intelecto que começa a ser no intelecto material, a partir do intelecto agente, é o intelecto em hábito e faz uma explicação sobre a função deste no homem. Ao efetivar-se nas pessoas o intelecto em hábito, a alma humana terá condições para ter o intelecto em ato e o intelecto adquirido. No final do capítulo, há uma primeira indicação sobre o mundo do retorno, isto é, o mundo pós-terreno, afirmando que o propósito da perfeição do homem em sua faculdade de agir é a justiça. Nota-se então que a prática da justiça é um elemento importante no mundo do retorno.

2. Deles. É uma alusão aos inteligíveis anunciados no título.

3. Criadora. Tradução da palavra ḫāliqa. Esta palavra deriva de ḫalq, ou seja, criação que vem ao ato a partir de matéria e forma. Ḥudūd, 101, cf. *Lexique*, nº 227.

4. Ela. A alma.

5. Passa. Literalmente, seria, que sai.

6. Aplicação. Com o sentido de se dedicar ao estudo de alguma coisa.

7. Crença. Tradução da palavra ʾiʿtiqād, que literalmente significa crença. Em vista das características deste texto, deve-se entender que é uma crença por certeza racional.

8. Não é uma resposta. Significa que a resposta não tem nexo.

CAPÍTULO VI

SOBRE QUE OS INTELIGÍVEIS NÃO OCUPAM UM CORPO NEM SÃO UMA FACULDADE QUE ESTÁ NUM CORPO, MAS SÃO SUBSTÂNCIAS QUE SUBSISTEM POR SI MESMAS[1]

Agora nós queremos investigar para conhecer como cada faculdade da apreensão adquire a forma daquilo que apreende. Então, dizemos: se aquilo que é apreendido for uma essência intelectual, não é possível que seja apreendido por uma faculdade sensível nem por uma faculdade que esteja num corpo, sob nenhum aspecto.

A prova disso é que toda faculdade que está num corpo apreende uma forma que, sem dúvida, ocupa um corpo. Não é possível que exista para uma forma intelectual, seja ela como for, uma forma que ocupe um corpo, porque toda noção e essências intelectuais são isentas de matéria e dos acidentes da matéria. O corpo é apenas um limite[2].

Toda forma que ocupa um corpo é possível que seja dividida. Se as partes da divisão forem semelhantes, então a causa não foi apreendida somente uma vez, mas muitas vezes; porém, muitas vezes infinitas em potência. Se as partes da divisão não são semelhantes, então é necessário que sejam distintas; é necessário que algumas subsistam tal como subsistem as diferenças da forma completa. Algumas partes subsistem como subsiste o gênero porque as partes desta forma são partes da noção da essência; não é possível dividir a noção da essência a não ser sob este aspecto. Entretanto, não é necessário que a divisão seja sob um só aspecto; é possível que seja sob aspectos distintos e é possível que as partes da forma sejam tal como se igualaram as partes da diferença ou do gênero. Vamos supor que seja igual à parte do gênero e à parte da diferença determinados.

Vamos fazer a divisão de acordo com a distinção[3] desta divisão: se isto aconteceu por si mesmo, é impossível que aconteça. Se foi considerada uma outra diferença e um outro gênero, começam a ser para esta coisa diferenças do mesmo modo como estas se igualaram, porém de modo infinito e sem gêneros. Isto também é impossível.

Como pode ser possível e não necessário que a forma por um lado seja própria do gênero e por este mesmo lado seja própria da diferença? Se esta propriedade[4] começa a ser por estimação[5] da divisão, então, a estimação foi feita por uma outra forma que não a desta coisa; isto é impossível. Se esta coisa existe, é necessário que o nosso intelecto seja duas coisas e não apenas uma coisa. A questão sobre cada uma destas coisas é clara: é necessário que o nosso intelecto seja coisas infinitas e haveria para um inteligível infinitos princípios inteligíveis.

E como é possível que se concretize em ato a partir de dois inteligíveis um só inteligível e nós inteligimos a natureza própria da diferença para a natureza do gênero? É impossível. É necessário que a natureza das diferenças e suas formas se instalem no corpo, aí então haverá a natureza do gênero.

Além disso, o uno, que não pode ser dividido, como será inteligido? A definição enquanto definição é una; como o uno seria inteligido no aspecto de sua unidade? As diferenças abstraídas não podem ser divididas pelas diferenças e, também, não podem ser divididos os gêneros abstraídos que não têm gêneros bem como as formas inteligíveis que não podem ser divididas em princípios de definição, seja como forem inteligidas.

Ficou evidenciado e esclarecido que os verdadeiros inteligíveis não se instalam em nenhum dos corpos nem são recebidos por uma forma estabelecida na matéria de um corpo porque este pode ser dividido.

Notas

1. A questão deste capítulo é esclarecer que os inteligíveis são substâncias que subsistem por si mesmas; não ocupam corpos e não são recebidos por uma forma estabelecida em um corpo, pois este, ao contrário daquelas substâncias,

pode sofrer divisão. Para este esclarecimento, o autor recorre à questão da diferença entre as coisas e à subsistência do gênero.

2. Limite. O corpo impõe um limite, restringe.
3. Distinção. Deve ser entendida como sinônimo de diferença.
4. Propriedade. No sentido de qualidade do que é próprio.
5. Estimação. Relativo à faculdade estimativa.

CAPÍTULO VII
SOBRE QUE OS SENSÍVEIS[1] NÃO SÃO EM ABSOLUTO INTELIGÍVEIS ENQUANTO SENSÍVEIS, POIS NECESSITAM DE UM ÓRGÃO CORPORAL POR MEIO DO QUAL SINTAM OU IMAGINEM. A FACULDADE INTELECTUAL TRANSFORMA AQUILO QUE É SENTIDO EM INTELIGIDO; E SOBRE COMO ISTO ACONTECE[2]

Voltando ao principal, dizemos: se aquilo que é apreendido é uma essência sensível, também não é possível que seja inteligida pelo que há nela de coisas sensíveis porque esses sensíveis exigem necessariamente que, ao serem concebidos, sejam imaginadas partes diferentes. Seria, por exemplo, ângulo por uma parte e linha reta por outra; uma mão por uma parte e cabeça por outra. Se ao se conceber houver esta diferença: ou isto é devido às suas diferenças quanto à noção ou quanto à matéria. Suas diferenças quanto à noção e à forma não exigem necessariamente que haja nelas[3] diferenças na faculdade imaginativa, pois as noções distintas são imaginadas conjuntamente, como, por exemplo, o negro, o rígido e o formato. As noções iguais são imaginadas separadas com, por exemplo, duas mãos e duas pernas. Resta, então, que a causa disso seja suas diferenças na matéria. É necessário, então, que haja equivalência quanto à noção na matéria. Se quiseres averiguar isto, reflete sobre nossa síntese no *Kitāb al-Nafs* (Livro sobre a alma) e no *Kitāb al-Ḥass wa al-Maḥssus* (Livro sobre os sentidos e os sensíveis).

Entretanto, se o intelecto quiser conceber estes inteligíveis, ele os abstrai da matéria e das características dela, conjuntamente; suprime a multiplicidade e recebe a totalidade comum porque a multiplicidade segue a matéria e não há multiplicidade na noção. Suprime também as que derivam da noção tal como a posição, o formato, a qualidade, a quantidade e o lugar. Tudo isto são coisas que têm relações com a matéria; se fossem das relações com a definição e com a noção, Zayd e 'Amr[4] não seriam distintos quanto à situação e quanto ao lugar e à qualidade, mesmo sendo iguais na forma.

Ficou evidenciado então que nenhuma coisa das que são sensíveis é inteligível nem o que é inteligível é sensível; o intelecto purifica os inteligíveis dos sensíveis e se assemelha a eles. Porém apenas intelige pelo intelecto em hábito, beneficiado pela coisa que por sua própria essência é intelecto, e inteligível por sua própria substância, não porque o intelecto o abstrai da sua disposição não inteligível e o transforma em inteligível. Quiçá uma substância igual a esta seja princípio para inteligir aquilo que não é inteligível por sua própria essência porque o que é inteligível por sua própria essência é princípio em cada coisa que não é inteligível por sua própria essência. O que é quente, aquece por sua própria essência e o que é frio é o que esfria por sua própria essência. O intelecto, por sua própria essência, faz passar o intelecto da potência ao ato.

Notas

1. Sensíveis. O que é captado pelos sentidos.
2. Este capítulo apresenta uma explicação para afirmar que as coisas sensíveis não são inteligíveis e, também, aquilo que é inteligível não é sensível. O próprio intelecto separa os inteligíveis dos sensíveis. É interessante observar que, segundo Avicena, o intelecto não transforma aquilo que não é inteligível em inteligível. O intelecto se beneficia de algo que por sua própria essência é intelecto e inteligível por sua própria substância.
3. Nelas. Nas partes.
4. Zayd e 'Amr. São nomes de pessoas quaisquer, masculinos, utilizados aqui paradigmaticamente.

CAPÍTULO VIII
SOBRE OS GRAUS DAS ABSTRAÇÕES DAS FORMAS DA MATÉRIA[1]

Dizemos: Toda apreensão sensível, imaginativa, estimativa e intelectual[2] se dá por abstração da forma da matéria, porém de acordo com certos graus: os sentidos abstraem a forma da matéria porque o que começa a ser nas sensações é influência daquilo que é conhecido através dos sentidos. Quando de sua existência, as sensações são sensações em ato e sua existência é uma sensação em potência, de acordo com um só grau. Se começar a ser uma influência sobre elas[3] em função do que é conhecido através dos sentidos, é necessário que seja análogo ao que é conhecido através dos sentidos pois, se não for análogo à sua quididade, não se concretiza a ação de sentir através desta influência. É necessário, sem dúvida, que sua forma esteja abstraída da matéria. Porém os sentidos não abstraem a forma completamente. Eles as extraem junto com características da matéria e relacionados com ela, de modo que, se a matéria se ausentar, a imagem fica falsa.

Quanto à imaginação, ela extrai a forma da matéria com mais abstração porque esta forma está nela sem a sua respectiva matéria, permanecendo nela se a matéria se ausentar; porém não está abstraída dos acidentes que se unem a estas em função da matéria. A imaginativa imagina apenas o que sente e não imagina, por exemplo, um homem [enquanto homem, porque associa a ele cada homem, mas][4] imagina um determinado homem, com mensuração de quantidade, com qualidade, lugar e situação.

A estimativa abstrai mais ainda a forma da matéria porque extrai noções não sentidas mas inteligidas, porém não as extrai totalmente inteligidas e sim ligadas a uma noção sensível. Por exemplo, a estimativa não estima o prejudicial e o benefício enquanto prejudicial e benéfico de modo universal, mas estima isto de acordo com o que é a pessoa.

Quanto ao intelecto, ele abstrai a forma de modo completo. Ele abstrai da matéria e a relação com a matéria e a extrai como definição pura. No entanto, o que é intelecto por sua própria essência, não necessita destas noções em sua intelecção.

É da condição desta faculdade intelectual se tornar mundo porque os mundos são o que são em função de sua forma e ela[5] extrai a forma de cada sensível e inteligível e os ordena do princípio primeiro até os intelectos que são os anjos[6] próximos da alma e são anjos que estão distantes tanto quanto os céus[7], os elementos[8], a disposição do universo e sua natureza. Então, é um mundo intelectual iluminado pela luz do intelecto agente, cuja essência é permanente.

Esclarecemos, então, que os inteligíveis não ocupam um corpo nem uma faculdade num corpo. Esta faculdade não é corpo nem sua natureza se originou num corpo. Portanto, ela está sob uma outra noção, de acordo com o que mencionaremos.

Notas

1. Como o próprio título anuncia, este capítulo versa sobre os graus das abstrações das formas da matéria. Os sentidos abstraem a forma da matéria mas com algumas características desta matéria. A imaginação extrai a forma de sua matéria de maneira mais pura, havendo deste modo uma abstração maior. A estimativa abstrai de modo mais acentuado que a imaginação. Porém a abstração de modo completo dá-se pelo intelecto.
2. Intelectual. Relativo à apreensão pelo intelecto.
3. Elas. As sensações.
4. Os colchetes são do original.
5. Ela. A faculdade intelectual.
6. O conceito aviceniano de anjo: anjo é uma substância simples e dotada de vida e razão; é intelectual e imortal. Cf. *Lexique*, nº 624, p. 383.
7. A palavra utilizada é samawāt, plural de samā', que significa céu. Neste caso, céus refere-se às esferas celestes.
8. Elementos. Os elementos dos corpos celestes compostos.

CAPÍTULO IX
INVESTIGAÇÃO DO ENUNCIADO SOBRE QUE O INTELECTO NÃO INTELIGE ATRAVÉS DE UM ÓRGÃO NEM A ALMA É CORROMPIDA POR NÓS PELA CORRUPÇÃO DO ÓRGÃO[1]

E o que esclarece isto[2] é que esta faculdade pertence a uma substância sem corpo nem está num corpo e é chamada alma racional. Os inteligíveis em potência desta faculdade são coisas infinitas; a consideração disto é a partir das formas numéricas e das formas geométricas. Ela é, então, uma faculdade de coisas infinitas e não está privada de nenhuma destas coisas. Já comprovamos que nenhuma das faculdades corpóreas é infinita.

Se esta faculdade intelige por sua própria essência, ela, então, subsiste por sua própria essência porque a essência é anterior à ação. Aquilo cuja essência não subsiste separada, é impossível que exista separado quanto à ação. Porém esta faculdade age por sua própria essência, sem órgão porque intelige sua própria essência e intelige seu órgão e intelige que foi inteligida; não há um órgão para o seu órgão, nem para sua essência nem para sua ação. Se inteligisse por meio de um órgão, não inteligiria o órgão nem sua própria essência nem sua ação. Se a faculdade tiver um órgão, este órgão estará entre ela e uma outra coisa e não estará entre ela e sua essência; seu órgão e sua ação são um órgão. Por este motivo, os sentidos não sentem sua própria essência nem seu órgão nem suas sensações porque sentem por meio de um órgão. Portanto, a substância que tem o poder do intelecto pode ficar separada em vista de sua essência e subsiste por sua essência. Se inteligisse por meio de um órgão, então a velhice exigiria necessariamente debilidade no intelecto de cada idoso, bem como debilidade na estimativa, na intuição intelectual, nos sentidos e na imaginativa. Tudo isto teria como causa a ação desta faculdade por meio de um órgão. Se o órgão ficar fatigado, ficará fatigada também a ação. Se for dada ao idoso uma visão igual à visão de um jovem, ele teria uma visão igual à visão do jovem.

Ficou evidenciado, então, que o intelecto não tem um órgão corpóreo, caso contrário, não seria possível, em absoluto, que ficasse sob uma só situação nos idosos. No entanto, na maioria dos casos, o intelecto tem mais poder depois dos quarenta anos e a partir daí o corpo começa a debilitar-se.

E ainda: se o intelecto agisse por meio de um órgão do corpo, o poder do intelecto diminuiria pela intelecção dos inteligíveis difíceis por causa da possibilidade[3] do órgão e, se esses inteligíveis procedem de um inteligível potente, o inteligível débil não seria apreendido por causa da passividade do órgão, tal como os sentidos se enfraquecem em função daquilo que é sentido de maneira forte, porque permanece a sua influência[4], impedindo a percepção[5] dos sensíveis intelectuais[6] fracos; e isto ocorre de maneira igual para as cores, os paladares, os odores, os sons e o tato. Se esta faculdade intelectual inteligisse por meio de um corpo, não inteligiria os contrários através de apenas um intelecto.

Estas são justificativas que é possível converter em prova. Quanto à prova verdadeira, consiste no que já foi mencionado. Haverá outras provas verdadeiras que não nos delongaremos ao descrevê-las.

Portanto, ficou evidenciado e esclarecido que a alma humana prescinde do corpo para subsistir e a corrupção do corpo não é causa para corrupção dela. A essência do corpo não é causa para a corrupção dele e o contrário do corpo não é causa para a corrupção dele porque a substância não tem contrário; a sua causa[7] existente, ou seja, o intelecto agente, também não é causa para sua corrupção e sim para sua existência e sua completude. Então, não há causa para sua corrupção. Portanto, ele sempre permanece.

Notas

1. Os argumentos neste capítulo querem mostrar que o intelecto não tem um órgão corpóreo e que a alma humana prescinde do corpo. Para sustentar seu

argumento, Avicena utiliza a título de exemplo a situação de um idoso. Este pode ter o corpo debilitado e o intelecto vigoroso.

2. E o que esclarece isto. Refere-se ao que foi anunciado no título.

3. Possibilidade. Esta palavra é utilizada aqui com o sentido de "capacidade", "limitação".

4. Sua influência. A influência daquilo que é sentido de maneira forte.

5. A percepção. Aquilo que pode ser conhecido por intermédio dos sentidos.

6. Intelectuais. Relativos ao intelecto.

7. Sua causa. A causa do corpo.

CAPÍTULO X

SOBRE A SOLUÇÃO DA DÚVIDA DE ALGUNS QUE APOIAM A OPINIÃO DE QUE A ALMA RACIONAL É PERFEIÇÃO NÃO SEPARADA[1]

Não devemos nos ocupar[2] quando se diz o seguinte: se a alma fosse perfeição separada, seria como a comparação do capitão à sua embarcação. Seria possível que esta perfeição entrasse e saísse como entra e sai o capitão de uma embarcação. Se uma coisa é semelhante a outra sob um aspecto, não é necessário que o seja em cada aspecto, nem a alma pode ser descrita pelo entrar e sair, mas ela, por sua própria essência, está numa substância distinta de lugar e de localidade. No entanto, dizemos: tendo em vista que o governo deste corpo, o movimento, os princípios de apreensão e as faculdades que emanam dele são próprias dele e tendo em vista que a alma existe somente ao existir o corpo, então, se a relação que há entre eles[3] não fosse permanente, o corpo não seria permanente. Se o corpo for corrompido, esta substância permanece separada em sua situação.

Nem devemos nos ocupar quando se diz o seguinte: se a alma estivesse separada do corpo, não se uniria a ela um animal ou um homem tal como se unem a ela coisas das formas e da matéria. Dizemos: na verdade, não se une advinda da matéria e da forma uma só coisa de cada parte, mas se une a partir destas[4] uma coisa que é una quanto à definição que existe a partir delas ou se une aquele que se completa por sua própria forma e esta forma seria própria para adquirir perfeição nesta matéria. Entretanto, há concordância no sentido de que esta noção[5] exista naturalmente na matéria a partir da forma, mas não é possível a sua existência para isto a não ser que o começar a ser de uma coisa deles[6] exija isto.

Se a forma não for material mas aperfeiçoa uma matéria e começa a ser por sua apropriada ação uma espécie de matéria sensível e forma intelectual[7], não há grande espanto nisso. A distinção de duas essências quanto à substância não proíbe a união de apenas uma essência. O mesmo ocorre quando se separam naquilo que está no mesmo nível da essência, estando um deles num lugar e o outro não tem lugar ou se os dois são distintos quanto ao lugar.

O estranho é admitir uma natureza para o intelecto agente na matéria de um corpo e admitir a partir destes o começar a ser de um homem completo pelo aspecto que um homem é completo. Uma das coisas mais remotas é que o intelecto agente tenha sua natureza numa matéria.

Além disso, admitem que o intelecto agente, que é imortal, incorruptível e indivisível ao mesmo tempo, exista em corpos que não são unos pela via da ocupação dos corpos e por intermédio da disposição própria da mescla. Não consideram raro isto e consideram raro outra coisa.

Nem devemos nos ocupar quando se diz: se a essência da alma estiver separada do corpo, o corpo não seria corrompido pela separação da alma, tal como a embarcação não é corrompida pela separação do capitão. A embarcação não se corrompe com a separação do capitão porque da forma dela, enquanto embarcação, é próprio projetar o que se associa a seu existir, e não há um nome para esta noção. Do mesmo modo, o corpo não se corrompe com a separação da alma que é sua forma corpórea, mas sua existência corrompe-se porque procedem desta as ações deste corpo pelo aspecto que ele não é apenas corpo mas um animal ou um homem. Esta forma é uma forma natural e essencial[8]. A relação que há entre a embarcação e o capitão é artificial; a supressão da noção artificial não é igual à supressão da noção natural, bem como a influência que ocorre pela supressão do capitão não se manifesta na substância da embarcação da mesma maneira que a influência que ocorre pela supressão da alma.

Geralmente não devemos nos ocupar com estas coisas com exemplos mas com provas. Já esclarecemos que a faculdade do intelecto é uma substância não corpórea e não tem sua natureza num corpo e a isto chamamos alma racional.

Notas

1. Neste capítulo, Avicena quer refutar a afirmação daqueles que julgam que o corpo não se corrompe com a separação de sua respectiva alma. Para ele, a existência do corpo fica corrompida pela separação da alma porque é desta que procedem as ações do corpo enquanto um animal ou um homem.

2. No sentido que não devemos aceitar.

3. Eles. Corpo e alma.

4. Destas. Da matéria e da forma.

5. Esta noção. A noção anterior que afirma que a forma adquire perfeição na matéria.

6. Deles. Da matéria e da forma.

7. Intelectual. Relativo ao intelecto.

8. Essencial. Relativo à essência.

CAPÍTULO XI

SOBRE COMO A ALMA RACIONAL É CAUSA DAS OUTRAS FACULDADES ANÍMICAS EM NÓS[1]

Esta alma racional também é causa das almas sensíveis, do crescimento e motriz no homem. Se a causa dessas almas for uma outra alma, então, o homem tem uma outra coisa que não apenas esta alma, ou seja, o intelecto agente, no sentido que este intelecto agente é também, junto com a alma do homem, causa das outras faculdades que estão no homem. Exemplo disso é que é da condição do fogo, se houver uma claraboia ou uma abertura numa casa, iluminar ou aquecer o ar dela.

Então, a casa tem disposição para ter um lampião aceso ou para que sua substância transmita o fogo. Deste modo, a casa tem luz e calor tanto do interior dela como do exterior, conjuntamente. Os corpos que não são essências de almas, não lhes é possível receber do intelecto agente substância igual à dele, em potência. Entretanto, recebem influência dele que apenas os faz receptivos às faculdades anímicas e somente de acordo com suas disposições[2]. Os corpos que têm possibilidade de receber esta substância, começa a ser neles faculdades anímicas a partir desta mesma substância e do intelecto agente, conjuntamente.

Notas

1. O presente capítulo afirma que somente os corpos que têm possibilidade de receber uma substância igual à substância do intelecto agente começa a ser nelas faculdades anímicas em função desta substância e em função da ação do intelecto agente.
2. Suas disposições. Disposições dos corpos.

CAPÍTULO XII
SOBRE QUE A ALMA RACIONAL COMEÇA A SER JUNTO COM O COMEÇAR A SER DO CORPO[1]

Dizemos: Estas substâncias[2] começam a ser com o começar a ser do corpo humano, pois as almas humanas são múltiplas quanto ao número e não são substâncias materiais primeiras. Suas multiplicidades ou são a partir de suas próprias essências ou são por causa da matéria (secundária) e matéria primeira.

Se a multiplicidade e a distinção destas substâncias forem quanto ao número em função da distinção de suas essências, então a diferença entre as almas humanas se dá por diferenças específicas. É evidente que isto é impossível. As almas humanas são uma só espécie. É necessário que suas distinções sejam por causa de seus corpos e em função dos quais se tornaram múltiplas. Se as almas humanas se tornaram múltiplas junto com o começar a ser dos corpos, então cada uma terá uma essência com sua definição e, ainda, adquirem disposições materiais pelas quais sofrem alterações.

Se a multiplicidade da alma de Zayd e de ʻAmr for por causa da matéria, isto será devido ou aos corpos de Zayd e de ʻAmr ou não será devido aos corpos deles. Se não for devido aos corpos de Zayd e de ʻAmr, é necessário que seja devido a outros dois corpos anteriores a estes. Não é possível dizer que a causa da multiplicidade deles sejam corpos uns anteriores aos outros até o infinito e não sejam os corpos de Zayd e de ʻAmr. Se for uma situação de dois corpos, estes têm a situação dos corpos de Zayd e de ʻAmr e nenhuma coisa dos corpos é causa de suas multiplicidades. Se a multiplicidade for por intermédio de dois corpos anteriores, estes serão múltiplos e distintos, mas, sem dúvida, é necessário que dois corpos sejam a causa de suas multiplicidades. Uma coisa particular tem uma causa particular e uma coisa universal tem uma causa universal. A multiplicidade da alma humana, de modo absoluto, se dá em função da multiplicidade dos corpos humanos, de modo absoluto. A multiplicidade destes dois corpos[3] é devida a estes dois respectivos corpos e não a outros. Então, é necessário que as causas da multiplicidade da alma humana sejam corpos humanos. Não é possível impor precedência para estes corpos, caso contrário não teriam multiplicidade, nem a alma de Zayd seria diferente da de ʻAmr e nenhum dos dois teria importância e não seria possível, em absoluto, separá-los em dois distintos. É necessário, de acordo com a segunda situação[4], que a alma de Zayd não seja diferente da alma de ʻAmr, nem mesmo quanto ao número. Isto é impossível.

Ficou evidente que a alma humana começa a ser junto com o começar a ser dos corpos humanos e não é possível que isto seja por via de acordo ou de destino, mas isto se dá pelo curso natural porque o acordo não se daria sempre ou (não se daria) na maioria das vezes e isto[5] é permanente para cada alma.

Evidenciou-se, portanto, que assim como a alma de um homem é gerada por uma mescla própria do homem, é gerada junto (com o corpo) uma alma humana cuja causa é o intelecto agente, pois tudo que começa a ser, tem uma causa.

Notas

1. A explicação neste capítulo mostra aquilo que foi anunciado no título, ou seja: a alma racional começa a ser somente com o começar a ser do corpo.

2. Estas substâncias. As substâncias mencionadas no capítulo anterior.

3. Destes dois corpos. Os corpos de Zayd e de ʻAmr.

4. Segunda situação. Aquela que impõe precedência aos corpos de Zayd e de ʻAmr.

5. Isto. O curso natural.

CAPÍTULO XIII

SOBRE A PROIBIÇÃO DA METEMPSICOSE[1]

Assim sendo[2], não é possível que a alma que se separa, retorne e ocupe um outro corpo humano. Um corpo que começa a ser, começa a ser junto com ele a sua alma. Se houver uma outra alma para este corpo, então este homem terá duas almas, porém cada homem tem apenas uma alma e percebe[3] somente por meio de apenas uma alma. Se tiver uma outra alma, não perceberá por meio dela, nem começa a ser a partir dela alguma utilidade para o corpo. Esta não é uma alma própria para ele porque a existência da alma no corpo não é para estar num canto[4] do corpo ou para estar acidentalmente numa parte do corpo, mas é para estar governando o corpo e ser usuária dele. Ficou evidenciado, portanto, que a alma humana começa a ser, porém permanece após a matéria, sem sucessão nos corpos nem metempsicose.

Notas

1. Como consequência do exposto no capítulo anterior, este capítulo apenas apresenta argumentos para negar a metempsicose.
2. Assim sendo. Estas palavras são uma referência ao raciocínio do capítulo anterior.
3. Percebe. Neste caso, é conhecer pelos sentidos.
4. Num canto. No sentido de não ter importância.

CAPÍTULO XIV

SOBRE A INDICAÇÃO DA FELICIDADE ÚLTIMA E VERDADEIRA, SOBRE COMO ELA SE COMPLETA PELO INTELECTO ESPECULATIVO E PELO INTELECTO PRÁTICO JUNTOS. SOBRE COMO AS MORAIS NOCIVAS SÃO CONTRÁRIAS (À FELICIDADE) E NÃO NOS ORDENAM PARA SERMOS JUSTOS E SOBRE A DESIGNAÇÃO DO INFORTÚNIO COMPARATIVO ÀS (MORAIS NOCIVAS)[1]

O que nos resta é esclarecer as situações das almas após as suas separações dos corpos. Para isto, é necessário apresentarmos algumas premissas. Dizemos: há para cada faculdade uma ação que é a sua perfeição e a consecução de sua perfeição é sua felicidade. A perfeição da concupiscência e sua respectiva felicidade é o deleite. A perfeição da ira e sua respectiva felicidade é a vitória, a perfeição da estimativa é a esperança e o desejo e a perfeição da imaginativa é a imaginação do louvável. Tendo em vista que a perfeição das almas humanas é ser intelecto abstraído da matéria e os concomitantes da matéria, a ação da alma humana não é apenas o que lhe pertence pela apreensão dos inteligíveis, mas ela tem outras ações em comum com o corpo cujas sensações lhe dão felicidade se ela estiver como é necessário que esteja e na condição de que estas ações conduzam ao que é justo.

A noção de justiça é a mediação da alma entre as morais contrárias no que diz respeito ao seu desejo concupiscente e ao não desejo de concupiscência, sobre seu estado de estar irada e o de não estar irada, sobre como governa a vida e sobre como não governa a vida.

A moral é uma disposição que começa a ser na alma humana no sentido de estar submissa ao corpo ou não. A relação que há entre a alma e o corpo exige necessariamente que haja entre eles ação e passividade. Pela potência corpórea, o corpo exige certas coisas e pela faculdade intelectual a alma exige coisas contrárias àquelas.

Uma vez a alma se impõe ao corpo e o vence e outra vez submete-se ao corpo e este realiza sua ação. Se se repetir a submissão da alma ao corpo, começa a ser na alma uma disposição para a obediência ao corpo de modo que, após isto, fica-lhe dificultoso o que não era, antes de haver oposição e impedimento ao movimento. Se impedir (a submissão ao corpo), começa a ser na alma uma disposição vitoriosa que facilita o que antes era difícil, ou seja, o triunfo da alma sobre o corpo no sentido de impedir as inclinações[2] dele.

Entretanto, ocorre disposição para a obediência somente por um extremo das ações de insuficiência e de excesso e somente ocorre a disposição de dominação para que as ações ocorram com moderação; não é possível a afirmação[3] de uma coisa e a negação desta coisa. Por exemplo, o morno, na verdade, não é quente nem frio. A disposição de dominação não é uma disposição estranha à substância da alma, mas esta disposição é da natureza da abstração e da separação da matéria e dos consequentes dela. A disposição de obediência é a estranha, mas se beneficia da matéria contrária ao que exige a substância da alma.

A felicidade da alma segundo o aspecto que lhe é próprio na perfeição de sua essência, é transformar-se em um mundo intelectual, e sua felicidade, pelo aspecto de sua relação com o corpo, é ter a disposição de dominação.

Ademais, o deleite segue a apreensão para a realização da perfeição; o deleite é a apreensão do adequado. O deleite sensível é a apreensão adequada do sensível e é necessário que a apreensão seja repentina. Os sentidos sentem por agregação e não pela qualidade, tal como o órgão sente. Se a qualidade do que é sentido persistir no órgão, este não mais sentirá aquilo que recebe. O órgão sente aquilo que recebe somente antes da persistência da qualidade. Por isto o deleite do sensível é sentir adequada e repentinamente. Entretanto, se o sensível adequado chegar a existir, porém, sem ser sentido, então, não é deleite. O mesmo acontece se ocorrer a vitória e não for sentida, pois não haverá deleite.

Equivoca-se quem presume que o deleite sensível seja o retorno à situação natural. Se for alcançada esta situação, não haverá deleite. Na situação natural não há deleite, porém, em certas coisas, é causa para a ocorrência do deleite. No entanto, o deleite é sentir o retorno ao estado natural enquanto é um retorno adequado. Geralmente o deleite sensível é o bem próprio de uma coisa, é sua perfeição, é sua ação e não sua potência.

O adequado para a alma racional é inteligir o bem puro e as existências engendradas a partir dele segundo a ordem que a torna una e adquire benefício da verdade una e intelige a essência desta. A apreensão desta perfeição pela alma racional é o deleite dela.

É possível que a perfeição natural de uma coisa chegue a ela e se concretize nela e seja apreendida, porém esta coisa não se deleita com esta perfeição ou deseja e se deleita com algo que, na verdade, não é deleitoso. Isto acontece por uma causa externa, pois esta é uma coisa estranha que não tem essência e cuja causa, sem dúvida, é estranha e lhe sobrevém acidentalmente. Isto, por exemplo, é como o sentido do paladar. Se lhe ocorrer uma debilidade, não considera o doce agradável nem se deleita com ele. Talvez deseje um alimento que, na verdade, não seja deleitoso. Assim também ocorre com o olfato para com os olores. A causa disto é não serem percebidos adequadamente.

Também não é de estranhar que a alma racional não se deleite com aquilo que se concretiza quanto à sua perfeição e se deleite com outra coisa. Isto ocorre ou por uma enfermidade da alma ou por causa do corpo que está unido a ela.

Assim como se a debilidade for supressa dos sentidos eles voltam ao seu estado natural, também, se for desfeita a união do corpo com a alma e esta voltar à sua substância, torna-se necessário que a alma tenha deleite e felicidade que não podem ser descritos nem comparados ao deleite sensível porque as causas deste deleite têm mais poder, são em maior número e acompanham mais a essência.

Quanto à faculdade (da alma): tendo em vista que é uma apreensão intelectual, o inteligido de uma coisa obtém para a verdade desta coisa o que é adequado e o bem próprio desta coisa. Quanto à concupiscência: a sua apreensão é superficial e não penetra a verdade da coisa de modo adequado, mas apenas chega ao aparente e ao simples; isto também acontece com o que segue o curso (da concupiscência).

Posto que o apreendido e obtido[4] não é algo para ingerir ou para cheirar ou algo semelhante a isto, mas é uma coisa que é esplendor puro e bem puro e a partir da qual emana toda bondade, toda ordem e todo deleite, assim também é aquilo que é considerado substâncias espirituais angélicas, as quais são amáveis por suas próprias substâncias.

Quanto a que são em maior número[5]: a apreensão pelo intelecto apreende o todo e a apreensão pelos sentidos apreende partes do todo. Os sentidos apreendem inadequadamente algumas coisas sentidas, e outras são apreendidas de modo adequado; o intelecto apreende adequadamente todo inteligível e aperfeiçoa-lhe a essência.

Quanto a que acompanham mais a essência[6]: tendo em vista que as formas inteligíveis, inteligidas pelo intelecto, são semelhantes à sua essência, então, (o intelecto) vê[7] a beleza por sua própria essência e a apreende por sua própria essência. Aquele que intelige e o inteligido dependem um do outro; então, a chegada da causa do deleite ao deleitante é mais forte e mais penetrante em sua essência. Este deleite é semelhante ao deleite do princípio primeiro em função de sua essência e pela apreensão de sua essência, também é semelhante ao deleite das substâncias espirituais.

É sabido que o deleite e a felicidade que lhe pertencem[8] estão acima do deleite do asno com o coito e com o ato de morder. Nós não desejamos este deleite por natureza e sim pelo intelecto, mas isto não nos pertence nem o concebemos, mesmo que a demonstração e o intelecto nos exortem para isto.

Nosso exemplo para isto é o exemplo do impotente: não tende para o deleite da relação sexual nem a deseja porque não a experiencia nem a conhece, mesmo que por indução e pela ocorrência da relação sexual saiba da existência dela e esta indique que há deleite na relação sexual. Assim também é a nossa situação com o deleite que sabemos que existe mas não o concebemos.

Se concebêssemos como se dão os inteligíveis adequadamente na alma ou se os percebêssemos, dar-se-iam em nós este deleite e a felicidade, mas nós não os apreendemos nem apreendemos o modo adequado de percebê-los, por causa da matéria. Se nos separarmos do corpo e concretizar-se em nós o intelecto em ato para que nos fosse possível, por essência, aproximar-se do intelecto agente, porém por uma aproximação perfeita, nos comunicaríamos de imediato com os verdadeiros amáveis e nos uniríamos a eles e não teríamos mais visão para o que está abaixo de nós, isto é, o mundo corrompido, nem recordaríamos algo de sua situação e nos concretizaríamos na verdadeira felicidade a qual não é possível descrever.

No mundo e no corpo, nós temos alguns deleites pela apreensão da verdade, mas é um deleite débil, oculto e obscuro, por causa do corpo. É possível que alcancemos esta felicidade[9] se nos separarmos verdadeiramente do corpo. A nossa separação do corpo será verdadeira se nos separarmos dele sem que haja em nós uma disposição corpórea daquilo que se dá por via da obediência[10]. No mundo, nossas almas não perduram nos corpos. Além disso, o corpo nos impede de perceber o deleite da perfeição que adquiriríamos se não estivéssemos mesclados e relacionados com o corpo, por causa das disposições que a alma tem no corpo[11] e sua união[12] ao corpo. Se a alma se separar do corpo, porém, com estas mesmas disposições, é o mesmo que não estar separada. Estas disposições impedem a felicidade da alma após ela abandonar o corpo e, também, começa a ser nela uma espécie de dano importante porque estas disposições são contrárias e estranhas à substância da alma. A união da alma ao corpo obstrui a alma de sentir os seus contrários. Se cessar esta união, é necessário que a alma sinta os seus contrários e, com isto, sofrerá um forte dano.

Isto é comparável a quem está débil ou enfermo e tem uma tarefa a fazer, mas esquece dela. Ao ficar livre desta situação, recorda de sua tarefa. Tendo em vista que estas disposições são estranhas, não é remoto serem algumas das coisas que desaparecem com o tempo. Parece que Al-Šarā'i'[13] dão um exemplo igual a esta noção. Foi dito: "o crente libertino não se eterniza no suplício".

Quem percebe a imperfeição essencial[14] no mundo e a deseja para sua alma, e quem abandona o esforço em busca desta imperfeição para adquirir o intelecto em ato por completo e crê no fanatismo e no ateísmo: tudo isto são enfermidades incuráveis. A aflição que existe em função disso é equivalente ao deleite que existiria a partir de seu contrário[15].

Assim como o deleite último é mais excelso do que qualquer sensação adequada, seja sensação por mescla ou por concordância, que dissipa a continuidade; esta aflição é mais intensa do que qualquer sensação inadequada, tanto por mescla de algo quente ou frio intenso ou dispersão da continuidade em cada modo e parte. E, também, nós não concebemos esta aflição pela noção que estabelecemos. Assim como a aflição sensível[16] é a sensação por inadequação, pelo desejo e pelo movimento para seu contrário, assim também é esta aflição.

Assim como o adormecimento se apresenta por uma debilidade e não se sente a causa que aflige, assim como o enfermo não deseja o alimento mesmo que tenha fome bulímica mas não a sente; se cessar a causa disto, sentirá, por desejo do deleite natural, tanto o descanso como a aflição e a felicidade. Do mesmo modo, não se intensifica o desejo da alma que está num corpo para a faculdade de sua perfeição, que lhe é própria, após despertar deste desejo, salvo se a alma se separar do corpo, porém, deixando nele o que há em sua substância.

Saiba que assim como os jovens não sentem os deleites e as aflições que são próprios dos que apreendem e zombam destes e, na verdade, aqueles[17] se deleitam apenas pelo que não é deleitoso e repugnam aqueles que apreendem, também os jovens de intelectos, que são gente deste mundo e são corpóreos, ao apreenderem pelo intelecto se libertam da matéria.

Notas

1. Este longo capítulo discorre sobre a felicidade última, isto é, a felicidade pós-terrena. Há os seguintes argumentos: as situações das almas após separarem-se de seus respectivos corpos. Explica que a consecução da perfeição de uma faculdade é a sua própria felicidade; sobre a justiça que neste texto é tida como a mediação da alma entre as morais contrárias quanto aos desejos desta e aos seus estados; menciona a relação que há entre corpo e alma afirmando que às vezes a alma vence o corpo, isto é, vence as sensações, outras vezes o corpo vence, se impõe e concretiza sua ação; afirma que a felicidade da alma tem dois aspectos: por sua essência deve converter-se em um mundo intelectual e por sua relação com o corpo é dominá-lo. Afirma, ainda, que a moral é uma disposição

que começa a ser na alma humana, que pode, ou não, estar submissa ao corpo. Pelo que o nosso autor expõe aqui, a alma humana não deve estar submissa ao corpo porque, pelo corpo, o deleite pela apreensão da verdade é débil. Sendo assim, Avicena afirma que, se percebermos os inteligíveis de modo adequado, dar-se-iam em nós o deleite e a felicidade adequados; se nos separarmos do corpo e concretizar-se em nós o intelecto em ato para que nos seja possível nos aproximarmos do intelecto agente, teríamos uma comunicação com os verdadeiros amáveis e nos concretizaríamos na verdadeira felicidade. Portanto, como pode-se constatar, a verdadeira felicidade só poderá ser alcançada após a separação da alma do corpo.

2. Inclinações. Conceito de inclinação segundo Avicena: é a intenção que é sentida em um corpo que se move. Cf. *Lexique*, p. 389, nº 684.

3. Afirmação. No sentido de afirmar que existe.

4. Obtido. Obtido por apreensão intelectual.

5. Em maior número. É uma referência às causas do deleite conforme exposto anteriormente neste capítulo.

6. Essência. Idem à nota anterior.

7. Vê. No sentido de percepção intelectual, evidência intelectual.

8. Que lhe pertencem. Que pertencem à alma racional.

9. Esta felicidade. A felicidade verdadeira.

10. Obediência. Obediência ao corpo.

11. No corpo. Quando está no corpo, junto ao corpo.

12. Sua união. Sua chegada ao corpo, sua acolhida pelo corpo.

13. Šarā'i'. Plural de šarī'a, que significa "leis canônicas do Islamismo".

14. Essencial. Relativo à essência.

15. O seu contrário. O contrário da aflição.

16. Aflição sensível. Aflição relativa aos sentidos.

17. Aqueles: os jovens.

CAPÍTULO XV

SOBRE A FELICIDADE E O INFORTÚNIO ESTIMATIVOS[1] NA VIDA ÚLTIMA, INFERIORES À FELICIDADE E AO INFORTÚNIO VERDADEIROS[2]

Quanto às almas ignorantes[3]: se forem boas e começa a ser nelas desejo para os inteligíveis puros por via da certeza, e se estas almas se separarem da matéria, permanecem porque toda alma racional permanece e não sofre dano pelas disposições inadequadas e concretiza-se-lhes a felicidade cogitativa[4]. A misericórdia de Deus é ampla e a salvação está acima da ruína.

Gente de conhecimento[5] que não é imprudente no que diz, expôs algo possível, dizendo: se estas[6] são corpóreas e se separam do corpo e não têm relação com nada que seja superior aos corpos, se ocuparão com a especulação a respeito destes e se relacionam com eles a partir das coisas corpóreas. Estas almas são apenas adorno para seus corpos; não conhecem nada a não ser os corpos e as corporeidades. É possível, pela espécie de seus desejos para com os corpos, que tenham relação com certos corpos cuja condição permite que as almas se relacionem com estes corpos, os quais, por natureza, exigem isto. E estas são quididades com disposição de corpos inferiores aos corpos humanos e aos corpos dos animais que já mencionamos. E, se houve relação com elas, então, serão apenas almas para elas. É possível, então, que estas sejam um corpo celeste, mas não que estas almas se tornem almas destes corpos e os governem. Isto não é possível, mas este corpo será utilizado para possibilitar a imaginação[7]; assim, então, são imaginadas as formas cridas[8] pelo corpo e estão em sua estimativa. Se a crença deste corpo por parte de sua alma e por parte de suas ações for a crença no bem e tornando a felicidade necessária, é uma bela opinião. Então, imagina que morreu e foi sepultado e o que crê é acompanhado de bens. E disse[9]: é possível que este corpo seja gerado a partir do ar, da fumaça[10] e de vapores, unido à mescla da substância que se chama espírito e que os naturalistas não têm dúvida de que a alma se une a ela[11] e não ao corpo. Se fosse possível que este espírito não se dissociasse ao separar-se do corpo e dos componentes e subsistisse, a alma o acompanharia com inseparabilidade anímica.

E disse, gente de conhecimento: os contrários daqueles[12], os maus, também têm um infortúnio em função da estimativa. Imaginam que terão tudo o que foi dito pela "Sunna"[13] a respeito dos maus. Necessitam do corpo para a felicidade e para o infortúnio porque neles a imaginação e a estimativa se dão por um órgão corpóreo.

Cada classe de gente de infortúnio e gente de felicidade tem sua situação acrescida por sua comunicação[14] com o que é de seu gênero e pela comunicação com o que seu gênero é; além delas mesmas. Os felizes verdadeiros se deleitam com o vizinhar e cada um intelige sua própria essência e a essência de quem se comunica com ele. A comunicação de um com outro não se dá por via da comunicação dos corpos porque os lugares ficariam reduzidos para eles em função da aglomeração, mas se dá por via da comunicação de um inteligível com outro inteligível. Assim, então, aumenta o espaço e não haverá aglomeração.

Notas

1. Estimativas. Relativo à faculdade estimativa.
2. Neste capítulo existe a afirmação de que as almas ignorantes, quando se separam de seus corpos, suas almas permanecem e experimentam a felicidade cogitativa. Os maus terão infortúnio porque necessitam de seus corpos tanto para a felicidade como para o infortúnio, pois suas imaginações e estimativas ocorrem por um órgão corpóreo.
3. Ignorantes: que não têm malícia.
4. Cogitativa. É uma menção à faculdade cogitativa.
5. Disse Naṣīr al-Dīn al-Tūsi: presumo que Avicena se refere a al-Fārābī, *Šarḥ al-Īšarat* (Explicação sobre o Livro das Advertências), linha 3, p. 355. Nota do editor.
6. Estas. As almas ignorantes.

7. Imaginação. É uma referência à faculdade imaginativa.

8. Cridas. Particípio do verbo crer e tradução da palavra mu'taqidatan, ou seja, crer a partir de certeza racional.

9. E disse. Gente de conhecimento.

10. Fumaça. No sentido de vapor que se eleva dos corpos em combustão.

11. Ela. A substância.

12. Daqueles. Aos quais houve referência no primeiro parágrafo.

13. Sunna. As aspas são do original. Esta palavra significa tradição, costume. Com o advento do Islamismo, passou a significar, também, a tradição verbal, a maneira e as atitudes do profeta Muḥāmmad (Maomé).

14. Comunicação ou ligação.

CAPÍTULO XVI
INÍCIO SOBRE A QUESTÃO PROFÉTICA; COMO OS PROFETAS RECEBEM AS REVELAÇÕES DOS INTELIGÍVEIS SEM O CONHECIMENTO PRÓPRIO DOS HUMANOS[1]

As pessoas que merecem o nome de humanas são as que alcançam a felicidade verdadeira na outra vida, as quais, também, têm certos graus. O mais nobre e o mais perfeito entre eles é o pertencente à faculdade profética. A faculdade profética tem três propriedades[2] que podem estar reunidas numa só pessoa ou, se não estão reunidas, então, estão separadas.

Uma destas propriedades acompanha a faculdade intelectual no sentido de que uma pessoa com forte intuição intelectual, sem ter tido ensinamento procedente de pessoas, chegue dos primeiros inteligíveis aos segundos inteligíveis em menos tempo, por sua forte comunicação com o intelecto agente. Se isto for para uma minoria e algo raro, porém possível e não proibido, seu esclarecimento será conforme digo: a intuição intelectual não é das coisas que são rejeitadas pelos sensatos[3]. A intuição intelectual[4] é a compreensão do termo médio do silogismo sem ensinamento. Se o homem refletir, verá que todos os conhecimentos procederam por intuição intelectual. Este indivíduo intuiu uma coisa, aquele conheceu o que o outro intuiu e outra coisa foi intuída. Assim ocorreu até que a ciência[5] alcançou sua dimensão. A intuição é possível em cada questão, e a intuição de qualquer questão é possível para uma alma forte; não há algumas questões mais prioritárias que outras. Há também entre as almas algumas que têm muita intuição e outras, pouca intuição.

Assim como a imperfeição quanto à intuição tem como fundamento a não existência de intuição, então, uma pessoa pode não ter como intuir ou aprender; no entanto, pode ser alguém que não tenha possibilidade de aprender alguma coisa em função da fraqueza de sua memória. Exagerando, é possível que alguém possa intuir a grande maioria das coisas ou todas as coisas, pelo poder de sua alma, pois não há um limite para o poder da memória que impossibilite que se estime além deste limite e, assim, haja alguém que intua cada inteligível e aí esteja o fim[6].

Tendo em vista que a intuição também pode ocorrer num tempo mais amplo e, assim, a reflexão será mais ampla, e pode ocorrer num tempo mais breve e a reflexão será mais breve, é possível que haja um limite ou algo próximo do limite para a intuição breve e um limite ou algo próximo do limite para a intuição mais ampla.

Ficou evidenciado disto que não é proibido que haja pessoas que possam intuir todos os inteligíveis ou a maioria deles em tempos mais breves e isto acontece desde os primeiros inteligíveis até os segundos inteligíveis por via da acomodação contínua e efetiva.

Não é remoto haver uma alma que seja forte igual a esta alma, que não se submete à natureza e se autoproíba. Assim é o mais nobre e o mais excelso dos profetas e especialmente se se unirem ao que lhe é próprio as outras coisas próprias que mencionarei. O poder do intelecto deste homem é como se fosse enxofre e o intelecto agente fosse fogo que queima o enxofre e o converte para sua substância[7]. É como se fosse a alma que se diz dela: "o seu óleo quase ilumina, mesmo que não tenha tido contato com o fogo; é luz sobre luz"[8].

Notas

1. Aqui o nosso filósofo expõe para dizer que a faculdade profética tem três propriedades. Uma destas propriedades é o grande poder de intuição intelectual dos profetas e em especial refere-se à intuição do profeta Muḥammad, pois é comum os muçulmanos referirem-se a este com a expressão "o mais excelso dos profetas", como o faz aqui Avicena.

2. Propriedades. Coisas que são próprias da faculdade profética.

3. Sensatos. Tradução da palavra 'uqalā'. Além de sensatos pode significar inteligentes, ajuizados, prudentes.

4. Tradução da palavra ḤADS. Significa intuição intelectual por oposição a mušāhada, intuição sensível. Sobre isto cf. Goichon, *Lexique*, p. 64, nº 140.

5. Ciência. No sentido de conhecimento. Então, uma tradução alternativa seria: até que o conhecimento alcançou sua dimensão.

6. Aí esteja o fim. Quer dizer que não há mais nada para ser inteligido.

7. Sua substância. A substância do intelecto agente.

8. As aspas são do original. Esta frase pertence à Surata, capítulo 24, versículo 35 do Alcorão.

CAPÍTULO XVII
SOBRE COMO SE DÁ A REVELAÇÃO DAS COISAS OCULTAS E DAS EVIDÊNCIAS[1] VERDADEIRAS E NO QUE DIFERE A PROFECIA DA EVIDÊNCIA[2]

A outra propriedade[3] está relacionada à imaginação do homem de mescla perfeita. A ação desta propriedade é a de advertir sobre as coisas engendradas e a indicação das coisas ocultas. Isto ocorre a muita gente por evidência quando está dormindo. Mas o profeta tem esta situação tanto quando está dormindo como quando está desperto, conjuntamente.

A causa do conhecimento das coisas engendradas é a comunicação da alma humana com as almas dos corpos celestes que, como ficou esclarecido pelo que precedeu, têm ciência sobre o que ocorreu no mundo dos elementos e têm ciência de como ele é. A maioria destas almas humanas se une às (almas dos corpos celestes) pelo aspecto da homogeneidade do gênero que há entre elas. A homogeneidade do gênero é a noção que naquelas[4] se aproxima das exigências destas[5].

O que mais se observa naquela alma humana é uma homogeneidade de gênero relativa às situações do corpo desta alma ou algo próximo disto[6]. Se esta alma se comunica totalmente (com os corpos celestes), ela exercerá uma forte influência; uma influência próxima de todo seu vigor. Esta comunicação se dá pelo aspecto da estimativa e da imaginativa e pela utilização delas nas coisas particulares. Entretanto, comunicação intelectual[7] é outra coisa, e o nosso discurso aqui não é sobre isto.

Além disso, a imaginação tem cessadas as ações que lhe são próprias no estado de vigília, em função de duas coisas: uma delas, a inferior, são os sentidos. Se a alma e os sentidos comuns chegarem à passividade em função dos sensíveis, deixarão de imaginar e deixarão de ser atraídos pela faculdade imaginativa e os sentidos agirão sobre a imaginação de modo que é afastada da ação que lhe é própria, não havendo para a imaginação uma ação forte. A segunda, e a superior, é o intelecto. O intelecto não possibilita que a imaginação exerça as ações que lhe são próprias porque sempre utiliza a (imaginação) como órgão para si. Por isso, não é possível chegar a imaginar além das formas já existentes.

Se for supressa a ação[8] de uma das duas coisas[9], a imaginação fica potente. Quanto aos sentidos: só se for interrompida a sua ação durante o sono. Quanto ao intelecto: só se o órgão do intelecto não puder ser utilizado para a imaginação porque a mescla é ruim. Por isso, os sentidos imaginam coisas que existem e isso se torna forte na imaginação deles até atingirem a situação das coisas que existem e das coisas que são adquiridas dos sentidos. Então, as formas imaginadas convertem-se em formas do sentido comum como se elas fossem observadas[10]. O sentido comum recebe as formas tanto dos sentidos particulares como da imaginativa e da estimativa. Se ocorrer uma forma no sentido comum e houver certeza desta forma, esta forma passa para os sentidos particulares, concretizando-se nestes de modo verdadeiro como se fosse observada do exterior.

Se não fosse assim, os loucos não imaginariam o que não existe, porque os sentidos afastam a alma do retorno à sua essência em função do que há nos sensíveis e, também, coíbem a imaginação de (existir) separadamente em função do que fazem chegar a ela, pela potência de sua ação[11].

A maioria das pessoas não está unida às almas celestes quando está desperta, é como se estivesse vedada de se unir a elas[12]. Quando as pessoas estão dormindo, talvez haja uma oportunidade para isso e talvez isso ocorra na imaginação, desde que seja imaginação de coisas precedentes e ocupando-se com situações que têm similitude com as situações da mescla. A alma, então, é atraída pela imaginação para o seu estado vão e suprime o que a alma tem por natureza e ao qual passa a se unir. Se houver oportunidade, a alma verá as situações deste mundo naquele mundo e talvez seja tomada pela imaginação e esta situação não abandone a alma. Isto é algo que pode ser aceito. Na maioria dos casos, a imaginação é recebida com similitude a tudo que vê, tanto os semelhantes como os contrários, de acordo como é a ação de cada um por essência.

Talvez a alma não se ocupe com isto mas conserva o que viu e talvez se ocupe com isto e conserva o que imaginou mas não conserva o que viu. Ademais, quem relata isso presume e intui que o imaginado é uma narrativa sobre uma noção qualquer, assim como é provável que uma pessoa pense em alguma coisa e a imaginação o afasta desta coisa pensada mudando o seu pensamento para outra coisa e assim ocorre até que a pessoa esqueça o que tinha pensado inicialmente. Se intencionar recordar o que tinha pensado inicialmente, retoma o pensamento, porém ao contrário. O que é pensado sobre qualquer coisa lhe é austero[13] bem como é austero aquilo que lhe ocorre na estimativa por intermédio de qualquer causa. No entanto, faz um retrocesso no pensamento até atingir o que pensou inicialmente.

Notas

1. Evidências. Entenda-se evidências intelectuais.

2. Este capítulo explica a respeito da segunda propriedade de um profeta: tem imaginação de um homem de mescla perfeita. Esta propriedade adverte este homem sobre as coisas engendradas e indica as coisas ocultas, não percebidas por outras pessoas.

3. Outra propriedade. Esta questão foi abordada no capítulo anterior e aqui continuará a exposição.

4. Naquelas. Nas almas humanas.

5. Destas. Das almas celestes.

6. Próximo disto: semelhante.

7. Comunicação intelectual. Ligação, união com o intelecto.

8. Se for supressa. Literalmente seria: se repousar a ação.

9. De uma das duas coisas. É uma referência aos sentidos e ao intelecto citados anteriormente.

10. Observadas, testemunhadas ou vistas. Tradução da palavra mušāhada, ou seja: intuição sensível.

11. Sua ação. A ação dos sentidos.

12. A elas. Às almas celestes.

13. Austero. Tradução da palavra laḥ, que pode significar estreito ou austero ou de difícil compreensão.

CAPÍTULO XVIII
SOBRE AS COISAS IMPORTANTES QUE OS PROFETAS VEEM E OUVEM MAS ESTÃO OCULTAS AOS NOSSOS SENTIDOS[1]

Quem tiver uma imaginação muito forte e sua alma também for muito forte, os sensíveis[2] não o ocupam com a universalidade das coisas nem se apossam dele. É nobreza de quem aproveita a oportunidade para se unir àquele mundo[3] e isto lhe seja possível quando está desperto atraindo ao mesmo tempo a imaginação, percebe a verdade e a conserva. E a imaginação cumpre com sua tarefa; imagina o que percebe como se fosse sentido, visto e ouvido. Alguns imaginam um vulto, mas sem possibilidade de qualificar a situação deste vulto; outros imaginam palavras ditas de acordo como são representadas na imaginação de maneira tão nobre que não há nada melhor. Talvez todas ou alguma ou uma das coisas imaginadas faça chegar a algo particular e uma a algo geral.

A imaginação do profeta não age assim ao se unir com os princípios das coisas engendradas, mas o faz com o aparecer do intelecto agente e a respectiva iluminação à sua alma[4] com os inteligíveis. O profeta se utiliza da imaginação e imagina estes inteligíveis e lhes dá uma forma no sentido comum. Os sentidos percebem que Deus tem grandiosidade e poder que não podem ser qualificados. Este homem tem, conjuntamente, uma alma racional completa e uma imaginação completa.

Notas

1. De acordo com o explicado no capítulo anterior, este capítulo quer mostrar a superioridade da imaginação de um profeta. Esta superioridade existe porque

o profeta, de acordo com o nosso autor, tem uma alma racional e uma imaginação completas. Por este motivo, os profetas veem e ouvem coisas que pessoas comuns não têm condições de ver nem de ouvir.

2. Os sensíveis. Referente ao que é captado pelos sentidos.

3. Àquele mundo. O mundo das almas celestes mencionado no capítulo anterior.

4. À sua alma. À alma do profeta.

CAPÍTULO XIX
SOBRE COMO OCORRE AOS LOUCOS DE SE INTEIRAREM DAS COISAS OCULTAS[1]

Sucede que em relação aos loucos, há que advertir sobre algo a respeito dos seres engendrados porque suas mesclas[2] são inúteis e suas imaginações são fortes por causa de suas incapacidades que vencem a mescla de seus espíritos, localizados no cérebro, delicado e seco. Em vista de suas mesclas inúteis, cessa a oposição à imaginação por parte do intelecto especulativo. A imaginação fica mais potente até quase não se submeter mais aos sentidos e esta pessoa não vê alguma coisa que passa à sua frente e ouve um som mas não o sente.

Esta pessoa também tem os sentidos débeis em função da corrupção da mescla de seus órgãos dos sentidos que não se opõem à imaginação. A imaginação enquanto imaginação não impede a alma de se comunicar com os mundos elevados; pelo contrário, conduz a eles e deseja que comece a ser na alma alguma coisa para imaginá-la. No entanto, impede-a de ocupar-se com algo dos sentidos ou com algo importante para a imaginação.

Se não se ocupar com algo e a imaginação não se apodera dela[3], tornando desagradáveis as noções que a ocupavam e lhe eram importantes no que diz respeito à imaginação e aos aborrecimentos desta, pois toda faculdade aborrece e os sentidos sozinhos não têm poder para dominarem a imaginação, é possível, assim, que a alma encontre uma oportunidade para libertar-se dos sentidos e de algo que lhe traz ocupação e segue desta libertação que ele[4] passa a se comunicar com o mundo celeste e isto lhe é proporcionado fluindo sem impedimento. Ele percebe, então, coisas das situações deste mundo[5]. Porém isto não ocorre em função da nobreza deste homem, mas em função de sua inferioridade, pois, quando está desperto, é como se estivesse dormindo, desatento e privado de intelecto.

Notas

1. Este capítulo se atém à imaginação dos loucos. Segundo o texto, os loucos têm fortes imaginações porque não há impedimento à imaginação deles pelo intelecto especulativo, nem seus sentidos se opõem à imaginação.
2. Suas mesclas. A mescla dos loucos.
3. Dela. Da pessoa louca.
4. Ele. O louco.
5. Deste mundo. Do mundo celeste.

CAPÍTULO XX

SOBRE COMO EXISTEM LEGITIMAMENTE[1] OS MILAGRES, SOBRE A DIGNIDADE PRÓPRIA DOS PROFETAS E SOBRE A ESSÊNCIA[2] E A ESTIMATIVA[3]

A terceira propriedade[4] da alma do profeta é sua alteração por natureza porque é possível proceder das estimativas das faculdades que estão fora de seus corpos o que procede da maioria das almas que estão em corpos no que diz respeito às alterações que são os princípios importantes para o bem e para o mal e para os acidentes que têm na natureza suas causas, como, por exemplo, os terremotos, os vendavais e os raios. Já estabelecemos esta noção anteriormente.

Além disso, é do estado das almas que comece a ser a partir delas, em seus corpos, um forte calor ao alegrar-se e isto será causa para evitar muitos sofrimentos e começar a ser um frio forte em função da aflição e do medo, o qual é causa de enfermidades, ou seja, da ruína.

As estimativas anímicas são causas para os vendavais que começam a ser e, também, para os movimentos que começam a ser aleatoriamente. Todas as matérias dos corpos dos elementos têm uma só raiz[5] e o elemento[6] é receptivo a todas estas coisas[7]. Se o agente for potente, sem dúvida, o elemento lhe obedece. Já estabelecemos que a alma age sobre o elemento de acordo com o curso da ação da natureza, porém de acordo com as causas naturais anteriores.

E não é improvável que haja uma alma potente que, por sua própria influência, se sobreponha ao seu corpo, e a sua situação seria a mesma situação das almas que mencionamos no capítulo "Sobre a providência e o governo"[8]. Que este capítulo seja recordado aqui.

Parece que a essência[9] é uma propriedade anímica neste capítulo[10]. A essência é a convicção sobre a existência de uma coisa com a convicção de que é mais prioritária a sua não existência devido à sua raridade. A existência segue esta convicção e assim a mescla mais débil faz parte desta coisa. E as estimativas que são atribuídas a certos grupos, se são corretas, o serão sob este aspecto. E isto é algo improvável e não há argumento que torne necessária a sua proibição; o argumento torna necessária a sua possibilidade mesmo que seja algo raro. Platão mencionou numa parte do livro *Sofista*[11] algo sobre isto.

Este é o objetivo que queríamos colocar [neste nosso livro. Parece][12] que cumprimos com o que prometemos pela via do resumo, evitando as comprovações difíceis, construídas sobre estruturas que têm muita demonstração, mesmo que sejam prioritárias para serem mencionadas no que diz respeito ao poder da argumentação. Porém estas influem na aclaração e no resumo. A aproximação do que está distante, ao tender para o mais evidente, é desculpável.

Rogamos a Deus Altíssimo que nos afaste da dúvida, do deslize e do absolutismo com a opinião falsa e do espanto convicto com o que vemos e com a nossa ação. Foi completado este livro; louvado seja Deus, Senhor dos mundos, e que Suas bênçãos[13] recaiam sobre Muḥammad e sua linhagem, os puros. Copiou este livro o servo que necessita da clemência de Deus Altíssimo, Muḥammad Ben 'Issa 'Ali Ibn Hayyāj, o médico, em Zi al-Ḥijja[14], no ano 580 da Hégira[15].

Notas

1. Legitimamente. Tradução da palavra jawāz, que pode ter dois significados: legitimidade e possibilidade. Devido ao contexto do capítulo, optamos por legitimidade e, também, porque Avicena utiliza neste texto a palavra *imkan* para possibilidade.

2. Essência. Tradução da palavra *'ain*, que deve ser entendida como a essência que existe concretamente.

3. Neste último capítulo, Avicena apresenta a terceira propriedade da alma de um profeta. Esta propriedade é que a alma profética sofre alteração naturalmente, por sua natureza. Além disso, um profeta tem uma existência peculiar e uma essência também peculiar. Por este motivo, é capaz de conhecer coisas que as outras pessoas não têm condições de conhecer. Daí, então, a dignidade própria, particular, dos profetas.

4. No cap. XVI deste tratado, Avicena anunciou que a faculdade profética tem três propriedades. Neste mesmo capítulo expôs sobre a primeira, no cap. XVII sobre a segunda e neste capítulo expõe sobre a terceira.

5. Raiz. Tradução da palavra 'aṣl, que tanto pode significar raiz como princípio. Optamos pela palavra raiz porque Avicena utiliza a palavra mabda' para princípio.

6. Tradução da palavra 'unṣur, isto é: elemento dos corpos compostos.

7. Todas estas coisas. As consequências das estimativas anímicas.

8. Trata-se do cap. VII do tratado II desta obra.

9. Essência. No sentido de essência que existe concretamente, conforme anunciado no título deste capítulo.

10. Neste capítulo. No cap. VII do tratado II.

11. Cf. *Sofista* 246b, d e 248a em diante.

12. Os colchetes são do original.

13. Bênçãos ou orações.

14. Zi al-Ḥijja. É um mês do calendário lunar muçulmano. Dependendo do dia deste mês, que não consta neste texto, pode corresponder a um determinado dia do mês de março ou abril.

15. 580 da Hégira. Ano pertencente ao calendário muçulmano e corresponde ao ano de 1185 da era cristã.

GLOSSÁRIO ÁRABE-PORTUGUÊS DOS PRINCIPAIS TERMOS UTILIZADOS NESTA OBRA, E OUTROS, DE INTERESSE FILOSÓFICO, EM ORDEM ALFABÉTICA ÁRABE

Termo	Transliteração	Significado
	’ – ء	
ألباري	’Al-Bārī	O Criador (Deus)
إبراقليطس	’ibrāqliṭs	Heráclito
أبعاد	’ab‘ād	dimensões
إبن رُشد	’ibn rušd	filósofo muçulmano medieval, conhecido no ocidente como Averróis
إبن سِنا	’ibn sīnā	filósofo muçulmano medieval, conhecido no ocidente como Avicena
أبيقورو	’abiquru	Epicuro
أبيقوري	’abiqūrī	epicurista
أبِيقوريه	’abiqurīya	epicurismo
إبتِدائي	’ibtidā’ī	elementar, inicial
إتِحاد	’itiḥād	união
إتِصال	’itiṣāl	continuidade
أثِني	’aṯinī	ateniense
أثُلوجي	’uṯulūji	teológico
إثنينيه	’iṯnaynīya	dualismo, dualidade
ألأجناس ألعشرة	’al-ajnās al-‘ašra	os dez gêneros
إختِياري	’iḫtibāri	experimental, empírico
إختِياريه	’iḫtibārīyya	empirismo

Termo	Transliteração	Significado
أخ	’aḫ	irmão
ألآخِرة	’al-’āḫira	no islamismo, é a vida pós-morte.
إخوان	’iḫwān	irmãos
إخوان الصِفاء	’iḫwān al-ṣifā’	irmãos da pureza
أدب	’adab	educação, instrução
إدراك	’idrāk	apreensão, percepção
آدَم	’ādam	Adão
إذا	’iḏā	se
إرادة	’irāda	vontade
أرض	’arḍ	terra
أرضي	’arḍī	terrestre
أرِسطوطاليس	’Arisṭuṭālis	Aristóteles
أرِسطو	’Arisṭu	forma abreviada de Aristóteles
أرِسطوئي	’arisṭu’ī	aristotélico
أزل	’azal	eternidade
أزلي	’azalī	eterno
سبب	sabab	causa
أسباب	’asbāb	causas
إستِحاله	’istihāla	impossibilidade, alteração
إستعداد	’isti‘dād	aptidão, preparação
إستِفراد	’istifrād	individualismo
إستِفادة	’istifāda	receber, adquirir algo, beneficiar-se
إستِعارة	’isti‘āra	metáfora
إستِقصاء	’istiqṣā’	investigação, averiguação
أُسطُقُس	’usṭuqus	elemento
أُسطُقُسات	’usṭuqusāt	elementos
أُسطُقُسي	’usṭuqūsī	elementar (relativo a elemento)
إسطاجِيري	’isṭājīrī	estagirita
إسطِنباط	’isṭinbāṭ	dedução
إسطِنباطي	’isṭinbāṭī	dedutivo
أسطورة	’asṭūra	mito, lenda
أسطوري	’asṭūrī	mítico

Termo	Transliteração	Significado
إسكندر	’iskandar	Alexandre
إسكندرِيه	’iskandarīya	Alexandria
إسكندَراني	’iskandarānī	alexandrino
إسكندر الافروديسي	’iskandar al-’afrudīsī	Alexandre de Afrodísia
إشتيراق	’ištirāq	homonímia
إشراق	’išrāq	iluminismo
إستقراء	’istiqrā’	indução
إشتياق	’ištiāq	desejo
أصحاب الجزء	’aṣḥāb al-jiz’	atomistas
أصل	’aṣl	raiz, princípio
إضافه	’iḍāfa	relação
إضافي	’iḍāfī	relativo
إعتِقادي	’i‘tiqādi	dogmático
إعتِقاديه	’i‘tiqādīyya	dogmatismo
أفروطاغورس	’afruṭāġurs	Protágoras
أفلطُون	’aflaṭūn	Platão
أفلطُوني	’aflaṭūnī	platônico
أفلا طونيون جديد	’aflaṭūniyūn jadīd	neoplatônicos
إقطاعي	’iqṭā‘ī	feudal
إقطاعِيه	’iqṭā‘īyya	feudalismo
أقليدس	’aqlids	Euclides
البسائط	’al-basā’it	os elementos simples
إلتِزام	’iltizām	concomitância, consequência
إلحاد	’ilḥād	ateísmo
ألحِس	’al-ḥīss	os cinco sentidos
ألاجرام ألعُلويه	’al-ajrām al-‘ulūiya	os corpos superiores
الشرِيعه	’al-šarī‘a	as leis islâmicas
ألعالم	’al-’ālam	o mundo
ألعالم ألمحسوس	’al-’ālam al-maḥsūs	o mundo sensível
ألفارابي	’al-fārābī Al-Fārābī	(filósofo muçulmano medieval)
الفلسفه المدرَسِيه	’al-falsafa al-madrasīya	filosofia escolástica
القُدس	’al-quds	Jerusalém

Termo	Transliteração	Significado
ألقديس توماس	'al-qadīs tumas	Santo Tomás
القُرآن	'al-qur'ān	o Alcorão
القيوم	'al-qaiyūm	O Subsistente por si. (Deus)
إكراهي	'ikrāhī	coercitivo
ألكُل	'al-kull	o todo (universo)
ألكُلي	'al-kullī	universal
ألكِندِي	al-kindī	Al-Kindī (o primeiro filósofo árabe medieval
ألكُلِيات	'al-kuliyāt	os universais
ألكمال الأقصي	'al-kamāl al-aqṣā	a perfeição última
آله	'āla	instrumento, órgão
الكواكِب الثابِته	'al-kawākib al-ṯābita	as estrelas fixas
ألكون و ألفساد	'al-kawn wa al-fassād	a geração e a corrupção
ألمشائين	'al-mašā'iyīn	os peripatético
ألمذهب التجريبي	'al-maḏhab al-tajrībī	o empirismo
ألمذهب التأثِري	'al-maḏhab al-ta'ṯīrī	impressionismo
ألمذهب ألتارِخي	'al-maḏhab al-tārīḫī	o historicismo
ألمذهب ألتشكِكي	'al-maḏhab al-taškīkī	o ceticismo
ألمذهب ألطبِعي	'al-maḏhab al-ṭabī'ī	o naturalismo
المذهب الغائي	'al-maḏhab al-ġā'ī	o finalismo
ألمذهب ألرو حِية	'al-maḏhab al-ruḥīya	o espiritualismo
ألمذهب الإسمي	'al-maḏhab al-īsmī	o nominalismo
ألمذهب النقدي	'al-maḏhab al-naqdī	o criticismo
المعدوم	'al-ma'dūm	o não existente
آن	'ānn	instante
إنجِيل	'injīl	Evangelho
إلهام	'ilhām	inspiração
إلاهة	'ilāha	deusa
إلَهي	'ilāhī	divino
الوجل	'al-wajal	o medo, o temor

Termo	Transliteração	Significado
الإيمانية	’al-imānīya	fideísmo
أمر	’amr (šai’)	coisa, qualquer coisa
إمام	’imām	guia, mentor. No islamismo, é o guia religioso que conduz as orações; mentor espiritual.
الله	Allāh	Deus
إمتيداد	’imtidād	extensão
إمتِناع	’imtinā‘	impossibilidade
إمتيزاج	’imtizāj	mescla
إمبِدُكليس	’imbiduklis	Empédocles
أمه	’ūmma	comunidade
إنفراد	’infirād	individualmente, separadamente
إنفِعال	’infi‘āl	passividade (no sentido de receber uma ação)
أنكساغورس	’anksāġurs	Anaxágoras
آن	’ān	instante, o presente
إنيه	’inīya	efetivação, atualização
إنسان	’insān	homem, ser humano
أنغسمندرس	’anaġsmanders	Anaximandro
أهل الجدل	’ahl al-jadal	os dialéticos, (gente da dialética)
أهل زماننا	’ahl zamānanā	nossos contemporâneos (gente do nosso tempo)
أهل البيت	’ahl al-bayt	literalmente, significa gente da casa. Porém, no contexto da religião islâmica, significa família da casa do profeta Muḥammad; família do profeta.
أهل ألعِلم	’ahl al-‘īlm	os eruditos, os ulemás, (gente de conhecimento).
أول	’Awwal	primeiro
أين	’ain	lugar

Termo	Transliteração	Significado
	ب – b	
باب	bāb	capítulo
بَدِيهي & بَدَهي	bādiyahī & bādāhī	apriorístico, axiomático.
بِر	bīrr	virtude
بَرَكه	bārāka	bendição, bênção
بُرهان	burhānn	demonstração
بُرهان الخُلف	burhān al-ḫulf	demonstração por absurdo
بِيزنطي	bizanṭī	bizantino
بسِيط	basīṭ	simples
باطِل	bāṭil	falso
بُطلان	buṭlānn	falsidade
بَطلِيمُوس	Baṭlīymus	Ptolomeu
باطِني	bāṭinī	interior, secreto
بعدِيه	ba'dīya	posterioridade
بلاغة	balāġa	eloquência
بالفِعل	bilfi'll	em ato
بقاء	baqā'	permanência
بالقوة	bilqūwa	em potência
بهاء	bahā'	esplendor
بهيميه	bahaimīya	bestial
بوُذِيه	buḏīya	budismo
بُنيانِيه	buniyānīya	estruturalismo
بنيوي	banyawī	estruturalista
بيان	bayān	explicação (esclarecimento)
	ت – t	
تتالي	tatālī	sucessão (em série)
تجزِئ	tajzī'	dividir (em partes)
تجرِيبه	tajriba	experiência
تجرِبِيه	tajrībīya	empirismo
تجرِيد	tajrīd	abstração, ação de abstrair
تشكِيل	taškīll	dar um forma (formato) a alguma coisa

Termo	Transliteração	Significado
تحصِيل الحاصِل	taḥṣīl al-ḥāṣil	tautologia
تحلِيلي	taḥlīlī	analítico
تخمِين	taḫmīnn	conjectura
تخمِيني	taḫmīnī	conjectural
تخيُل	taḫaiyul	imaginação
تديُن	tadaiyunn	religiosidade (ser religioso)
ترتِب	tartīb	hierarquia, ordem
ترجِيح	tarjīḥ	predominância
تركِيب	tarkīb	composição
تشَخُص	tašaḫuṣ	individuação
تصدِيق	taṣdīq	assentimento
تصَوف	taṣauf	sufismo
تطوُريه	taṭawurīya	evolucionismo
تغيُر	taġaiyur	alteração, variação
تفسِير	tafsīr	explicação
تميِيُز	tamayuz	ato de distinguir, distinção
تقدُمي	taqadumī	progressista
تام	tāmm	completo
تِلا وة	tilāwa	recitação
تناسُخ	tanāsuḫ	metempsicose (transmigração da alma de um corpo para outro)
تثلِيث	taṯlīṯ	trindade
تأويل	ta'wīll	hermenêutica
تناقُض	tanāquḍ	contradição
تناهي	tanāhī	limitação, não infinito
توحِد	tawḥīd	ato de proclamar a unicidade de Deus
توماس ألإكويني	tomas al-ikwainī	Tomás de Aquino
تواطوء	tawāṭu'	equivocidade
توهُم	tawahum	estimação (relativo à faculdade estimativa)

Termo	Transliteração	Significado
	ث – ṯ	
ثامَسطيوس	ṯamāsṭiyus	Temístio
ثُلاثِي	ṯulāṯī	tripartite (na lógica)
ثُنائِيه	ṯunā'iya	bipartite (na lógica)
ثواب	ṯawāb	recompensa, mérito
	ج – j	
جدل	jadal	dialética
جدلي	jadalī	dialético
جِرم	jirm	corpo
جِرماني	jirmāni	corporal
جُزء	juz'	parte
جُزء لايتجزء	juz' lā yatajaza'	parte indivisível
جُزئِي	juz'ī	particular
جُزئيه	juz'īya	particularidade
جَزم	jazam	juízo apodítico
جِسم	jism	corpo
جِسم طبِيعي	jism ṭabī'ī	corpo natural
جِسم سماوي	jism samāwī	corpo celeste
جِسم معدني	jism ma'danī	corpo mineral
جِسمِي	jismī	corporal, corpóreo
جِسمِيه	jismīya	corporeidade
جلال	jalāl	majestade
جنس	jins	gênero
جِنسي	jinsī	genérico
الأجناس العشرة	al-ajnās al-'ašra	os dez gêneros
جِهة	jiha	aspecto, modo
جاهِلِيه	jāhilīya	assim é denominado o período pré-islâmico na Península Arábica
جود	jūd	generosidade
جوهر	jawhar	substância
جواهِر	jawāhir	substâncias

Termo	Transliteração	Significado
جوهر مُفارِق	jawhar mufāriq	substância separada
جواهِر فلكِيه	jawāhir falakīya	substâncias (das esferas) celestes
جوهرِيه	jawharīya	substancialismo
	ح – ḥ	
حُب	ḥub	amor
حُجه	ḥūja	argumento
حد	ḥad	definição, limite
حدث	ḥadaṯ	começar a ser (a existir)
حادِث	ḥādiṯ	o que começou a ser (que já é, no sentido de existir)
حدِ ث	ḥadīṯ	diálogo, conversa
حدِث نَبَوي	ḥadīṯ nabawī	na história islâmica, ḥadīṯ nabawī refere-se aos ditos, atos e postura do profeta Muḥammad para resolver questões que surgiam na comunidade islâmica em diversos âmbitos. As atitudes do profeta para resolver tais questões, foram presenciadas por seus seguidores e, muitos deles, anotaram a solução dada pelo profeta. Posteriormente, as anotações, passaram de geração em geração entre os muçulmanos. Até hoje há uma bibliografia confiável e vasta deste material.
حُدوث	ḥudūṯ	começo de uma coisa (no sentido de passar a existir)
حد س	ḥads	intuição intelectual

Termo	Transliteração	Significado
حد سيه	ḥadsīya	intuicionismo
حا س مُشترِك	ḥāss muštarīk	sentido comum
حَسَد	ḥassad	inveja
حركه	ḥaraka	movimento
حركه إراديه	ḥaraka iradīya	movimento voluntário
حركه طبيعِيه	ḥaraka ṭabiʻīya	movimento natural
حركه قسرِيه	ḥaraka qasrīya	movimento forçado, violento
حركه مُستديرة	ḥaraka mustadira	movimento circular
حاصِل	ḥāṣil	que é em ato, que se realizou
حُصول	ḥuṣūl	atualização de uma coisa, sua realização
حق	ḥaq	verdade
حقِيقه	ḥaqīqa	verdade, realidade
حقِيقي	ḥaqīqī	verdadeiro
حكِم	ḥakīm	sábio, filósofo
حِكمه	ḥikma	sabedoria, filosofia
حالة الحيرة وألشك	ḥālat al-ḥayra wa al-šak	aporia
حامِل	ḥāmil	que sustenta, que porta
حمل	ḥaml	atribuição (de uma qualidade a um sujeito)
حملِي	ḥamlī	atributivo
حِيز	ḥīz	espaço, extensão

خ – ḫ

Termo	Transliteração	Significado
خُرافه	ḫurāfa	superstição
خاص	ḫāṣ	próprio, particular
خُلف	ḫulf	absurdo, contradição
خالِق	ḫāliq	Criador (Deus)
خلق	ḫalq	criação
خُلقي	ḫulqī	ético, moral
خير	ḫair	bem
خيرِيه	ḫairīya	bondade
خُلود	ḫulūd	eternidade, perpetuidade, imortalidade

Termo	Transliteração	Significado
خيال	ḫayāl	imaginação
خيالي	ḫayālī	imaginativo

د – d

Termo	Transliteração	Significado
دليل	dalīl	demonstração, (argumento, em lógica)
دلاله	dalāla	indicação
دِمشق	dimašq	Damasco
دِمشقي	dimašqī	damasceno, damasquino
د ور	dawr	círculo (utiliza-se esta expressão quando há encadeamento de causas que retornam ao ponto de partida)
دَ وري	dawrī	circular
دُعاء	du‘ā’	invocação
د وام	dawām	continuidade, perpetuidade
د ين	dīnn	religião
دِ يني	dinī	relativo à religião, (religioso)
دِيوجِين أللا ئرسي	diogīn al-la’arsī	Diógenes Laércio

ذ – d̲

Termo	Transliteração	Significado
ذات	d̲āt	essência
ذاتي	d̲ātī	essencial
ذاتِيه	d̲ātīya	essencialidade (antônimo de acidentalidade)
بلِذات	bil-d̲āt	por essência, essencialmente
ذاتاني	d̲ātānī	subjetivista
ذاتانِية	d̲ātānīya	subjetivismo
ذ رة	d̲ara	átomo
ذِهن	d̲ihn	mente

Termo	Transliteração	Significado
	ر – r	
رأي	ra'y	opinião
رابِطه	rābiṭa	cópula (em lógica)
رُبوبِيه	rububīya	divindade
رجاء	rajā'	esperança
رحبه	raḥba	ágora
رحمه	raḥma	misericórdia
رِساله	risāla	epístola
رأسمالِيه	ra'smālīya	capitalismo
رسم	rasm	descrição
رُكن	rukn	elemento (do universo)
رمزي	ramzī	simbólico
رمزِيه	ramzīya	simbolismo
رُوح	rūḥ	espírito
روحاني	ruḥānī	espiritual
روحانِيه	ruḥānīya	espiritualidade
روحِيه	ruḥīya	espiritualismo
رِواقي	riwāquī	estoico
رِواقيه	riwāquīya	estoicismo
رِواقيين	riwāquiyīn	estoicos
راوي	rāwī	rapsodo, narrador
رِياضِيات	riyāḍiyāt	matemática
	ز – z	
زحل	zaḥl	saturno
زمان	zamān	tempo
زنديق	zandīq	maniqueu
زندقة	zandaqa	maniqueísmo
زهرة	zahra	vênus
زَوَائِد	zawā'id	acessórios
	س – s	
سبب	sabab	causa

Termo	Transliteração	Significado
سبب مُطلق	sabab muṭlaq	causa absoluta
سببي	sababī	causal
سعادة	sa‘āda	felicidade
سُكون	sukūn	repouso (ausência de movimento)
سَكِنة	sakīna	ataraxia
سلب	salb	negação
سمبلِيقوس	samblīqus	simplício
سلبي	salbī	negativo
سفاله	safāla	vileza
سَفسطي	safsṭī	sofista
سَفسطة	safasṭa	sofística
سَفسطائي	safastā’ī	sofístico
سُقراط	sucrāṭ	Sócrates
سُقراطي	suqrāṭī	socrático
سمائي	samā’ī	celeste
سيرة	sīra	biografia
ساسانِيون	sasaniyūn	sassânidas
سِنَوية	sinawīya	avicenismo (relativo a Avicena)
سِنَوياً	sinawīyann	aviceniano

š – ش

Termo	Transliteração	Significado
شخص	šaẖṣ	pessoa, indivíduo
شخصِي	šaẖṣī	individual, pessoal
تشَخُص	tašaẖuṣ	individuação
شخصانِية	šaẖṣānīya	personalismo
شر	šarr	mal
شرط	šarṭ	condição
شرطِي	šarṭī	condicional
شرق	šarq	Oriente
شرقي	šarqī	oriental
مُستشرِق	mustašriq	orientalista
شِرك	širk	associação (na doutrina islâmica, associação de outra divindade a Deus)

Termo	Transliteração	Significado
شُعُور	šu'ūr	percepção pelos sentidos
شِفاعة	šifā'a	mediação (muito utilizada na linguagem religiosa)
شكل	šakl	formato, figura exterior, forma no sentido geométrico
شُكُوكِية	šukukīya	ceticismo
شهوة	šahwa	apetite (especialmente no sentido de concupiscência), volúpia
شوق	šawq	desejo (atrativo, atração)
شيء	šay'	coisa (designação de qualquer coisa)
شُيُوعي	šuyu'ī	comunista
شُيُوعِية	šuyu'īya	comunismo

ṣ – ص

صِنف	ṣīnf	classe
صِدق	ṣidq	veracidade, (verdade)
صُدُور	ṣudūr	procedência
صرف	ṣarf	puro, simples
صُور	ṣūr	Tiro (cidade antiga situada no Líbano local de nascimento do filósofo Porfírio)
صُورة	ṣūra	forma
صُورِي	ṣūrī	formal (relativo à forma)
صِناعة	ṣinā'a	arte
صِناعي	ṣinā'ī	artificial
صِفة	ṣifa	qualidade, atributo

ḍ – ض

ضِد	ḍid	contrário
ضرورة	ḍarūra	necessidade
ضرُوي	ḍarūrī	necessário

Termo	Transliteração	Significado
	ط – ṭ	
طبيب	ṭabīb	médico
طبيب نفساني	ṭabīb nafsānī	psicólogo
طبع	ṭab'	natureza específica
طبيعة	ṭabī'ā	natureza
طبيعي	ṭabī'ī	natural
طبعية	ṭabī'īya	naturalismo
طرف	ṭaraf	extremidade, limite
طمأنينه النفس	ṭama'nīnat al-nafs	ataraxia
طوعي	ṭau'ī	voluntário
طوليطله	ṭulaiṭulah	Toledo
	ظ – ż	
ظن	żann	cogitar, presumir
ظني	żanī	cogitativo
ظاهير	żāhir	aparente, exterior, manifesto, visível
ظاهيرية	żahirīya	doutrina que pratica uma interpretação exotérica do Alcorão
ظواهري	żawāhirī	fenomenológico
ظواهرية	żawāhirīya	fenomenologia
	ع – '	
عددي	'adadī	numérico
عداله	'adāla	justiça
عدم	'adam	privação (não ser)
عرش	'arš	trono
عرض	'araḍ	acidente
عرض	'araḍa	que aconteceu acidentalmente
عرضية	'araḍīya	acidentalidade
عرض عام	'arḍ 'ām	acidente comum

Termo	Transliteração	Significado
عِشق	‘išq	amor
عا شِق	‘āšiq	amante
عصرِي	‘aṣrī	moderno
عصرِية	‘aṣrīya	modernidade
عقل	‘aql	intelecto, inteligência
عاقِل	‘āqil	aquele que intelige
عقل بلفِعل	‘aql bil-fi‘l	intelecto em ato
عقل فعال	‘aql fa‘āl	intelecto agente
عقل قُدسي	‘aql qudsī	intelecto santo
عقل كُلي	‘aql kullī	intelecto universal
عقل بالمَلَكة	‘aql bil-malaka	intelecto em hábito
عقل بالقُوة	‘aql bil-quwa	intelecto em potência
عقل مُجَرد , عقل محض	‘aql mujarad , ‘aql maḥḍ	intelecto puro
عقل مُستفاد	‘aql mustafād	intelecto adquirido
عُقول مُفارَقه	‘uqūl mufāraqa	intelectos separados
عقل مُنفعِل	‘aql munfa‘il	intelecto passivo
عقل نظَرِي	‘aql nażarī	intelecto especulativo
عقل هيولاني	‘aql hayulānī	intelecto material
عالم	‘ālam	mundo
عَلامة	‘alāmā	erudito, douto, sábio
عِلة	‘īlla	causa
عِلة غائِية	‘īlla ġā’īya	causa final
عِلة فاعِلة	‘īlla fā‘ila	causa eficiente
عِلة قرِبة	‘īlla qarība	causa próxima
عِلة مُحرِكة	‘īlla muḥarika	causa motriz
عِلي	‘īllī	causal
عِلية	‘īllīya	causalidade
عِلم	‘ilm	conhecimento, ciência
عِلمِي	‘ilmī	científico
عِلم الإنسان	‘ilm al-inssān	antropologia
عِلم البصرِيات	‘ilm al-baṣriyāt	ótica
عِلم التربِية	‘ilm al-tarbīya	pedagogia
عِلم الجَبر	‘ilm al-jabr	álgebra

Termo	Transliteração	Significado
عِلم الإجتماع	‘ilm al-ijtimā‘	sociologia
عِلم الحِساب	‘ilm al-ḥissāb	aritmética
عِلم الأخلاق	‘ilm al-aẖlāq	ética, moral
عِلم الأسباب	‘ilm al-asbāb	etiologia
عِلم الطَبِيعي	‘ilm al-ṭabī‘ī	ciência natural
عِلم العدد	‘ilm al-‘adad	ciência do número
عِلم الفلك	‘ilm al-falak	astronomia
عِلم المعاد	‘ilm al-ma‘ād	escatologia
عِلم االمعنَي	‘ilm al-ma‘nā	semântica
عِلم النفس	‘ilm al-nafs	psicologia
عَمَلِي	‘amalī	prático
عِناية	‘ināya	providência
عِلم إلآهي	‘ilm ilāhī	ciência divina, metafísica
عِلم ما بعد الطبِعة	‘ilm mā ba‘d al-ṭabī‘a	ciência do que está além da natureza; além da física, metafísica
عِلم الكونِيات	‘ilm al-kawniyāt	cosmologia
عِلم نَظَرِي	‘ilm nażarī	ciência especulativa
عِلم الهندسة	‘ilm al-handassa	geometria
عِلم الكون	‘ilm al-kawn	cosmologia
عِلم الفَلَك, عِلم الهيئة	‘ilm al-falak, ‘ilm al-hay’a	astronomia
عام	‘ām	comum, geral
عُنصُر	‘unṣur	elemento (que faz parte dos corpos compostos)
عُنصُرِي	‘unṣurī	elementar
عين	‘ayn	a essência que existe concretamente
عينِي	‘aynī	concreto

غ – ġ

Termo	Transliteração	Significado
غَرب	ġarb	Ocidente
غُرناطة	ġūrnāṭa	Granada (cidade)
غضَب	ġaḍab	ira

Termo	Transliteração	Significado
غَضَبي	ġaḍabī	irascível
غاية	ġāya	fim, propósito
غِطاس	ġiṭās	epifania
غُنوصي	ġunūṣi	gnóstico
غُنُصِية	ġunuṣīya	gnosticismo
غير مُتناهي	ġayr mutanāhī	infinito, não finito
غيرِية	ġayrīya	alteridade
	ف – f	
فرد	fard	indivíduo; ímpar
فرض	farḍ	obrigação, dever
فُرفُرِيوس	furfūriyus	Porfírio
فساد	fassād	corrupção
فاسِد	fāssid	corrompido
فصل	faṣl	diferença
فضل	faḍl	mérito
فِعل	fi'l	ação, ato
فاعِل	fā'il	agente
فعال	fa'āl	agente (como, por exemplo em عقل فعال – intelecto agente)
فِعلي	fi'lī	agente ativo (por oposição a 'infi'āl – passividade)
إنفِعال	'infi'āl	passividade
فِقه	fiqh	jurisprudência
فلسفه	falsafa	filosofia
فلسفة الوجُود	falsafat al-wujūd	ontologia
فلسَفِي	falsafī	filosófico
فيلسوف	faylasūf	filósofo
فلسفِياً	falsafīann	filosoficamente
فلك	falak	esfera celeste
فلَكِي	falakī	astronômico
فن	fann	seção, tratado
فناء	fanā'	extinção, aniquilação

Termo	Transliteração	Significado
فِنِيقيا	finīqiya	Fenícia
فِنِيقي	finīqī	fenício
فوق الطبِعة	fauq al-ṭabī'a	sobrenatural
فِثاغورَس	fiṯāġuras	Pitágoras
فِثاغورِيين	fiṯāġuriyīnn	pitagóricos
فِثاغورِية	fiṯāġurīya	pitagorismo
فوضوية	fauḍawīya	anarquismo
فيض	fayḍ	emanação (fluxo)

q – ق

Termo	Transliteração	Significado
قابِل	qābil	receptivo
قبلِية	qablīya	anterioridade
قدر	qadr	medida, quantidade, mensuração
قدِس	qadīss	santo
قديم	qadīm	antigo
قُورطُبة	qurṭūba	Córdoba
قسر	qasr	violência
قصد	qaṣd	intenção
قصدِي	qaṣdī	intencional
قضاء	qaḍā'	decreto (divino)
قضِية	qaḍīya	proposição (em lógica)
قضِية بسِطة	qaḍīya bassīṭa	proposição simples
قضِية حملِية	qaḍīya ḥamlīya	proposição categórica
قضِية ذات جِهة	qaḍīya ḏāt jiha	proposição modal
قضِية شرطِية	qaḍīya šarṭīya	proposição hipotética
قضِية كُلِية	qaḍīya kulīya	proposição universal
قضِية محصُورة	qaḍīya maḥssūra	proposição determinante
قضِية مُطلقة	qaḍīya muṭlaqa	proposição categórica
قُطر	quṭr	dimensão
قمَر	qamar	lua
قمَرِي	qamarī	lunar
قانون	qānūn	lei, código
قُوة	qūwwa	força, faculdade, potência

Termo	Transliteração	Significado
قُوة حساسة	qūwwa ḥassāssa	faculdade sensível
قُوة شهوانية	qūwwa šahwānīya	faculdade de concupiscência
قُوة شوقية	qūwwa šawqīya	faculdade apetitiva
قُوة حافِظة	qūwwa ḥāfiża	faculdade que conserva
قُوة حيَوانية	qūwwa ḥayawānīya	faculdade animal
قوة عقلية	qūwwa ʻaqlīya	faculdade intelectual
قوة غاذِيه	qūwwa ġāziya	faculdade nutritiva
قُوة مُتَخَيلة	qūwwa mutaḫaiyla	faculdade imaginativa
قوة غضبية	qūwwa ġḍbīya	faculdade irascível
قُوة مُحرِكة	qūwwa muḥarīka	faculdade motriz
قُوة مُدرِكة	qūwwa mudrīka	faculdade de apreensão
قوة ناطِقة	qūwwa nāṭiqa	faculdade racional
قوة نظرية	qūwwa nażarīya	faculdade especulativa
قوة وهمية	qūwwa wahmīya	faculdade estimativa
قَول	qawl	enunciado
قوام	qawām	subsistência
قِياس	qiyās	silogismo, raciocínio, argumentação
قائِم	qā'im	subsistente em alguma coisa; num sujeito, num substrato
قيوم	qayyūm	subsistente por si mesmo (Deus)

ك – k

كاتِب سيرة	kātib sīra	biógrafo
كُثرة	kuṯra	multiplicidade
كُرة	kura	esfera
كُرة الثواب	kurat al-ṯawāb	esfera das estrelas fixas
كلام	kalām	teologia islâmica
كَم , كمية	kam, kamīya	quantidade
كَامِل	kāmil	perfeito
كمال	kamāl	perfeição
كَنِسة	kanīssa	igreja
كُوفي	kufī	kúfico (caracteres de letras árabes antigas)

Termo	Transliteração	Significado
كَوكب	kawkab	planeta, estrela (astro em geral)
كُولي	kulī	universal
كون و فساد	kawn wa fassād	geração e corrupção
كون	kawn	universo, geração
كَوني	kawnī	cósmico, geração
كَيف	kayf	qualidade
كِيمِياء	kimiyā'	química
كائِن	kā'īnn	o ente que existe por geração (o ente engendrado)

ل – l

Termo	Transliteração	Significado
لَزِمة	lāzima	acompanha
لُزوم	luzūm	concomitância
لفظ	lafẓ	expressão
لَواحِيق	lawāḥiq	concomitantes
لُوقيفوس	luqifus	Leucipo
لاهُوت	lāhūt	teologia
لاهُوتي	lāhūtī	teológico
لائِيكي	lā'īkī	laico, secular
لائِيكِية	lā'īkīya	laicismo
لَيسِية	laysīya	inexistência, não ser

م – m

Termo	Transliteração	Significado
مبدأ	mabda'	princípio, origem
مبدأ الفردية	mabda' al-fardīya	princípio de individuação
مبدأً أمرَن	mabda'an amran	princípio ordenador
مُباينة	mubāyana	diferença (característica que distingue uma coisa)
ما بعد الطبِعة	mā ba'd al-ṭabī'a	metafísica; o que está além da física, o que vem depois da física (ciência da natureza)
مُتحَرِك	mutaḥarīk	móvel (que se move)
مُتأجِر	muta'aḫir	posterior
مُتصِل	mutaṣil	contínuo

Termo	Transliteração	Significado
مُتغير	mutaġayir	variável
مُتقدِم	mutaqadīm	anterior
مُتناهي	mutanāhī	limitado, finito
مُتكلِم	mutakalim	teólogo (muçulmano)
مُتكلِمين	mutakalimīn	teólogos muçulmanos
مُتعالٍ	muta'ālin	transcendente, transcendental
مُجَرد	mujarad	puro, abstraído (de toda matéria)
مُحدِث	muḥdiṯ	é quem faz começar a ser, a existir , (O Criaddor)
مُحرِك	muḥarīq	motor, que move
مُحال	muḥāl	impossível, absurdo
محمول	maḥmūl	predicado, atributo
مختَلَق	muḫtalaq	apócrifo
مخطوط	maḫṭūṭ	manuscrito
مدرَسي	madrassī	escolástico
مادة	māda	matéria
مادي	mādī	material, materialista
مادِية	mādīya	materialismo
مِزاج	mizāj	mescla, temperamento (humoral)
مذهب تأثُري	maḏhab ta'aṯurī	impressionismo
مذهب سلبي	maḏhab salbī	negativismo
مذهب سِنَوي	maḏhab sinawī	doutrina aviceniana
مذهب اللِذة	maḏhab al-liḏa	hedonismo
مذهب السعادة	maḏhab al-sa'āda	eudemonismo
مذهب الظواهِرِ	maḏhab al-żawāhirī	fenomenalismo
مذهب إعتِقادي	maḏhab i'tiqādī	dogmatismo
مذهب عقلي	maḏhab 'aqlī	racionalismo
مذهب القَدَرِ	maḏhab al-qadarī	fatalismo
مذهب المنفِة	maḏhab al-manfī'a	utilitarismo
مذهب الواقِعِية	maḏhab al-wāqi'īya	realismo
مُرَكب	murāqab	composto

Termo	Transliteração	Significado
ماركسِية	marksīya	marxismo
مِزاج	mizāj	mescla, temperamento (humoral)
مُزمع	muzma‘	que resulta
مُستعرِب	musta‘rīb	arabista
مُستفاد	mustafād	que recebe algo, que é beneficiado, que adquire algo de outro
مُشتق	muštaq	derivado
مَسجِد	masjid	mesquita
مشائي	mašā’ī	peripatético
مُشترك	muštarak	comum
مُطابَقة	muṭābaqa	concordância
مُطلق	muṭlaq	absoluto
مُطلقِية	muṭlaqīya	absolutismo
معبَد	ma‘bad	templo (para culto religioso)
مَعاد	ma‘ād	retorno (desta vida para a outra vida pós morte, segundo a doutrina islâmica)
معدُوم	ma‘dūm	privado da existência (inexistente)
مُعطِلة	mu‘aṭila	heréticos (ateus)
معقُول	ma‘qūl	inteligido
مُعاوقة	mu‘āwaqa	obstáculo
معلول	ma‘lūl	causado
معني	ma‘na	noção
مُغالطة	muġālaṭa	falácia
مُفرَد	mufrad	simples (por oposição ao composto)
مُفارِق	mufāriq	separado
مُفِيد	mufīd	o que concede algo alguém, que beneficia (no sentido de doar)
مُقتَضي	muqtaḍī	exigido
مُقدَمة	muqadama	premissa
مقُول	maqūl	dado como predicado

Termo	Transliteração	Significado
مُقَوِم	muqawīm	constitutivo
مكتَبة	maktaba	biblioteca
مُكوِن	mukawīn	Criador (Deus)
مُلتبِس	multabiss	ambíguo
مَلَك	malak	rei
مُلا ئِم	mulā'īm	adequado, conveniente
مُلُكي	mulūkī	real
مماسه	mamāssa	contato
مُمكِن	mumkin	possível
منحول	manḥūl	apócrifo
مُنفصَل	munfaṣal	descontínuo
منطِق	manṭīq	lógica
منطِقي	manṭīqī	lógico
مناف	manāf	inadequação
مُنافِية	munāfiya	incompatível (contrário)
مُنَوع	munawī'	aquilo que especifica, que constitui a espécie
مانَوِية	mānawīya	maniqueísmo
ماهِية	māhiya	quididade
موجود	mawjūd	existente (ser)
مُشابهة	mušābaha	simulitude
موضوع	mawḍu'	sujeito (no sentido de substrato)
مُواطأة	muwāṭa'a	univocidade
مُعاوقة	mu'āwaqa	impedimento
مُلحِد	mulḥid	ateu
مُوالِدة	muwālida	generativo
ميل	mayl	inclinação

ن – n

Termo	Transliteração	Significado
نباتي	nabātī	vegetal
نَبي	nabī	profeta
نَبَوي	nabawī	profético
نَد	nadd	igual, semelhante
نزع	naz'	abstração

Termo	Transliteração	Significado
نِسبة	nisba	relação, proporção
نِسبِي	nisbī	relativo
نِسبَوية	nisbawīya	relativismo
نشأة الكون	naš'at al-kawn	cosmogonia
نُشُوئي	nušū'ī	evolucionista
نُشُوئِية	nušū'īya	evolucionismo
ناطِق	nāṭiq	racional
نَظَر	nażar	especulação, visão, opinião
نَظَري	nażarī	especulativo
نظرِية المعرفة	nażarīyat al-ma'rifa	epistemologia
نِظام	niżām	ordem
نفس	nafs	alma
نفس حَيَوانِية	nafs hayawanīya	alma animal
نفس سماوِية	nafs samāwīya	alma celeste
نفس إنسانِية	nafs insānīya	alma humana
نفس نباتِية	nafs nabātīya	alma vegetal
نفس ناطِقة	nafs nāṭiqa	alma racional
نفس فلَكِية	nafs falakīya	alma celeste
نفساني	nafsānī	anímico
نفعِية	naf'īya	utilitarismo
ناقِيص	nāqis	imperfeito
نقدِية	naqdīya	criticismo
نقدِية حديثة	naqdīya ḥadīṯa	neocriticismo
نُقطة	nuqṭa	ponto
نهضة	nahḍa	renascimento
نهم	nahm	voracidade
نَوع	naw'	espécie

ه – h

هِجرة	hijra hégira.	Na doutrina islâmica, é a emigração do profeta Muḥammad, no ano de 622, da cidade de Meca para Medina. Este evento marcou o início do calendário islâmico.

Termo	Transliteração	Significado
هُدوء فلْسَفي	hudū' falsafī	ataraxia
هِلَيني	hilaynī	helênico
هَلَيني	halaynī	helenístico
هِلَينِية	hilaynīya	helenismo
هُوَ هُوَ	huwa huwa	ele é ele; ele mesmo. A repetição desses dois pronomes – huwa huwa – em filosofia, indica identidade
هَيُولا ou هَيُولى	hayūla	matéria primeira
هيولَني	hayulāni	material

و – w

Termo	Transliteração	Significado
وجَل	wajal	medo, temor
واجِب	wājib	necessário
وجُوب	wujūb	necessidade
واجِب الوجُود	wājib al-wujūd	ser necessário
وجُود	wujūd	existência
وحدة	waḥda	unidade
وحدانِية	waḥdanīya	unicidade
وحْي	waḥy	revelação
وضع	waḍ'	posição, situação
واقِعي	wāqi'ī	realista, real
واقِعية	wāqi'īya	realismo
واهِب	wāhib	doador
واهِب الصُور	wāhib al-ṣuwar	doador das formas
وهم	wahm	estimativa (da faculdade estimativa)
وهمي	wahmī	estimativo

ي – y

Termo	Transliteração	Significado
يُبْسة	yubusa	aridez, secura
يوحَنا دِمشقِي	yuḥana dimašqī	João Damasceno

Termo	Transliteração	Significado
يعْقوبي	ya'qūbī	Jacobita, monofisita
يعْقوبِية	ya'qūbīya	monofisismo
يقِن	yaqīn	indubitável, certo
يونان	yunān	Grécia
يوناني	yunānī	grego

BIBLIOGRAFIA

AFNAN, Soheil. *El pensamiento de Avicena*. México-Buenos Aires: Fondo de Cultura Económica, 1965.

AL-BAŠA, *Muḥammad*. Al-Mukāfi. Ed. Širkat al-Maṭbu'āt liltauzi' wa al-Našr, Beirut, 1412/1992.

Al-Fārābī, *Aḥṣā' al-'ulūm*, 2. ed. Madrid-Granada: C.S.I.C., ed. y trad. castellana de Gonzales Palencia, 1953.

_____. *Kitāb 'arā' 'ahl al-madīna al-fāḍila*. Ed. A. Naṣrī Nader. Beirut: I. Catholique, 1959.

_____. *Kitāb al-ḥurūf*. Ed. Muḥsin Mahdi, Beirut: Dār el-Mashreq, 1969.

AL-HELLEU, *'Abdo. Ibn Sīnā: failasūf al-nafs al-bašarīyah*. Beirut: Bayt al-Ḥikma, 1978.

AL-ḤORR, Muḥamad Kāmel. Ibn Sīnā. *Ḥayātuh, Aṯāruh wa Falsafatuh*. Beirut: Dar al-Kutub al-'Ilmīyyah, 1991/1411.

AL-JURJĀNĪ. *Livre de définitions (Kitāb al-ta'rifāt)*. Traduction, introduction et annotations par Maurice Gloton. Beyrouth : Albouraq, 2005.

AL-SHAHRASTĀNI. *Kitāb al-milal wa al-nihal*. Ed. Muhamad Fatḥ Allāh Badrān, Cairo, 1366-75/1947-55, 2 vols.

ARISTÓTELES. *Acerca del alma*. Tradução de Tomás Calvo Martínez. Madrid: Editorial Gredos, 1994.

_____. *Ética a Nicômaco*. Tradução do grego, introdução e notas de Mário da Gama Kury. Brasília: UnB, 1985.

_____. *Física*. Tradução de Guillermo R. de Echandía. Madrid: Editorial Gredos, 1995.

_____. *Metafísica*. Tradução de Tomás Calvo Martínez. Madrid: Editorial Gredos, 1994.

ASSIS PEREIRA, O. Porchart de. "O frequente". *Discurso* 1 (1971).

Avicena. *Išarāt.* Cairo: ed. S. Donya, 1981, vol. II.

_____. *'Aqssām al-'ulūm al 'aqlīya.* Constantinopla: ed. Jawā'īb, 1298/1880.

_____. *Al-Šifā'. al-Ṭabi'iyyāt. Psychologie d'Ibn Sīnā (Avicenne) d'après son oeuvre al-Šifā'.* Texte arabe, ed. et trad. de Ján Bakoš, Prague, ed. de l'Academie Tchécoslovaque des Sciences, 1956, vol. I.

_____. *Al-Šifā'. Ilahiyyāt.* Ed. do Cairo, 1952/1371.

_____. *Al-Šifā'. Ṭabi'iyyāt. Al-Samā' al-ṭabī'ī.* Ed. do Cairo, 1983.

_____. *'Uyūn al-ḥikma.* Beirut-Kuwayt: ed. A. Badawi, 1980.

_____. *Al-Mabda' wa al-ma'ād.* Ed. 'Abd Allāh Nurāni, Tehran: Institute of Islamic Studies McGill University, 1984.

_____. *Al-Najāt.* Ed. Mājed Faḫrī. Beirut, 1975/1405.

_____. *Al-Najāt.* Tradução latina de Nematallah Carame. Avicena metaphisices compendium. Roma: Inst. Orientalium Studiorum, 1926.

BÄCK, Allan. *Avicena's Conception of the Modalities*, em Vivarium, vol. XXX, 1992.

BADAWI, A. *Šarh Kitāb al-lām em 'Arisṭū 'ind al-'arab.* Kuwait, 1947.

CHENU, M. D. *Introduction à l'étude de Saint Thomas d'Aquin.* Paris: Vrin, 1950.

CHEVALIER, J. *La notion du nécéssaire chez Aristote et chez ses prédécesseurs.* Paris: Alcan, 1915.

CORBIN, Henry. *Historia de la filosofía islámica.* Tradução de Augustín López, María Tabuyo e Francisco Torres Oliver. Madrid: Editorial Trotta, 1994.

CRUZ HERNANDES, M. *Historia del pensamiento en el mundo islámico.* Madrid: Alianza Editorial, 1981, 3 vols.

_____. *Avicena: sobre metafísica.* Madrid: Revista de Occidente, 1950.

FOREST, A. *La structure metaphysique du concret selon Saint Thomas d'Aquin*, 2. ed. Paris: Vrin, 1956.

GARDET, L. *La pensée religieuse d'Avicenne.* Paris: Vrin, 1951.

GEHAMY, Gerard. *Mawsu'at musṭalaḥāt al-falsafa 'ind al-'arab. (Encyclopedia of arabic terminology of philosophy).* Beirut: Librairie du Liban Publishers, 1998.

_____. *Mawsu'at musṭalaḥāt Ibn Sīnā. (Encyclopedia of Ibn Sīna's – Avicenna – terminology).* Beirut: Librairie du Liban Publishers, 2004.

GHOLMAN, Willian E. *The Life of Ibn Sīnā. A Critical Edition.* State University of New York, 1974.

GILSON, E. *La filosofía en la Edad Media.* 2. ed. Madrid: Editorial Gredos, 1965.

GIMART, Daniel; MONNOT, Guy. *Livre des religions et des sectes.* Leuven: Ed. Peeters, 1986.

GOICHON, A. M. *Introduction à Avicenne.* Paris: Vrin, 1953.

_____. *Introduction a Avicenne – son épître des definitions.* Paris: Desclée de Brouwer, 1933.

_____. *La distinction de l'essence et de l'existence d'après ibn Sīnā*, Avicenne. Paris: Desclé de Brouwer, 1937.

_____. *Lexique de la langue philosophique d'Ibn Sīnā.* Paris: Desclée de Brouwer, 1938.

_____. *The Philosophy of Avicena and its Influence on Medieval Europe.* Tradução de M. S. Khan. Indian Institute of Advanced study. SIMLA, 1969.

JANSSENS, Jules L. *An Annotated Bibliography on Ibn Sīnā (1970-1989).* Leuven University Press, 1991.

JÉHAMY, Gérar. *Ibn Sīnā. Ḥuḍuruh al-fikrī ba'd alf 'ām.* Beirut: Dār el--Mashreq, 1991.

MANSION, S. *Le jugement d'existence chez Aristote.* Paris: Desclée de Brouwer, 1946.

MASSIGNON, L. Sur le texte original arabe du "de intellectu D'al-Fārābī". Revista *Archives d'histoire doctrinale et littéraire du Moyen Age.* Paris, 1929/30, vol. 4.

MICHAUD-QUANTIN, P. Les champs semantiques de species. Tradition latine et traductions du grec, em *Etudes sur le vocabulaire philosophique du Moyen Age.* Roma: Edizioni dell-'Ateneo, 1970.

NADER, A. Naṣrī. *Al-nafs al-bašarīyya 'ind Ibn Sīnā.* 4. ed. Beirut: Dār el-Mashreq, 1991.

NAṢR, Sayed Ḥussein. *An Introduction to Islamic Cosmological Doctrines.* Great Britain: Thames and Hudson Ltda, 1978.

O Correio da Unesco. Avicena. Ano 8, nº 12, Rio de Janeiro, FGV, 1980.

RAMÓN GERRERO, R. *Avicena.* Madrid: Ediciones del Orto, 1994.

_____. *De nuevo sobre la "izquierda aristotélica": materia y posibilidad en al-Fārābī y Avicena.* Anales del seminario de metafísica. Madrid: Ed. Complutense, 1992.

_____. *El pensamiento filosófico árabe.* Madrid: Editorial Cinecel, 1985.

REGIS, L. M. *L'opinion selon Aristote.* Paris: Vrin, 1935.

Tomás de Aquino. *Suma teológica.* Tradução de Alexandre Corrêa, edição bilíngue, organização de Rovíllio Costa e Luís A. de Boni, introdução de Martin Grabmann. 2. ed. Porto Alegre: EST, Sulina, UCS, 1980, 11 vols.

VAJDA, G. Language, philosophie, politique et religion d'après un traité recemment publié d'Abū Naṣr al-Fārābī. *Journal Asiatique*, nº 258, 1970.
WIELLE, J. V. Le problème de la vérite ontologique dans la philosophie de Saint Thomas, em *Revue philosophique de Louvain*, 51, 1954.

GRÁFICA PAYM
Tel. [11] 4392-3344
paym@graficapaym.com.br